Aude Leroy • Sandra Pizzo

Les Guides de France

Un siècle d'émancipation féminine

Préface de Jacques Duquesne

BAYARD ÉDITIONS / CENTURION

ISBN : 2 227 43669 7

3, rue Bayard, 75008 Paris

À Chat gourmand et
à Ouakari absolu et résolu

PRÉFACE

Les sociologues, trop souvent, les ignorent. Les historiens aussi. À quelques exceptions près, les uns et les autres passent sous silence le rôle qu'ont joué depuis un siècle, dans la société française, les mouvements de jeunesse.

Il arrive, certes, aux médias qui dressent le portrait d'un de nos contemporains célèbres de révéler le surnom totémique qui lui avait été attribué chez les scouts ou les guides. Il arrive aussi à quelques journaux de signaler, comme en passant, le rôle qu'ont joué les anciens de la Jeunesse agricole catholique (JAC) dans la modernisation du monde paysan. Mais peu d'études sérieuses et documentées ont essayé d'expliquer comment et pourquoi s'était créé, dans les dernières décennies du XIXe siècle, ce phénomène original : le mouvement de jeunesse. Et comment, fruit d'une transformation profonde de la société, il avait ensuite contribué à l'orienter.

La date de naissance des principaux mouvements – à commencer par le scoutisme – devrait pourtant attirer l'attention. Ces mouvements voient le jour, en effet, alors que la révolution industrielle, celle du charbon, de l'acier, de l'électricité, jette vers les villes des familles jusque-là attachées à la terre, qui dès lors sont bouleversées. Elles perdent le contact avec la nature. Et surtout, elles éclatent : les parents se voient confisquer une part de leur pouvoir dans la formation de leurs enfants, désormais prise en charge par l'école. Ils perdent en partie également la possibilité de contrôler l'utilisation de leurs loisirs. L'évolution rapide des mœurs, des connaissances, ne leur permet plus de répondre aux questions de leurs filles et de leurs fils, de guider leurs comportements en se référant à ceux qu'ils avaient eux-mêmes appris.

Les organisations de jeunesse – on ne les appelle pas encore « mouvements » – apparaissent donc, d'abord, comme une réponse à cette situation nouvelle. Puisque la ville écarte les jeunes de la nature, on s'efforcera de les y ramener durant leurs loisirs. Puisque les parents et le voisinage (aux yeux toujours vigilants en milieu rural) ne peuvent plus les surveiller, on les confiera à des adultes, prêtres ou éducateurs bénévoles, qui s'efforceront en outre de pallier les insuffisances éducatives de la famille et de l'école – voire de contrecarrer l'influence de celle-ci.

Bien vite, pourtant, ces organisations vont se transformer. Dans deux directions. D'un côté, des mouvements et partis politiques prennent conscience de l'énergie accumulée dans les groupes de jeunes. Ils entendent utiliser ceux-ci comme main-d'œuvre gratuite pour distribuer des tracts ou coller des affiches. Ils veulent aussi en faire des viviers, des réservoirs de futurs militants. Les Églises, à leur manière, s'engagent dans des voies parallèles, légitimement soucieuses de poursuivre ainsi leur mission éducative et catéchétique, mais pas toujours disposées à laisser les jeunes prendre initiatives et responsabilités. Les adultes savent, enseignent et utilisent ;

les jeunes, eux, écoutent, apprennent et suivent les directives de leurs aînés. Telle est, généralement, la règle.

Or – c'est l'autre direction, l'autre transformation – voici que ces jeunes prennent eux-mêmes conscience de leurs possibilités : ils connaissent mieux que leurs aînés les difficultés et les problèmes de leur génération ; ils souhaitent y réfléchir en commun et agir, à leur niveau, pour les résoudre ou leur apporter un début de solution ; ils acceptent d'être enseignés, mais pensent que la vie et l'action qu'ils mèneront leur apporteront aussi une solide formation ; ils entendent prendre leur part à la réforme du monde pour y apporter plus de justice, de liberté, de bonheur. Non pour se comporter en minipartis politiques ou syndicats de jeunes. Mais parce que l'éducation totale suppose l'action, le grand vent. Être, c'est faire.

Les jeunes chrétiens y sont aussi poussés par leur foi. Ils appliquent à leur manière ce que Dieu dit par le prophète Isaïe (58, 2) :

« Vous jeûnez ? Mais c'est pour vous disputer et vous quereller.
Est-ce là le jeûne auquel je prends plaisir ?
[...]
Voici, moi, le jeûne auquel je prends plaisir :
Partage ton pain avec celui qui a faim,
Et fais entrer dans ta maison les malheureux sans asile.
Si tu vois un homme nu, couvre-le,
Et ne te détourne pas de ton semblable. »

Le prophète Jérémie, lui, évoquant l'action d'un roi, disait (22, 15) :

« Il jugeait la cause du pauvre et de l'indigent
Et il fut heureux.
N'est-ce pas là me connaître ? dit le Seigneur. »

Autrement dit, pratiquer la justice, aider le pauvre et l'indigent, c'est déjà, selon Jérémie, entrer en contact avec Dieu, déjà le posséder, tant il est vrai qu'il ne suffit pas de faire des années de théologie pour vivre du Christ, pour entrer dans l'intimité du Seigneur. À condition, bien entendu, d'agir avec intelligence, d'éviter, dans l'action, ce qui est recherche de soi et égoïsme, de favoriser en revanche ce qui est souci des autres, amour vrai des autres.

C'est dans cette direction que plusieurs mouvements de jeunesse ont évolué. Et l'histoire des Guides de France, évoquée ici à l'occasion de leur soixante-quinzième anniversaire de façon précise et vivante, l'illustre parfaitement. Mais bien entendu, elles l'ont fait à leur manière. Parce qu'elles sont catholiques et entendent aussi que leur mouvement reste ouvert à toutes. Parce qu'elles sont féminines – ce qui ne signifie pas féministes. Parce qu'elles rassemblent des jeunes femmes mais aussi des enfants.

On s'en apercevra à la lecture de ce livre, nourri de nombreux témoignages et qui situe toujours l'évolution du mouvement dans celle de la société, à la différence de tant d'ouvrages qui considèrent les réalités d'hier avec les yeux d'aujourd'hui. Mais je voudrais illustrer ici ce que j'ai écrit dans les pages précédentes à l'aide de quelques faits ou textes qui ont jalonné l'histoire des Guides de France.

Le premier texte date de 1966. Trois ans plus tôt, douze mille responsables des Guides de France se sont réunies à Lourdes pour « écouter les signes des temps et y répondre ». Vaste programme, comme le disait, à un autre propos, Charles de Gaulle. Comment l'appliquer avec les plus jeunes des guides, celles que l'on appelle les « jeannettes » ? On va les appeler à entrer dans « la Forêt ». Qu'est-ce à dire ? Un livre [1]

1. *Les clefs de la Forêt*, Éditions des Guides de France.

l'explique. Il s'agit tout simplement de découvrir le monde. Pas moins. « La Forêt n'est pas seulement le lieu où la jeannette va ramasser des champignons un dimanche d'automne avec ses parents. La Forêt, c'est le monde où elle vit chaque jour avec sa famille, ses camarades de classe, tous les autres qu'elle retrouve dans son quartier, son village, sa ville : la Forêt, c'est la vie. »

Nous voilà loin d'une vision folklorique du scoutisme avec tentes, feux de camp, foulards et ainsi de suite, qui ne sont pas dédaignés pour autant.

Et le texte poursuit : « Si la jeannette doit trouver sa place dans ce monde, il ne s'agit pas là simplement d'une lutte pour la vie. La place que la jeannette a à trouver, c'est sa place dans la communauté humaine, travaillant à l'édification du Royaume de Dieu, Royaume d'amour : la Forêt, c'est une parabole du Royaume de Dieu. »

J'entends l'objection : voilà de belles paroles, mais encore ? Eh bien, ces belles paroles se traduisent par toute une pédagogie qui, utilisant notamment le jeu, entraîne à la découverte de la nature, de la ville, de la région, à des rencontres et des dialogues.

C'est dans la même direction que s'inscrit un autre texte, beaucoup plus récent – il est daté de 1992 –, intitulé « Notre projet ». On peut y lire ceci : « Chez les Guides de France, la proposition de l'espérance chrétienne est vécue dans le respect des doutes ou de l'appartenance des jeunes à d'autres confessions. Cet esprit d'ouverture est la marque, le label de qualité du mouvement. Dans une France parfois guettée par la tentation du racisme et de l'exclusion, les Guides de France préfèrent installer des passerelles plutôt que des barrières. Entre français et étrangers, croyants et athées, jeunes et vieux, valides et handicapés, adolescents des campagnes, des banlieues et des quartiers aisés. »

Belles paroles, là encore ? Mais voici des jeannettes – encore elles – qui viennent en aide à des jeunes femmes du Rwanda ; des guides plus âgées qui, à Lorient, organisent tout un système de promotion pour la vente d'un café acheté à prix constant (une révolution) à des coopératives villageoises d'Amérique centrale. Ce qui signifie recherche de documents, organisation d'expositions, démarches auprès des grandes surfaces pour organiser des « dégustations » de café, et ainsi de suite. Un ensemble de gestes qui aident, permettent de découvrir les réalités du négoce international, obligent à vaincre timidité ou ignorance pour dialoguer avec des adultes, responsables commerciaux. Une formation « sur le tas », dans l'action, qui en vaut bien d'autres. Et souvent les dépasse.

Mais c'est peut-être un événement survenu au début des années quatre-vingt qui révèle le mieux l'originalité de la démarche de ce mouvement. Depuis quelque temps, les vents de la mode poussaient à la mixité. Les écoles la pratiquaient. Certains mouvements de jeunesse également. 1968 était passé par là. Pourquoi ne pas réunir en une seule organisation Scouts de France et Guides de France ? L'idée naît, se développe, séduit. Un projet est élaboré. Il n'aboutira pas. En 1981, les instances responsables des deux mouvements le repoussent. Depuis, les Scouts de France accueillent des filles dans leurs rangs. L'intéressant, ce sont les raisons pour lesquelles les Guides, elles, ont rejeté cette formule.

La mixité, pensent-elles, non sans raison, gomme plutôt les richesses de chacun. Les différences entre filles et garçons sont effacées. Les filles sont « virilisées ». La mixité pose surtout problème au début de l'adolescence : les filles ont alors tendance à s'identifier aux garçons et à rivaliser avec eux. Or, leur avenir de femmes n'est pas de « jouer à l'homme », ni de se reposer sur les hommes. Leur avenir de femmes est d'être pleinement elles-mêmes, préparées aux responsabilités sociales et politiques qui doivent être les leurs, prenant toute leur place dans la société sans copier les hommes. Simone de Beauvoir regrettait, avec raison, que les femmes rêvent « à travers les rêves des hommes ».

La pédagogie des Guides de France, repoussant l'uniformité, pourrait dès lors apparaître rétrograde, limitée. À bien réfléchir, pourtant, ce refus de céder aux modes est sans doute d'avant-garde. Puisqu'il s'agit de préserver, de développer toutes les richesses que le monde féminin peut et doit apporter à l'humanité. Les hommes ne peuvent qu'y gagner.

La réflexion ainsi conduite par le mouvement Guides de France lors de ces années de débat illustre parfaitement, me semble-t-il, son originalité. D'autant qu'elle n'écarte pas les hommes : beaucoup, jeunes ou moins jeunes, participent au mouvement, à divers niveaux, pour faire vivre son projet. C'est un véritable partenariat.

Les Guides de France sont, à ma connaissance, le seul mouvement, en ce pays, à s'engager prioritairement dans l'éducation des filles. C'est une chance et une richesse pour toute la société. C'est une chance pour celles qui bénéficient de cette pédagogie.

On verra dans ce livre comment, à travers difficultés, troubles, incertitudes et modes, des jeunes ont réussi à affiner cette pédagogie et se sont, du même coup, préparées à prendre à leur manière toutes leurs responsabilités dans un monde en quête de sens, une société disloquée et inquiète qu'elles ont contribué, déjà, à transformer. À améliorer.

Tout n'est certes pas parfait et réussi. C'est qu'un mouvement de jeunesse n'est pas une association de pêcheurs à la ligne, quels que soient le respect amical et la considération que l'on doit à ceux-ci. Un mouvement de jeunesse est toujours projet, progrès, tension vers l'avenir.

À tous risques. Mais avec foi.

Jacques DUQUESNE

Glossaire

Caravelle : guide de France entre quinze et seize ans.

Équipe Galaxie : équipe regroupant des filles d'âges différents dans des zones à faible densité de population.

Guide : guide de France entre douze et quatorze ans qui vit au sein d'une compagnie.

Guide aînée : jusqu'en 1966, nom de la branche aînée des Guides de France.

Jeannette : guide de France entre huit et onze ans qui vit au sein d'une ronde d'environ vingt-quatre enfants.

Jeunes en marche (JEM) : branche aînée mixte des Guides de France, à partir de dix-sept ans.

Loi : un ensemble d'articles que toute guide de France doit s'efforcer de respecter.

« La guide pense d'abord aux autres.

La guide est généreuse, elle est prête à servir.

La guide est accueillante, elle a l'esprit d'équipe.

La guide, sœur de toute autre guide, est présente à tous.

La guide découvre la nature, elle y voit l'œuvre de Dieu.

La guide sait obéir.

La guide ne craint pas l'effort, elle ne fait rien à moitié.

La guide aime son travail et respecte celui des autres.

La guide est maîtresse de soi, elle est pure et joyeuse. »

Promesse : engagement solennel de la guide de France devant témoins (prêtres, cheftaines, les autres guides…).

« Sur mon honneur et avec la grâce de Dieu, je m'engage à servir de mon mieux Dieu, l'Église et la patrie, à aider mon prochain en toutes circonstances et à observer la loi des guides. »

Totémisation : cérémonie parfois secrète où la guide de France reçoit un nom qui la caractérise (le plus souvent, celui d'un animal, suivi d'un ou deux adjectifs qualificatifs).

Unités Guides Soleil : unités regroupant des enfants et des jeunes en majorité issus de l'immigration.

OUVERTURE

Mathilde prend sa vie de jeannette très au sérieux. Un jour de janvier 1998, elle s'est solennellement engagée, devant ses petites camarades, à « faire de [son] mieux pour aimer Dieu, connaître [son] pays, dire oui à la loi de la ronde, faire chaque jour un plaisir à quelqu'un et apporter la joie à la maison ». Depuis ses premiers pas dans le guidisme, la fillette de onze ans consigne minutieusement tous ses souvenirs dans un petit cahier : les photos de sa promesse, la loi des jeannettes, sa progression personnelle... Mathilde, avec six autres filles, est une guide des champs. Dans son tout petit village de Corrèze, il n'y a pas assez d'enfants pour constituer une vraie ronde, une vraie compagnie. Alors on s'est arrangé. Avec l'aide d'adultes volontaires, une « équipe Galaxie » s'est montée, avec une pédagogie un peu particulière : au sein d'un même groupe, ces filles de huit à treize ans se sont lancées ensemble dans l'aventure du guidisme, les plus âgées entraînant les plus jeunes. La campagne est bien sûr leur terrain de jeu favori. Et comme l'équipe fonctionne plutôt bien, la récompense suprême leur a été accordée : partir en camp d'été !

Depuis « hyper longtemps », *Clélia Arabeyre* a un rêve : faire le tour de la France à vélo. À vingt-deux ans, cette cheftaine de caravelles de la région parisienne a trouvé le partenaire idéal : les Guides de France. Volontaire et très motivée, elle s'apprête donc à partir sur les routes, toute seule, pendant une année complète, à la découverte de son pays et des guides qui l'habitent. Pendant trois cent soixante-cinq jours (« J'aime bien les trucs symboliques », dit-elle), elle va partir à la rencontre de ces milliers de filles qui vivent le guidisme – peut-être plus sagement qu'elle. Sa solide expérience de cheftaine l'a rendue responsable : « Je crois aujourd'hui être capable de poser mes choix. Mon rêve est fou, mais mon projet est raisonnable. » Clélia vient de terminer ses études dans le domaine paramédical et, en attendant de se lancer dans le monde du travail, elle veut « découvrir la société » pour y trouver sa vraie place. « Avant de déterminer mon projet de vie, je veux prendre le temps de finir de mûrir. »

C'est une combinaison d'expériences guides qui a déterminé la vocation religieuse de *Marie-Bernadette Lezer* : la beauté de la nature, son silence… mais aussi plusieurs rencontres avec de jeunes étrangers, et son tout premier voyage dans une Russie encore soviétique. À soixante ans, « Marie-B. », comme la surnomment ses amies, est aujourd'hui petite sœur du père de Foucauld, une congrégation à la fois contemplative et tournée vers l'international. « Moi, je me suis dit : je n'ai qu'une vie. Qu'est-ce que je vais en faire ? explique-t-elle très simplement. Étant jeune, on a un appel, comme ça. » Pour elle, c'est une évidence : le guidisme a fortement influencé sa vocation. Petite fille, à Paris, elle appréciait bien les professeurs de catéchèse de son école religieuse. Mais ce qu'elle a vécu pendant huit ans chez les guides, « ce n'était pas une théorie ni un enseignement ; c'était une expérience ». Marie-B. est d'ailleurs intarissable quand il s'agit de raconter ce qu'elle a appris : « Le goût de ce qui se passe en dehors de nos frontières, le goût de la différence, de la nature, de l'équipe, l'amour du jeu et des belles choses... Le goût de la vie ! »

Presque soixante ans après sa totémisation, *Marie-Paule Jouan* (née Le Restif) porte toujours aussi bien son surnom : « Tourterelle timide ». Petite voix fluette. Mais caractère décidé. À soixante et onze ans, elle est aujourd'hui une grand-mère comblée : ses sept enfants lui ont donné, à ce jour, quinze petits-enfants ! Ils ne sont pas forcément tous fervents du scoutisme... mais Marie-Paule garde, elle, un souvenir lumineux de ses dix années passées chez les guides. En 1937, à dix ans, elle entre dans la ronde de jeannettes de Rennes ; l'année suivante, elle passe aux guides. La guerre ne brise pas son élan : bien que tous les mouvements de jeunesse soient interdits par les Allemands, elle continue sa vie de guide dans la clandestinité, « par envie de fronder », tout simplement. Elle a déménagé à Quimper. Chaque semaine, elles sont une quinzaine à se retrouver, plus ou moins secrètement, dans une sorte de grenier au-dessus d'un garage. À la fin de la guerre, Marie-Paule devient guide aînée. Mais sa cheftaine est plutôt « revêche », et elle commence à s'ennuyer... d'autant plus que ses études de médecine lui font découvrir d'autres horizons. Il n'empêche : le guidisme lui a appris « la vie d'équipe, l'échange en direct et la simplicité des relations ».

Soixante ans séparent la petite Mathilde de Marie-Paule Jouan. Les guides ne vouvoient plus leurs cheftaines depuis bien longtemps, et leurs uniformes sont un peu mieux adaptés aux activités de grand air… Alors aujourd'hui, quel est le dénominateur commun entre les pionnières des années trente et les vingt-cinq mille guides de 1998 ? « Un idéal », répondent-elles. Et aussi une certaine participation à l'émancipation de la femme – même si toutes n'en sont pas forcément conscientes. Ce ne fut pas une mince affaire : tout au long du siècle, les ricanements des hommes ont souvent accompagné l'évolution des guides… Pour preuve, une ancienne cheftaine se souvient encore du surnom moqueur que leur donnaient des louveteaux Scouts de France dès qu'ils voyaient passer sa compagnie de guides : « Eh ! Les Vénus en godillots ! » leur lançaient-ils en riant… En soixante-quinze ans d'existence, les Guides de France ont donc dû se battre pour prouver que le scoutisme pouvait se décliner au féminin… sans pour autant faire de ses adeptes des garçons manqués ou des féministes radicales.

I

L'APPEL DE L'AVENTURE
(années 20)

Quartier de Clignancourt, Paris, le 22 février 1923. Dans une salle du patronage de Montcalm, quatre petites filles écoutent avec attention la directrice du patronage, Mlle Depaux-Dumesnil. Les fillettes sont âgées de treize à quatorze ans. Elles s'appellent Odette Lenain, Andrée Boncourt, Suzanne Colas et Lucette Esun. Leur demoiselle, animée d'un enthousiasme qu'elles ne lui connaissent pas et qui les étonne un peu, leur propose de fonder, tout simplement, la première compagnie française de guides. Pour les convaincre de l'intérêt de la chose, Hélène Depaux-Dumesnil leur raconte comment le mouvement scout est né en Angleterre, comment il a traversé la Manche pour venir s'implanter chez les garçons, ceux-là mêmes que les quatre amies aperçoivent le dimanche, chahutant et jouant, tous vêtus du même uniforme de style un peu militaire.

La tentation est grande et la perspective de nouvelles activités, très éloignées de celles, bien calmes, du patronage, séduit les enfants, qui acceptent sans l'ombre d'une hésitation, gagnées par l'enthousiasme de leur demoiselle. Ce « oui » unanime de quatre petites filles permet la création de la première compagnie de guides de France. En ce début d'année 1923, Odette, Andrée, Suzanne et Lucette se lancent, avec leur cheftaine, dans l'aventure. Elles déterminent leur uniforme et sa couleur : il sera kaki, comme celui des Scouts de France (SDF). Elles y cousent leurs insignes tout neufs, et notamment la croix potencée de Jérusalem des SDF surchargée du trèfle. Enfin, elles choisissent les noms des équipes qui constituent la compagnie : ce seront les Mésanges, les Bergeronnettes, les Colibris et les Hirondelles…

Quelques mois plus tard, le 26 mai 1923, les statuts et le nom « Fédération des guides de France » sont déposés à la préfecture de la Seine par le chanoine Antoine Cornette. C'est la naissance officielle des Guides de France…

Le scoutisme de lord Baden-Powell

« Être prêt pour servir… » Jamais, au grand jamais, lord Robert Baden-Powell of Gilwell (1857-1941) n'aurait imaginé l'impact de ces quelques mots chez les adolescents anglais d'abord, puis européens et de toute la planète enfin. Général de l'armée coloniale anglaise, lord Baden-Powell avait constaté sur le terrain à quel point les soldats, formés de façon traditionnelle, étaient embourbés dans la guerre de brousse, notamment aux Indes. Issu d'une famille bourgeoise d'Angleterre (son père était pasteur), Robert Baden-Powell est entré à dix-neuf ans, en 1876, dans une école d'officiers, après un échec à l'examen d'entrée à Oxford. Sorti avec le grade de lieutenant, il choisit l'armée des Indes. Il est affecté au 13e régiment de hussards. C'est l'occasion de révéler ses aptitudes pour les missions de reconnaissance, d'observation et de renseignement : les activités appelées en anglais *scouting*, c'est-à-dire « travail de l'éclaireur ».

Après plusieurs postes, notamment d'espionnage, en Europe et dans les colonies anglaises, Baden-Powell est affecté en 1899 en Afrique du Sud. La guerre entre les Anglais et les fermiers d'origine néerlandaise, les Boers, vient d'éclater au Transvaal. Il est encerclé avec ses troupes par près de neuf mille hommes dans la ville de Mafeking. Et comme tous les hommes sont occupés à la défense de la ville, lord Baden-Powell a l'idée d'utiliser les adolescents d'une douzaine d'années comme plantons, postiers, estafettes pour porter les messages, soigner les blessés... Bref, servir d'éclaireurs. Il les appelle ses *boys scouts*. Cette aventure lui prouve l'efficacité et la débrouillardise de ces enfants, et lui permet – c'est l'essentiel dans l'immédiat – de sortir le 16 mai 1900 de ce siège, qui aura duré plus de deux cents jours sans qu'une goutte de sang n'ait été versée.

Robert Baden-Powell reste quelques années encore au service de Sa Royale Majesté. Il ne quittera l'uniforme britannique qu'en 1910. De ses années passées sous l'Union Jack, Baden-Powell prend une allure, une silhouette qui participera à sa notoriété. Le teint hâlé et buriné par le soleil des tropiques, le visage marqué par les fièvres, les veilles, le corps forgé par les nombreux exercices et les longues chevauchées, Baden-Powell a la figure ridée, le sourire indulgent et le regard ironique. Ses yeux gris-bleu sont perçants, jaugeant avec équité celui ou celle qui se présente à lui. L'homme est de petite taille, alerte, râblé, sportif. Il mène une vie d'ascète, aime coucher à la dure et en plein air. Son faible besoin de sommeil lui a valu le surnom africain d'*Impeesa*, « le loup qui ne dort pas ». Lord Baden-Powell est toujours sur le qui-vive ; incapable de rester inactif, il bricole, dessine, étudie, écrit des articles, des livres et entretient une très large correspondance. De ses rencontres et de ses expériences, il engrange les souvenirs et nourrit ainsi une imagination fertile et débordante. Grand silencieux, il observe et écoute. Doté d'humour et de bon sens, il prend rapidement ses décisions et met toute sa force dans la réalisation de ce qu'il veut, mais toujours selon ses principes moraux. Parallèlement, le grand chef scout possède un charisme à la hauteur de ses qualités humaines. Sa solide éducation lui permet de ne pas perdre la tête et de rester humble devant les honneurs et les distinctions dont il est l'objet, notamment lorsqu'il est anobli, puis quand il devient pair à la Chambre des lords.

À son retour en Angleterre, auréolé de son succès, le colonel Baden-Powell est promu major général et prend peu à peu conscience du désœuvrement des gamins des faubourgs de Londres. En 1907 il a une idée de génie, fruit de ses expériences passées et de son appartenance à la franc-maçonnerie, très différente, on le sait, de certaines obédiences françaises : il rassemble vingt-quatre garçons dans l'île de Brownsea, au sud du Royaume-Uni, pour un camp expérimental. Il les habille d'une façon « coloniale », c'est-à-dire d'une culotte courte, d'une chemise et d'un grand chapeau, et les lance dans les activités de plein air. Il s'inspire en fait de la police montée sud-africaine qu'il avait créée juste après le siège de Mafeking, avec un système de patrouilles, avec l'uniforme, le chapeau à large rebord, et entraînée à prendre des initiatives. Il lui avait donné une devise, « *Be Prepared* (Sois prêt) », qu'il tirait de ses propres initiales.

Son but premier est de former ces jeunes afin qu'ils deviennent de bons citoyens et, éventuellement, de parfaits militaires pour les guerres coloniales. L'enthousiasme des garçons est tel que lord Baden-Powell les dote d'un règlement, d'une loi. En 1908, ce général atypique couche sur le papier ses idées d'éducation : ce livre, *Scouting for boys*, va bientôt devenir l'ouvrage de référence pour des milliers de scouts.

Or, surprise : lors du premier rallye organisé pour les garçons au *Crystal Palace* de Londres en 1909, voilà que se manifestent les filles : une véritable génération spontanée. Des gamines de onze à quinze ans se présentent à ce rallye, poussées par un mélange d'effronterie et de timidité, réclamant d'être enrôlées de la même façon que leurs frères ou cousins. « Pour rapide qu'ait été l'ascension du mouvement scout, pour surprenante qu'ait été son adoption à l'étranger, il a été dépassé à ces deux points de vue par le mouvement des *girls guides*[1] », avouera Baden-Powell.

La première surprise passée, Baden-Powell retrouve le flegme légendaire des Anglais. Il écrit : « On s'était aperçu depuis longtemps que les fillettes et les jeunes filles préfèrent généralement les livres destinés aux garçons. Les héros des drames du Far West leur plaisent bien davantage que les fades héroïnes de la littérature pour pensionnats de demoiselles. »

Robert Baden-Powell décide alors d'établir pour les petites Anglaises un essai, baptisé *Suggestions pour la formation du caractère des filles*[2], programme fondé sur les principes qui valent déjà pour les *boys scouts*, avec bien sûr, des adaptations à la personnalité féminine. Il reprend les grandes lignes de son mouvement : développer le caractère et l'intelligence, l'adresse et l'habileté manuelle, l'esprit de service et de camaraderie, la santé physique et l'hygiène. Mais si toutes ces bonnes choses sont aussi utiles aux filles qu'aux garçons, elles ne sont pas présentées et réalisées de la même façon. Preuve en est le commentaire de Baden-Powell qui

1. Cité dans *Le scoutisme français*, Claude Lenoir, Payot, 1937 (et citations suivantes).

2. Essai publié dans le journal scout *Head Quarters Gazette*, novembre 1909.

veut faire de ces fillettes des femmes qui auront appris l'économie, la tenue d'une maison, le soin des enfants, dont le caractère et les aptitudes auront été cultivés en vue d'une activité professionnelle éventuelle ; de bonnes éducatrices capables de former des adultes de caractère ; des femmes enfin qui verront plus loin que les frontières, ouvertes sur le monde grâce aux liens d'amitié noués avec leurs « sœurs » d'autres pays.

Il s'agit d'une véritable petite révolution des mœurs dans la société anglaise et européenne puisque la petite fille, jusque-là, était plus souvent cantonnée dans les jupons de sa mère ou de sa bonne que lancée dans un mouvement d'éducation en plein air. Si bien que lord Baden-Powell se sent presque obligé de se justifier : « On va me dire que j'essaie de masculiniser les jeunes filles. C'est plutôt le contraire ; les jeunes filles ne veulent pas être prises pour des poupées, leur ambition est plus élevée. Les hommes n'ont pas envie d'avoir des poupées pour femmes, ils préfèrent que les femmes soient leurs camarades… La nature n'a jamais exigé que l'homme et la femme vivent seuls. Quoique les célibataires se croient heureux et libres, ils ne savent pas et ne peuvent pas comprendre la plénitude et l'intensité de bonheur qui rayonne d'un foyer où règne une joyeuse camaraderie et où les enfants viennent encore accroître le bonheur… Et c'est pour cela que les guides ont été créées[3]. » Que l'on ne s'y trompe pas cependant : pour visionnaire qu'il soit, lord Baden-Powell reste un homme imprégné des idées de son siècle et de son milieu, et cela se manifestera dans les tâches destinées aux fillettes engagées sous la bannière du scoutisme.

3. Cité dans *Le scoutisme français, op. cit.*

C'est à Miss Agnès Baden-Powell, sœur du chef scout, que sont confiés l'organisation et l'encadrement du mouvement féminin, baptisé les *Girls Guides*, créé en 1910. Ce terme de « guides » fait référence au nom d'un régiment britannique de l'armée des Indes, célèbre pour son courage et son dévouement[4]. À l'instar des garçons, le guidisme anglais suscite un véritable engouement chez les fillettes. Celles qu'on appelle plus simplement les « guides » sont chaque année plus nombreuses. En 1910, elles sont six mille. Lorsque le mouvement est officiellement reconnu par le gouvernement britannique en 1915, il en compte déjà trente-huit mille dans ses rangs. À l'étranger, elles s'implantent d'abord dans les pays scandinaves dès 1911 : au Danemark, en Suède, puis aux Pays-Bas, au Canada, aux États-Unis, en Afrique du Sud, etc.

Le mouvement patine un peu avec Agnès jusqu'à ce qu'elle passe le flambeau, en 1916, à sa belle-sœur Olave Baden-Powell, née Saint Clair Soames, dotée d'un tout autre tempérament et qui donne des structures à un mouvement qui n'attend que cela.

Élevée au fin fond de la campagne anglaise, Olave est née le 22 février 1889. Le même jour que Robert, mais avec quelques années d'écart : elle est de trente-deux ans sa cadette. Troisième et dernière enfant d'Harold Soames, un homme brillant, très cultivé et savant, mais atteint de plusieurs manies dont celle du mouvement perpétuel, Olave, pendant les vingt-trois premières années de sa vie, déménage dix-sept fois. À part cela, elle mène la vie habituelle des jeunes filles anglaises de la *gentry*. Vivant en plein air, elle

4. *Cf. Le scoutisme*, Jean-Paul Juès, PUF, « Que sais-je ? », 1996.

est plus portée sur la nature et les animaux que sur les livres ; la seule chose qui l'intéresse vraiment, c'est le violon. Trois gouvernantes se succèdent auprès de la famille Soames, qui se sépare de la dernière alors que la fillette n'a que douze ans. Olave ne se rendra compte des lacunes de son éducation qu'après son mariage. Après son entrée dans le monde, à dix-huit ans, elle n'est guère attirée par les réunions mondaines et, ne sachant pas trop quoi faire de sa vie, elle commence par se consacrer à des œuvres sociales. Elle s'occupe pendant un temps d'un centre de vacances pour jeunes invalides. En 1912, Olave accompagne son père lors d'un voyage pour les Antilles, et c'est à cette occasion qu'elle rencontre son futur époux ! Tout va très vite entre la jeune fille de vingt-trois ans et le vieux garçon de cinquante-cinq ans. Après de discrètes fiançailles à bord même du bateau, ils se marient quelques mois plus tard, le 30 octobre de la même année.

Robert Baden-Powell avait déjà repéré la jeune fille et, plein d'humour, raconte à sa manière leur rencontre : « Comme j'entrai un jour à la caserne de Knightsbridge (j'étais encore à l'armée), je remarquai une jeune personne accompagnée d'un épagneul (elle m'était complètement inconnue et je ne vis pas son visage), dont la démarche révélait un esprit sérieux et droit, beaucoup de bon sens et en même temps le goût de l'aventure. Puis je n'y pensais plus. Deux ans plus tard, à bord d'un bateau qui m'emmenait aux Antilles, je reconnus la même démarche chez l'une des passagères. Lorsqu'on nous présenta, je lui dis : "Vous habitez Londres, n'est-ce pas ?" Mais non, elle habitait le Dorsetshire. Ma divination se trouvait en défaut. "Mais n'avez-vous pas un épagneul blanc et brun ? – En effet (surprise évidente). – Ne vous trouviez-vous pas un jour à Londres près des casernes de Knightsbridge ? – Oui, il y a deux ans." Nous nous mariâmes donc et nous fûmes très heureux[5]. »

Le tandem Robert-Olave est un facteur essentiel du développement du scoutisme et du guidisme à travers le monde. Après avoir donné naissance à trois enfants, Peter, Heather et Betty, Olave s'investit dans le guidisme et seconde efficacement son mari. Elle n'aura de cesse, même après la mort de celui-ci en 1941, de créer des liens entre les guides et les scouts du monde entier, se déplaçant dans plus de cent onze pays, et ce jusqu'à sa mort, le 25 juin 1977.

Mouvement populaire au départ, le scoutisme n'est guère apprécié de la *gentry* en Angleterre. En France en revanche, tout ce qui vient d'outre-Manche séduit les milieux bourgeois et aristocratiques, très impliqués par ailleurs dans les actions éducatives. C'est pour cela que le scoutisme français s'implante d'abord chez eux et que l'encadrement du mouvement (ainsi que celui des patronages) en est naturellement issu. À l'époque, en outre, bourgeois et aristocrates tiennent la dragée haute aux institutions catholiques, renforcés d'autant plus dans leur position qu'ils leur fournissent un certain nombre de leurs membres…

Les unités scoutes se constituent dans des milieux très variés et mélangés, aussi bien chez les laïcs, les protestants que chez les catholiques. En 1911, le mouvement a pris pied en France avec les Éclaireurs et Éclaireuses de France (non confessionnels), suivi de près par les Éclaireurs et Éclaireuses unionistes (protestants). Les Scouts de France, catholiques, se développent rapidement après la guerre. Puis en

5. Extrait du programme du défilé de la Saint-Georges, 1945.

1923 naissent simultanément les Guides de France et les Éclaireurs et Éclaireuses israélites de France.

« Le scoutisme est une institution pédagogique inventée par Robert Baden-Powell ayant pour *objet* l'éducation active du corps et de l'âme de l'adolescent, pour *fondement* indispensable la religion, pour *méthode* l'étude de la nature pratiquée dans le cadre d'une fraternité de campeurs, coloniaux, chrétiens, organisée comme un jeu, représentation, essai et préparation de la vie réelle à venir[6]. »

Les principes de base du scoutisme sont simples et faciles à appliquer, car cette méthode d'éducation globale se fonde sur des buts à atteindre par étapes. Elle vise à forger un caractère équilibré, à donner une santé solide qui permette d'accomplir de multiples services. Savoir utiliser ses dix doigts paraît essentiel à lord Baden-Powell : d'où les jeux en forêt, les installations construites pour les camps, la vie en pleine nature…

« Les scouts ne se paient pas de mots. Leurs mots et devises le disent assez : "Les obstacles sont faits pour être franchis", "*Res non verba…*" Et de fait, monter une tente qui ne s'écroule pas sur votre nez au premier coup de vent ; cuire un rôti qui soit présentable pour les parents ; panser une blessure de façon que le patient n'ait pas le bras entièrement immobilisé pour une égratignure de l'annulaire ; s'orienter sous bois de façon à arriver pour l'heure fixée à l'endroit donné ; telles sont entre mille autres les réalisations qu'exige la vie de chaque jour au camp et auxquelles on jauge un scout[7] »… et une guide !

Car ce qui vaut pour les garçons vaut pour les filles, et les

6. Définition du scoutisme selon le père Sevin.
7. *Le scoutisme français, op. cit.*

guides de tout temps auront les mêmes exigences que leurs frères scouts. Ce savoir permet donc aux filles et aux garçons de rendre service, de réaliser ces fameuses B.A., ou bonnes actions, dont on parle encore aujourd'hui.

À ces principes de vie s'ajoute celui de la recherche de Dieu. Quelle que soit la religion, protestantisme, catholicisme, religions israélite ou musulmane, le mouvement scout prend tout son sens dans la spiritualité. Ce qui est d'ailleurs inscrit dans la règle numéro trois de l'Association anglaise des scouts : « *a*) Chaque scout est censé appartenir à une religion et en suivre le culte ; *b*) Là où une troupe est composée de garçons adhérant à une forme de religion déterminée, on compte que son scoutmestre organisera pour le mieux l'instruction et le culte, après accord avec l'aumônier ; *c*) Là où une troupe comprend des scouts de confessions différentes, on les encourage à assister au service divin de leur propre confession. Au camp, toute prière doit être le plus simple possible et la présence facultative[8]. » L'exigence de la spiritualité est normale pour Baden-Powell. Car le scoutisme s'inspire notamment de l'idéal et des principes de la franc-maçonnerie anglo-saxonne. En effet, dans le texte fondamental de la maçonnerie, *Les grandes constitutions*, du frère révérend Andersen, on peut lire : « Le franc-maçon ne peut être ni un athée stupide, ni un libertin irréligieux », d'où la transcription : « Chaque scout est censé appartenir à une religion et en suivre le culte[9]. » C'est aussi à cause de cette origine maçonnique du scoutisme qu'est mis l'accent sur la « camaraderie » et le mondialisme, tant vanté dans le mouvement. Cela correspond à la fraternité qui exige de tout maçon

---

8. *Religious Policy*, règle 3 de la Boys Scout Association, 1909.

9. Dans cette phrase, par le mot « culte » il faut entendre le « rituel » de la religion anglicane à laquelle Baden-Powell appartient.

de se considérer comme frère de tous les maçons du globe. Un schéma sur lequel est calquée la fraternité scoute. De plus, le scoutisme s'adressait aussi dès le départ aux garçons parce que la maçonnerie était (et reste pour la plus large part) réservée aux hommes. À cela s'ajoute son expérience d'officier baroudeur et il semble que lord Baden-Powell ait été influencé par les travaux du médecin italien Maria Montessori. Cette dernière cherche elle aussi à tirer de sa connaissance des enfants anormaux une pédagogie applicable à tous.

Par ailleurs, il est vrai que la génération spontanée du scoutisme féminin n'a pas perturbé lord Baden-Powell : pourquoi ce qui fonctionne pour les garçons serait-il mauvais pour les filles ? Ainsi, un programme est destiné à ces dernières, composé des mêmes valeurs que celles des garçons : la camaraderie, les jeux, une vie saine et équilibrée, la religion… Pour les filles, d'ailleurs, la religion va de pair avec le guidisme, tout du moins en France. Les cinq premières unités sont en effet nées dans un patronage, dans une paroisse, dans une institution religieuse, dans un lycée et chez les apprenties de la couture… Des initiatives diverses mais dont le souci était d'offrir une éducation religieuse en lien avec l'Église.

« Les patros »

Sans le soutien de l'Église et notamment des patronages, le guidisme aurait peut-être eu plus de mal à se développer dans l'Hexagone. Le mouvement féminin est en effet le fruit de réflexions, de tâtonnements et d'une volonté inflexible d'un petit groupe de femmes et de jeunes filles engagées dans l'action sociale qui, sur le modèle de leurs frères scouts, veulent partager le même idéal, les mêmes valeurs, les mêmes exercices, les mêmes jeux… la même vie, finalement.

Au moment où naît le guidisme en France, les patronages sont en plein essor.

Les « patros », comme on les appelle familièrement, prennent corps dans une société française en pleine mutation. Après la Révolution de 1848, le calme est plus ou moins revenu, et c'est l'essor de l'industrialisation. Le monde change, on ne jure plus que par le progrès. La plupart des enfants vont à l'école jusqu'à environ douze-treize ans, juste après leur première communion. Les congrégations et le clergé s'inquiètent de leur avenir, dans une France où l'apprentissage est en crise et où, conséquence de la révolution industrielle et ferroviaire, les villes attirent de nombreux migrants et provinciaux, dissolvant les liens de solidarité du peuple des campagnes. La pédagogie devient à la mode. Parallèlement, l'Église n'est plus tout à fait ce qu'elle était : le réseau paroissial est désorganisé, les séminaires ne forment plus autant de prêtres. En un mot, l'Église n'est pas vraiment une intime de la République. En revanche, le Second Empire prend appui dès 1852 sur deux grandes forces : la bourgeoisie et l'Église qui bénéficie d'une entière liberté en matière d'éducation.

Les premiers patronages naissent d'un véritable pullulement d'initiatives privées, ici et là, que viennent renforcer les lois Ferry. Chaque paroisse possède son patronage. Ainsi, la Société de Saint-Vincent-de-Paul fonde le « patronage des apprentis », qui va ensuite s'élargir aux écoliers. À Marseille, l'Œuvre de la jeunesse pour la classe ouvrière voit le jour sous l'impulsion de l'abbé Caire, en 1835. L'année suivante c'est à Nîmes, à Nantes, à Angers, à Rennes que se forment tour à tour ces organisations, quelques exemples parmi tant d'autres. Il faut attendre 1851 pour que le premier patronage de filles soit créé par sœur Rosalie, rue de l'Abbé-Bois à Paris. La montée de l'anticléricalisme et la séparation de l'Église et de l'État en 1905 font disparaître ces institutions qui s'occupent des enfants et adolescents pendant leurs heures libres ou leurs vacances. La loi sur les associations votée en 1901 permet de contourner l'interdiction faite la même année aux congrégations de s'occuper de l'éducation de laïcs.

Les patronages œuvrent sans relâche, surtout dans les villes. Ils s'adressent aux enfants âgés de dix à vingt ans, de toutes classes sociales. Là, de jeunes adultes, appuyés par des religieux, proposent aux gamins le catéchisme parfois, mais aussi et surtout toutes sortes de distractions, de jeux, de gymnastique ou de sport. Le football connaît un grand succès auprès des garçons. Antoinette Reille, future cheftaine de guides, s'engage à dix-sept ans au patronage de Charonne, dirigé alors par Élisabeth de Miribel. Nous sommes en 1924. « Je m'occupais de jeunes filles les jeudis et dimanches. Nous leur proposions de faire du sport, du basket-ball. Nous organisions aussi des sorties au cinéma, au théâtre. Et l'on préparait également les congés d'été. » Pour Antoinette, le guidisme est la suite logique du patronage, mais de façon plus structurée et avec un projet éducatif en plus.

Un monde en pleine évolution

Le mouvement guide voit le jour alors que règne en France un climat d'émancipation. L'Europe se relève péniblement de la guerre de 1914-1918, celle qu'on appelle encore la *Der des der*. La France panse ses plaies. Non sans peine, elle se refait une santé sociale et économique. Politiquement, radicaux et socialistes préparent la victoire du Cartel des gauches. La France est sortie exsangue du conflit mondial : un million trois cent quatre-vingt mille hommes ont péri dans les tranchées, les plus jeunes le plus souvent. Trois et demi pour cent de la population ! Et voilà que, contrairement aux espérances, ceux qui en sont revenus n'assurent pas leur descendance. Ou presque. Pourtant on a créé les premières allocations familiales en 1918 et adopté, en 1921 et en 1923, des lois sur l'extension de l'aide publique aux familles de quatre enfants : tout est fait pour relancer la natalité. En 1920 apparaissent successivement la première fête des Mères, l'institution de la médaille de la Famille française, le Conseil supérieur de la natalité, et même la carte de famille nombreuse de la SNCF... Pendant ce temps, la loi condamnant ceux qui aident à l'avortement est votée le 3 juillet 1920.

Et puis, les femmes ont changé de statut. Pendant les quatre années de guerre, elles se sont vues, par la force des choses, investies des fonctions de chef de famille. Bien sûr, les femmes ont toujours travaillé, principalement à la ferme mais aussi dans les métiers domestiques (nurse, bonne, femme de chambre...), dans la couture, etc. Mais cette guerre accélère leur entrée dans le monde du travail. Depuis qu'elles ont remplacé leurs hommes partis au front, elles occupent un bien plus large éventail de professions, y compris les plus dures. À l'usine, elles participent à l'effort militaire, font les trois-huit et manient les machines comme de véritables mécaniciens. À la ville, elles deviennent aussi bien représentantes de commerce que conducteurs de tramway, « garçons » de café, voire agents de maîtrise. À la campagne, ce sont désormais elles qui manient la charrue et prennent en charge les difficiles travaux agricoles. Toutes les couches sociales sont concernées. Les femmes mariées autant que les adolescentes et les célibataires.

Du coup, elles se sont affranchies, et cela se manifeste dans leur allure, plus décidée, plus vive qu'auparavant. La mode a bien changé, largement inspirée de l'Amérique. Les corsets ont disparu, les jupes raccourcissent, et apparaît la « petite robe noire » de Coco Chanel qui s'arrête juste au-dessous du genou…

Les cheveux courts des « garçonnes » font un malheur. La gent féminine se permet désormais de fumer en public, de faire du sport, de danser dans les bars et même, pour les plus aisées, de conduire. Son affranchissement se traduit aussi par la multiplication des divorces. En 1914, on compte quinze mille procédures contre huit mille en 1880. La vie des couples change aussi : bon nombre de femmes, même si elles sont retournées à leurs fourneaux et à leurs travaux d'aiguille, n'en revendiquent pas moins une certaine indépendance à l'égard de leur mari. Les autres, celles qui sont restées dans le monde du travail, gravissent les échelons, surtout dans le secteur tertiaire. L'instruction primaire et secondaire leur permet d'occuper des emplois dans les bureaux, les ministères et les services publics. Grande nouveauté ! Jusque-là, en effet, les femmes actives étaient cantonnées à des tâches subalternes. Certes, l'instruction obligatoire des filles, à l'instar de celle des garçons, avait permis à un certain nombre de sortir de la condition d'ouvrière pour déjà pénétrer le monde des bureaux, ainsi les « demoiselles de la Poste », à la fin du XIXe siècle. Un phénomène qui était resté embryonnaire. D'autres étaient institutrices, mais c'est seulement en 1920 que les femmes sont admises à concourir pour les postes de professeurs de lycée.

L'accès aux professions libérales, traditionnellement masculines, était aussi très lent. C'est en 1923 qu'une certaine Mlle Condat devient la première agrégée de médecine. Un cas encore isolé, car la pression des mentalités et des institutions est toujours trop forte. La femme ne doit pas faire de l'ombre à l'homme, elle ne doit pas dévaloriser son travail, ni le lui prendre. Le vieux schéma est plus que jamais d'actualité : la femme doit s'occuper de son foyer et de sa famille. Un mode de pensée appuyé et soutenu par l'Église, pour qui le travail féminin menace la cohésion familiale.

Le progrès apporte pourtant aux femmes un soutien inattendu. 1923, c'est l'année du premier Salon des arts ménagers, alors patronné par le ministère de l'Instruction publique. Et la modernité apporte des inventions bien utiles à l'émancipation féminine : la machine à écrire, la caisse enregistreuse et la sténographie, enfants de ce début de siècle, leur ouvrent un nouveau champ d'activités. Des écoles de dactylographie et de sténographie forment les jeunes filles, en ces années vingt, pour des métiers de plus en plus désertés par les hommes. Dans les usines elles-mêmes, les nouvelles machines, plus précises et plus sophistiquées, permettent aux femmes de prendre place, sans devoir montrer une force physique égale à celle de leurs collègues masculins. Bref, on peut désormais parler un peu plus sérieusement de l'émancipation féminine. Même si ces phénomènes apparaissent comme des balbutiements, ils sont solides.

En 1923, année de la naissance des Guides, la France est aussi en train de connaître une véritable explosion des mouvements associatifs. La loi sur les associations votée le

1er juillet 1901 organise leur liberté complète, sauf pour les congrégations, soumises à autorisation… Les résultats ne se font pas attendre. Aussitôt la Ligue des femmes françaises naît à Lyon, suivie à Paris, en 1902, de la Ligue patriotique des Françaises. Sous leur impulsion, de nombreuses œuvres sont mises sur pied : garderies pour les enfants des ouvrières, secrétariats du peuple, syndicats d'ouvrières, mutualités…

La Grande Guerre, privant les paroisses de leurs hommes, a permis à certaines femmes d'aller proposer leurs services à l'Église ou à des organisations caritatives, de gérer des hôpitaux ou des maisons de convalescence pour les blessés. Des associations loi de 1901 ont fleuri ensuite, poursuivant divers buts, de l'humanitaire à l'éducation, en passant par les œuvres caritatives et sociales, comme le soutien aux orphelins et veuves de guerre, aux invalides… Dans le même temps sont apparues les associations familiales. En 1921 naît également la Fédération nationale des associations de familles nombreuses.

Après la grande hécatombe de la guerre, la jeunesse est dispersée et sans repères particuliers. Elle recherche de nouveaux idéaux, de nouvelles activités, de nouveaux buts. Le mouvement scout apparaît comme une réponse adaptée.

Un mouvement issu d'une constellation d'initiatives privées

Albertine Duhamel, grande figure du mouvement, s'est d'abord investie dans ces œuvres. Née David-Nillet, fille d'un commerçant en pierres précieuses, elle devient orpheline à quatorze ans. Cette ancienne pensionnaire au cours Sainte-Clotilde à Paris se marie jeune, à dix-neuf ans, en

1890 avec Georges Duhamel. Dès son mariage, elle se lance avec fougue dans les œuvres chrétiennes et tout particulièrement dans les patronages de filles. En 1914, la Grande Guerre lui offre d'autres tâches, non moins importantes : elle devient vice-présidente de la Sauvegarde de l'enfance et de l'Office des pupilles de la nation pour le département de la Seine et directrice de la première école de rééducation de mutilés entre 1914 et 1919. Elle fonde également des repas populaires, des maisons de repos ou encore des cures en plein air… La guerre lui enlève son fils unique, mais, surmontant cette épreuve, elle revient vers les patronages rudement éprouvés par le conflit.

Secrétaire générale de l'Archiconfrérie des patronages affiliée à la Ligue internationale des œuvres féminines catholiques à Rome, Albertine Duhamel entend pour la première fois parler du scoutisme en 1920. Très préoccupée par l'éducation des classes ouvrière et bourgeoise, elle pressent dans le mouvement scout une excellente opportunité.

De nombreuses autres femmes se montrent tout aussi actives, chacune dans son patronage ou dans son action sociale où elles tentent d'instituer un scoutisme féminin. Ces dames seront les pionnières du guidisme, sous la houlette d'Albertine Duhamel. Ainsi, plusieurs initiatives ont lieu simultanément à Paris. À la fin de 1922, Mme Revel a l'idée d'appliquer quelques pratiques scoutes au groupe qui l'a suivie, composé de cousettes et qui prend le nom des « Roses de France », rattaché à la paroisse de Saint-Honoré-d'Eylau. À quelques arrondissements de là, Mme Martinet, directrice du cours Martinet qu'elle a fondé, imagine une association pour ses élèves, les « Escoutes de Jeanne d'Arc », inspirée du scoutisme. Anne-Marie de Demandolx, une des dirigeantes de l'École normale sociale catholique d'Andrée Butillard (1881-1955), sise rue du Docteur-Blanche dans le XVIe arrondissement, organise l'association « le Printemps » pour les midinettes, ouvrières et couturières – la 4e compagnie de Paris en naîtra. Cette femme, alors âgée d'une trentaine d'années, est impliquée depuis un certain temps dans un groupement religieux et dans le premier syndicat féminin, créé en 1912.

À l'époque, la scolarité n'est obligatoire que jusqu'à treize ans. À l'issue de cet enseignement primaire, les plus favorisés poursuivent leurs études dans le secondaire, mais bon nombre de garçons et de filles entrent dans la vie active sans aucune orientation précise, sans jamais avoir reçu une formation professionnelle. Le 23 avril 1919, la loi Astier sur l'enseignement technique est promulguée : elle oblige les patrons à détacher leurs apprenti(e)s quatre à cinq heures chaque semaine. Ces heures sont consacrées à des cours de formation générale, français et arithmétique, ainsi qu'à des cours théoriques de leur propre métier. Anne-Marie de Demandolx s'occupe donc de parfaire l'éducation de ces jeunes ouvrières de la couture et de la mode et leur fait parfois pratiquer, entre midi et deux heures, des activités de loisirs. Tout cela mené dans un idéal qui s'approche fortement du scoutisme. C'est aussi ce qui s'est passé au patronage de Montcalm, dans le quartier de Clignancourt, fondé par Mme Hirsh et animé par Mlle Depaux-Dumesnil, dont l'enthousiasme pour le guidisme va fortement étonner quatre fillettes un jour de février 1923. L'Association de Montcalm groupe alors les familles et les enfants pour diverses œuvres de bienfaisance et d'éducation, sous la forme de patronages de filles et de garçons, mais aussi d'une meute de louveteaux Scouts de France [10].

Toutes les bonnes volontés ont besoin d'être unifiées et fédérées et l'occasion se présente cette même année 1922, grâce à Renée de Montmort. Cette femme, châtelaine d'Argeronne, dans le département de l'Eure, est fortement impliquée dans les œuvres sociales et caritatives. En 1913, elle fonde avec Marie Diemer les « Infirmières visiteuses ». L'année suivante, elle participe à la création de logements sanatoriaux, puis à la fondation du premier cours antituberculeux à l'hôpital Laennec. Dans le même temps, Renée de Montmort s'investit dans la Fraternité franco-américaine ainsi que dans la Croix-Rouge américaine [11]. Lors d'un séjour à Londres, elle découvre le guidisme et prend contact avec les guides anglaises. En août 1922, elle décide d'organiser sur ses terres d'Argeronne le premier camp international féminin afin de faire connaître le guidisme aux Françaises. Des représentantes des guides et des éclaireuses viennent d'un peu partout : d'Angleterre, de Belgique, de Hollande, de Suisse, du Danemark, de Tchécoslovaquie... Un responsable du mouvement scout est présent, et parmi les invités se trouve également son amie Marie Diemer, une des futures chevilles ouvrières du guidisme.

Marie Diemer est née en septembre 1877 à Épinal, dans les Vosges. Sa famille, protestante, a quitté l'Alsace après l'annexion allemande en 1871. Marie a seize ans lorsque

10. Tiré de *La guide de France* à l'occasion du vingt-cinquième anniversaire du mouvement, décembre 1948.

11. Tiré de « Les débuts du guidisme en France (1923-1927) », Marie-Thérèse Cheroutre, in *Mouvements de jeunesse chrétiens et juif*, sous la direction de Gérard Cholvy, Cerf, 1985.

toute la famille s'installe à Paris. La jeune fille se consacre pendant sept ans à l'étude des religions anciennes, de la philosophie et de l'ethnologie. Passionnée par la littérature, Marie Diemer écrit rapidement ses premiers romans. Elle part en 1912 pour un périple qui la mène en Alsace, puis en Angleterre et enfin en Italie. Ce voyage lui permet de prendre conscience de la situation de la France et de percevoir les différents courants qui la composent. C'est en 1913 qu'elle prend part au Congrès international des femmes, une initiative venue d'Amérique et qui fédère celles de plusieurs pays. En compagnie de sa grande amie Renée de Montmort, elle décide de se lancer dans les œuvres sociales. Ensemble, elles fondent donc les « Infirmières visiteuses », puis en 1917 les « Surintendantes d'usine » destinées à contrôler et à améliorer les conditions de travail des ouvrières embauchées dans les usines d'armement. Deux ans après, en 1919, Marie crée la première école de formation des travailleuses sociales, baptisée « Pro Gallia ». Au cours de toutes ces années, Marie passe progressivement du protestantisme au catholicisme. Elle rencontre en 1922 Albertine Duhamel et tente de la persuader du bien-fondé d'implanter le mouvement scout en France auprès de la jeunesse catholique…

La décision est fermement prise lors de cette année charnière qu'est 1922. Les fondatrices se lancent dans l'action : elles vont assembler leurs efforts pour faire naître le guidisme sur le sol français. Mais au début rien n'est gagné, car sur le terrain l'unification n'est pas évidente. Les six derniers mois de cette année phare voient s'enchaîner, les unes aux autres, bon nombre de réunions qui se tiennent dans les locaux du Lyceum, rue de Penthièvre à Paris. Le guidisme anglais a généreusement délégué Constance Marx, présente à

Argeronne, pour accompagner les premiers balbutiements du guidisme français. Et cela ne va pas sans mal. Constance Marx rassemble autour d'elle une dizaine de jeunes femmes isolées à qui elle apprend les rudiments du scoutisme : le morse, les nœuds, le secourisme... Elle est secondée par un petit groupe de bénévoles féminines. Apparaît alors une maîtresse femme, Albertine Duhamel, chargée de faire l'unité et de ne pas laisser s'épanouir ici et là des initiatives incontrôlables... Et la vieille dame aux cheveux gris et aux yeux bleus s'impose sans façon, lors d'une réunion du petit groupe : « Je suis madame Duhamel. Le cardinal Dubois [alors archevêque de Paris] m'a désignée pour prendre en main l'organisation des Guides catholiques en France, dont il existe déjà une unité [12]. »

Eh oui, la « 1re Paris » des Guides de France vient tout juste de naître au patronage de Montcalm, le 22 février 1923. La première cheftaine des Guides de France est donc Hélène Depaux-Dumesnil, qui s'investit à fond dans le mouvement : « Le guidisme a illuminé sa vie. Elle l'a vécu entièrement, avec foi. Sa chambre même était une tente avec des panoplies d'objets guides au mur. Très forte en technique, la plus calée de toutes les premières guides (et Dieu sait que la technique d'alors était exigeante !), elle était absolument imbattable sur le morse ; elle en savait de toutes sortes : au sifflet, au doigt, à l'œil... du français, de l'anglais, de l'égyptien, de l'international ! Et la commissaire Hirsh prétend qu'elle en aurait remontré au directeur des PTT lui-même ! [...] Au mouvement naissant, elle a apporté les bases d'une technique

12. Tiré de *La guide de France*, décembre 1948.

solide, un ingénieux savoir-faire, une adresse que peu de techniciennes de nos jours sauraient atteindre[13]. »

De son côté, Anne-Marie de Demandolx ne reste pas inactive. Le 9 novembre 1924, la 4e Paris, rattachée à l'église Notre-Dame du Travail dans le XIVe arrondissement, est créée sur son initiative. Cette compagnie se compose de dix filles, divisées en deux équipes, les « Roses » et les « Pinsons ». Ces guides, âgées de treize à seize ans, font rapidement leur promesse. L'été 1925, huit nouvelles filles sont tentées par l'expérience et forment la troisième équipe, « les Muguets ». Entre-temps, la 1re Nanterre avec Mme de Beaudinière et la 1re Levallois avec Renée Levassor se sont constituées. Le succès aidant, la 4e Paris se développe très rapidement, et cela devient de plus en plus difficile à gérer. En 1927, la cheftaine continue à donner des cours aux apprenties, rue de la Sourdière dans le Ier arrondissement, non loin des ateliers de haute couture. Elle y avise une jeune fille, Christine Delacommune. « Je donnais alors des cours de français et d'arithmétique. Et c'est là qu'elle m'a demandé si j'accepterais d'être cheftaine. Certains de mes frères et sœurs appartenaient au scoutisme, mais cela ne m'avait jamais vraiment tentée, se souvient Christine Delacommune. Il se trouvait que, parmi les travailleuses, il y avait une majorité qui était dans les grandes maisons de couture, Wolf, Molineux, Callo Sœurs, Patou… Anne-Marie de Demandolx a donc décidé de dédoubler la 4e en faisant une compagnie d'apprenties couturières : c'était la 14e Paris. » À dix-neuf ans, Christine Delacommune se retrouve assistante de la cheftaine Françoise Minel. Elle fait sa promesse quelques mois plus tard, au début de 1928. À la 14e, les

13. Ce portrait dithyrambique est tiré de *La guide de France*, décembre 1948.

« Abeilles », les « Fourmis » et les « Araignées » se réunissent un dimanche après-midi tous les quinze jours. « Pour leur laisser tout de même un minimum de vie de famille », indique Christine Delacommune. Mais chaque jeudi matin vers huit heures se tient une réunion pour le moins extraordinaire. Le « local » est tout simplement le jardin des Tuileries, proche de la rue de la Paix où sont installées les maisons de couture parisiennes. « Et là, les guides apprenaient les nœuds, le morse..., raconte Christine Delacommune. Les bavardages allaient bon train aussi. Souvent, j'entendais les filles qui parlaient de leurs illustres clientes. Wolf habillait les cours de Belgique et d'Espagne, Molineux la cour d'Angleterre. Visiblement, la reine de Belgique était beaucoup plus simple et gentille avec les cousettes que la reine d'Angleterre, très distante... »

Ces premières compagnies sont activement soutenues par Albertine Duhamel et par le chanoine Cornette. Ce dernier est d'ailleurs l'un des fondateurs du scoutisme dans l'Hexagone. Jeune prêtre, cet homme a perdu l'usage de ses deux bras, paralysés à la suite d'une maladie. Mais, sans se laisser abattre, le chanoine Cornette, efficacement secondé par sa nièce, a été très actif. Grand partisan du scoutisme, il en est devenu l'aumônier général en France et appuie très fortement la naissance du guidisme. Facilement abordable et très simple, il est extrêmement populaire auprès des guides et des scouts, lesquels l'ont totémisé « le Vieux Loup ». Ce chanoine recueillera d'ailleurs les premières promesses des guides et coopérera à la rédaction d'un règlement précis.

Au moment de la création du guidisme, le cardinal Dubois, archevêque de Paris, craint que ce mouvement ne porte ombrage aux patronages de filles, et notamment à ceux fédérés sous le nom d'« Archiconfrérie des patronages de France », dont Albertine Duhamel est la secrétaire générale. C'est pour couper court à tout risque de rivalité et pour désamorcer un éventuel conflit qu'il a encouragé Albertine Duhamel à devenir « chef guide ». Ce qui la conforte dans son rôle de « grande prêtresse » du guidisme à qui elle apporte ainsi « la caution de sa forte personnalité et d'une autorité capable d'éviter les divisions [14] ».

Une fois les statuts de l'association des Guides de France déposés le 23 mai 1923 à la préfecture de la Seine, la Fédération des guides de France se dote d'un comité directeur. Le siège social est installé au 76 de la rue des Saints-Pères, dans le VIIe arrondissement de Paris. Et, dans la logique des choses, Albertine Duhamel s'empresse de faire sa promesse le 16 juillet 1923. La cérémonie se déroule dans la chapelle privée du cardinal Dubois, qui reçoit son engagement. D'un ton très solennel, la chef guide prononce ces paroles : « Sur mon honneur, avec la grâce de Dieu, je m'engage à servir de mon mieux Dieu, l'Église et la patrie ; à aider mon prochain en toutes circonstances ; à observer la loi des guides. »

Ainsi cadré et verrouillé, le mouvement guide peut désormais se développer… Quant à l'actif chanoine Cornette, il devient alors l'« aumônier conseil » des Guides de France.

Le soutien d'abord prudent de l'Église

Pour Albertine Duhamel, le chanoine est un allié précieux, respectueux de la responsabilité des dirigeantes, et qui surtout ne risque pas d'outrepasser son rôle. Il connaît le

14. *Les débuts du guidisme en France*, *op. cit.*

scoutisme pour lequel il a milité sans réserve. Ensuite, cet ecclésiastique à la nature conciliante sait qu'il doit laisser agir la chef guide. Cette dernière défend en effet la place des femmes dans l'Église. Pour les autorités de l'Église, la présence du chanoine Cornette est également rassurante. Elle a un homme dans la place qui peut donner son avis et rectifier telle ou telle décision, si besoin est. L'Église peut alors apporter son soutien à un mouvement scout féminin.

Et si ce soutien est essentiel pour le mouvement naissant, il a pourtant fallu convaincre certains membres ecclésiastiques de son bien-fondé. À l'époque en effet, rien ne se faisait sans le consentement exprès de l'évêché. C'était en tout cas la ferme volonté d'Albertine Duhamel. La chef guide ne voulait pas que son mouvement entre en dissidence avec les autorités catholiques. Recevoir l'autorisation formelle et écrite de l'évêché pour fonder des compagnies de guides répondait donc à cette nécessité de voir le guidisme s'inscrire et se développer dans l'Église. Une politique qui, outre l'aspect religieux, répondait aussi à des besoins plus concrets, comme par exemple la présence d'un aumônier diocésain mis à disposition par l'évêché... Si le guidisme s'est implanté sans véritable problème à Paris, il a rencontré parfois quelques difficultés dans certaines régions. Par exemple à Louviers où le guidisme, qui a débuté en 1922, se voit interdit par l'autorité diocésaine. Les cheftaines et leurs guides doivent tenir bon cinq ans jusqu'à l'arrivée du nouvel évêque d'Évreux, Mgr Gaudron, qui autorise la 1re Louviers à exister dans son diocèse... Elles peuvent enfin être affiliées et faire leur promesse. À Marseille, les premières promesses de guides ont lieu en février 1927, « malgré un télégramme du secrétariat national faisant remarquer que l'autorisation écrite de l'évêché n'était pas arrivée et qu'il fallait stopper»...

Dès le départ, le scoutisme et le guidisme ont dû se battre pour s'imposer. Nés hors des Églises, ils ne sont pas, par essence, des fers de lance de l'action apostolique. Multiconfessionnaux, leur objectif est de rassembler des jeunes de tous horizons, non confessionnels ou croyants, dans le même idéal. Dans les milieux catholiques français, les suspicions quant à leur origine protestante ont pesé sur ces mouvements en pleine éclosion. Allaient-ils correspondre à la bonne morale catholique française, alors qu'ils étaient nés en pays anglican? Leur insertion dans l'Église a été le fruit d'une persévérance sans faille et d'une conviction inaltérable de leurs fondateurs. L'ouverture d'esprit de Renée de Montmort, à l'origine des multiples camps internationaux sur ses terres d'Argeronne, a quelque peu inquiété Albertine Duhamel. Sa curiosité pour les autres religions perturbait la chef guide. Catholique convaincue, d'une très grande fidélité à l'Église, Albertine Duhamel se méfiait de la châtelaine normande et s'est d'ailleurs toujours arrangée pour limiter la prédominance et les initiatives de Renée de Montmort, en usant sans complexe de son autorité. Chaque compagnie créée était soigneusement conseillée par un prêtre qui assistait ou non les jeunes cheftaines dans leur action éducatrice. Chaque poste de la direction des Guides de France était dévolu à une bonne catholique à la fidélité reconnue.

D'ailleurs, le chanoine Cornette prend son rôle d'aumônier conseil très au sérieux. Le religieux est très clair dans sa conception du guidisme. En novembre 1923, il rédige cinq instructions sur le mouvement naissant, précisant ainsi les directions que doit prendre le guidisme, érigeant des garde-fous, un peu effrayé devant le feu d'artifice de toutes ces bonnes volontés. Il lance ainsi le guidisme « différent du scoutisme tout en gardant le même esprit. Si le scout est fait pour l'extérieur… la cité, la guide pour l'intérieur… la maison… Au scout les missions sociales, à la guide le foyer dont elle est la gardienne fidèle[15]… » Des propos qui feraient sans aucun doute frémir les adolescentes d'aujourd'hui, mais qui reflètent bien l'idéologie « victorienne » et bourgeoise de l'époque, qui cherche à canaliser les filles dans un rôle bien précis de mère de famille et de parfaite ménagère…

Vers une structure du guidisme

En 1923, Albertine Duhamel participe en août au Congrès international du scoutisme féminin, qui se tient bien entendu à Argeronne et qui accueille les responsables du guidisme des autres pays. Il y a notamment là des éclaireuses de France, des *girls guides* anglaises… C'est la première fois qu'Albertine prend part à une telle manifestation en tant que membre officiel du guidisme et « il y a une certaine crânerie, à cette époque, pour une femme, surtout plus très jeune [elle a alors cinquante-deux ans], à porter un uniforme : il est bleu marine, et sur le chapeau relevé de la chef guide de France il y a une aigrette blanche : un beau signe de ralliement (les commissaires anglaises ont arboré, jadis, des plumes de coq)[16] ». Cette image imposante lui colle à la peau. Ainsi, Ginette Rogez (née Fauchille), jeannette puis guide à la 1re Lille, se souvient de l'avoir vue, lors de grands rallyes en 1929 ou 1930. Et la chef guide a vivement marqué l'enfant

---

15. *Cf.* rapport d'avril 1926 après une session du comité directeur des Guides de France.

16. *Cf. La guide de France*, décembre 1948.

de onze ans : « Elle avait une jupe jusque par terre et un chapeau bleu marine… moi, je la voyais plutôt petite et plutôt boulotte comme genre. » Ce camp international permet à Albertine Duhamel de rencontrer pour la première fois lady Baden-Powell. Un moment fort pour la Française, puisqu'il s'agit de se faire officiellement reconnaître par l'autorité suprême du mouvement international. Une sorte d'adoubement d'autant plus important que le guidisme se diffuse de manière prodigieuse dans l'Hexagone. Cinq ans après cette rencontre en effet, la millième guide de France fait sa promesse à Marseille.

À ce camp d'Argeronne, Albertine Duhamel obtient ce qu'elle espérait, puisque Olave Baden-Powell apporte la reconnaissance internationale à l'association des Guides de France, à côté de la Fédération française des éclaireuses (FFE).

Après un peu plus de quatre ans d'existence du guidisme, un journal s'imposait pour diffuser les consignes nationales et unifier la pensée guide. En octobre 1927 naît le premier numéro de *La guide de France*, destiné aux fillettes engagées sous la bannière guide. Ce mensuel (sauf pendant les grandes vacances) compile les comptes rendus des camps et des observations de nature, comme ce débat pour savoir si oui ou non l'araignée doit faire partie des totems d'équipe. Dès 1928, une page apparaît régulièrement : c'est la « Page des cheftaines », qui prendra son indépendance en 1935 sous la forme d'une revue.

La couverture vert olive de *La guide de France* est typique de l'époque. Au premier plan à droite, une guide blonde coiffée au carré, vêtu du seyant uniforme, les manches retroussées, un bâton dans la main gauche, tourne la tête vers la lectrice. Elle lui indique, pointant du doigt de sa main libre, la croix potencée des Guides de France en filigrane, qui se distingue haut dans le ciel entre deux nuages. Telle la nouvelle Jeanne s'engageant vers un idéal toujours plus loin, vers un objectif toujours plus haut…

L'éditorial est bien sûr signé Albertine Duhamel. La chef guide interpelle ses troupes dans le style ampoulé de l'époque : « Guides de France, il y a quatre ans que votre ombre grandit sous le soleil divin ; quatre ans que votre étendard flotte sur la terre de France. Au seuil de la cinquième année, arrêtons-nous un instant ; demandons-nous ce que nous avons fait du don reçu de Dieu pour les autres. Inscrites au tableau, je vois dix-neuf compagnies formées à Paris et sa banlieue ; vingt-cinq en province, d'autres déjà en préparation très prochaine ; d'autres encore, dans le lointain, aux quatre points cardinaux du sol qui nous a vues naître, dans les grandes villes qui, nous ayant regardées, nous ont appelées. Cela, c'est le travail *en largeur*. *En profondeur*, je vois les camps de formation se multiplier pour le perfectionnement de la technique, l'éducation des chefs, la mise au point et l'amélioration des méthodes, l'intensification de la propagande. […] Je vois la Fédération redouter la centralisation et éviter l'éparpillement des forces ; je la vois s'efforçant de resserrer les liens familiaux entre les sœurs, chaque province devant, sous l'autorité de sa commissaire, garder, avec ses coutumes, ses besoins, ses attraits différents et sa physionomie propre. […] Je vois la revue *La guide de France* tirée à 500 exemplaires dès son premier numéro. Je vois la Ruche faire ses premiers pas ; faites-lui confiance, soyez indulgentes ; le magasin débute, il n'a que quelques mois. […] Que toutes les guides soient fidèles à la Ruche et la Fédération par l'abondance de ses récoltes pourra subvenir à tous ses besoins ; […] Que Dieu soit remercié de ces débuts ; grâce à son secours, largeur, profondeur iront en grandissant. Mais *en hauteur*, qu'avons-nous fait, chères guides ? […] Guides de France, répondez comme vos chefs répondent elles-mêmes devant Dieu, leur Seul Grand Chef. Guides de France, ne craignez pas… Dans la Vérité, regardez-vous. Dans la lumière, plongez-vous. Dans la contrition, relevez-vous. Dans la charité, élancez-vous. La France vous attend. L'Église vous appelle. Dieu vous envoie […]. »

Qui saurait résister à un appel si profond ? Elles sont nombreuses à y répondre. D'autant que la revue multiplie les concours, les « bons conseils », les recettes de cuisine ou encore les petites annonces (naissances, mariages, « *In memoriam* » et « Appelées à un plus haut service [17] »). À côté des articles des hautes autorités du guidisme, la publication fait appel aux plumes de ses lectrices, tout en précisant : « Ayez le souci de la qualité de votre revue et envoyez-lui des articles intéressants et d'une belle tenue littéraire. » Et pour assurer ses arrières, la revue des guides glisse dans chacun de ses numéros cette petite phrase apparemment anodine : « *La guide de France* donne un abonnement gratuit pour *cinq* abonnements nouveaux. » Un système efficace de publicité !

Le guidisme à l'échelon international

Dès le départ, la dimension internationale est un des principes fondamentaux du guidisme. Ce dernier, comme le scoutisme, est par essence accessible à toutes les adolescentes de la planète. Cette ouverture à l'échelle internationale se

17. C'est-à-dire celles qui prennent le voile.

concrétise dès les premiers balbutiements du mouvement, puisque le guidisme, avant même que l'association ait déposé ses statuts en Angleterre, s'implante dans de nombreux pays nordiques. Mais, pour éviter tout éparpillement et pour répondre aux aspirations et aux questions des jeunes attirées par le mouvement, il faut fédérer toutes les initiatives, réaliser l'unité tout en gardant les diversités. C'est aussi un bon moyen pour préserver la pureté du scoutisme originel. Car, pour qu'un mouvement soit homologué « scout », il faut qu'il réponde à des critères précis.

C'est cette réflexion qui aboutit à la création de la « World Association of Girls Guides and Girls Scouts », ou, en version française, l'Association mondiale des guides et éclaireuses, en 1928... Pourtant, lorsque le concept de l'AMGE voit le jour en 1919, les guides anglaises viennent tout juste de se doter de statuts ; quant au guidisme français, il n'en est même pas encore question !

À l'origine de l'AMGE, Olave Baden-Powell, devenue chef commissaire pour l'Angleterre en 1916. Elle suggère de créer une sorte d'organisation internationale dont le but est de faire le point sur ce qui existe déjà et de répondre aux demandes d'information. En février 1919, elle réunit quelques personnalités, la plupart étrangères, vivant en Angleterre et étant en correspondance avec une vingtaine de pays où le guidisme est en train d'éclore. Il s'agit « par exemple [de] la commissaire du comté de Cambridge, l'honorable Mrs de Beaumont, [qui] devint notre membre pour la France, connaissant et aimant ce pays ; [de] Miss Agnès Maynard, que beaucoup d'entre vous connaissent comme écrivain [...], [qui] fut un lien avec la Suisse, car elle avait été dans ce pays et y était entrée en rapport avec les éclaireuses ; [de] Mrs Ronald Copeland, commissaire de division pour le comté de Stafford, [qui] était responsable de la correspondance avec les éclaireuses d'Italie ; [de] la comtesse Gourouwska, commissaire de division du comté de Berk, [qui] s'occupait de la Suède où elle était née et avait été élevée, et ainsi de suite[18]. » Olave Baden-Powell prend la présidence de ce qui s'appelle l'« International Council ». Ce conseil se réunit quatre fois par an, l'occasion pour chacun de ses membres d'apporter des nouvelles du pays avec lequel il est en relation. Puis lady Baden-Powell a l'idée d'élargir ce conseil aux autres pays où le guidisme existe. Désormais une ou deux représentantes guides de chaque nation viennent aux réunions de ces conférences internationales. Elles y lient connaissance, apportent les dernières nouvelles, échangent et comparent leurs méthodes.

Les trois premières conférences ont lieu tous les deux ans, en Angleterre, à Oxford pour la première, en juillet 1920 ; la deuxième se tient à Cambridge. La troisième conférence, à Foxlease en 1924, est accompagnée du premier camp international. Le camp permanent des guides anglaises accueille les représentantes de trente nations, dont les Guides de France. Devant un parterre de plus de mille guides, lord Baden-Powell insiste sur leur unité, malgré leur diversité : « Vous êtes dans le monde une fraternité unique… »

Un an plus tard naît le *World Bulletin*, bulletin regroupant les informations de tous les pays et mentionnant les événements mondiaux. Il est rebaptisé en 1926 le *Council Fire*. Le temps est venu pour la quatrième conférence de se tenir hors de son pays d'origine. Ce sont les États-Unis d'Amérique. L'obstacle financier étant levé avec la prise en charge par la

---

18. Extrait de *Pris sur le vif*, lady Baden-Powell, éditions Delachaux et Niestlé, 1948.

responsable américaine, Mrs Juliette Low, d'une déléguée par pays, la quatrième conférence peut se dérouler au camp Edith Macy, dans l'État de New York. Parmi les participantes, Hélène Depaux-Dumesnil. La cheftaine enthousiaste est devenue commissaire adjointe de la province de Paris et a pour mission de représenter les guides françaises outre-Atlantique.

Beaucoup de choses sont décidées lors de cette conférence. Tout d'abord, les participantes adoptent le nom de « Conseil mondial » plutôt qu'international. Ensuite, les déléguées expriment leur désir d'une organisation plus structurée et d'un comité mondial réuni entre les conférences. Une fois de plus, elles se tournent vers lady Baden-Powell, qui met bien volontiers ses compétences au profit du mouvement. Olave Baden-Powell contacte les pays où le guidisme existe, leur demandant de lui faire part de leurs suggestions et de leurs avis.

En 1928, la cinquième conférence, accueillie à Parad en Hongrie, donne officiellement naissance à l'AMGE, ayant à sa tête le Bureau mondial à Londres. Un règlement provisoire y est élaboré, un Comité mondial y est créé. Il est composé de neuf membres, choisis selon leurs compétences et non pour y représenter leur nation. Les organisations membres réunies en conférence ont désormais le pouvoir de décider des orientations à l'échelle de la planète en matière de guidisme et de voter des résolutions. Un peu plus et l'on se croirait à l'ONU !

Rien de mieux qu'un camp pour préparer les conférences mondiales, en soulevant les problèmes rencontrés çà et là, et regrouper les diverses questions qui affluent vers l'AMGE naissante ! C'est ainsi que les deux premiers camps internationaux, de quinze jours, se passaient dans la propriété d'Argeronne chez Renée de Montmort. C'est à la suite de sa participation au premier de ces camps, en 1922, que Marie

Diemer, convaincue du bien-fondé du guidisme, avait provoqué sa rencontre avec Albertine Duhamel. Lors de l'été suivant, y a surgi l'idée d'un camp de formation, composé de cheftaines de tous pays, pour accompagner les premiers pas des mouvements guides. Les responsables anglaises, envoyées dans les pays néophytes, les ont aidés à découvrir le guidisme qui bouleversait bien des méthodes éducatives.

L'AMGE est définitivement formée lors de la sixième conférence de 1930, de nouveau à Foxlease. Les statuts, structures et règlements fondamentaux, conçus deux ans auparavant, sont officiellement adoptés. Un questionnaire est mis au point et envoyé aux mouvements demandant à être reconnus comme membres et adhérents de l'Association mondiale. L'unité guide, celle qui dépasse les frontières, doit se trouver des emblèmes. L'insigne et le drapeau mondiaux sont donc choisis. Un trèfle couleur jaune d'or, symbole du soleil, brille dans un ciel bleu qui recouvre toutes les guides de la planète. Les trois lobes du trèfle rappellent les trois points de la promesse : le service, l'idéal spirituel et la loi des guides. Deux étoiles, placées chacune dans les feuilles du trèfle, incarnent la promesse et la loi scoute. Au centre, la nervure du trèfle reproduit l'aiguille de la boussole, censée montrer la bonne voie dans le guidisme. Enfin, à la base de la queue du trèfle, une copie du « feu » héraldique symbolise la flamme de l'amour de l'humanité, commune à toutes les guides. Le symbole mondial va perdurer, mais il subira une petite modification : le trèfle, plus épuré et stylisé, est aujourd'hui entouré d'un cercle évoquant la dimension planétaire du mouvement. À Foxlease enfin, lady Baden-Powell devient « chef guide mondiale ».

Croisée des chemins entre les différents guidismes, rencontre des cultures et des idées, lieu d'échanges internationaux, l'AMGE est un laboratoire où le mouvement guide ne cesse d'évoluer, s'adaptant toujours plus aux exigences et aux réalités des sociétés dans lesquelles il est implanté. Les principes qui régissent l'Association mondiale reprennent ceux du guidisme et répondent aux mêmes valeurs : ouverture aux religions, indépendance politique, forte structuration nationale, éducation et promotion féminines...

Promotion féminine donc. Tout au long de son histoire et de sa vie, le guidisme ouvre des portes aux fillettes et aux adolescentes, leur permettant de s'affirmer et de prendre leur place au sein d'une société masculine séculaire. Et cela grâce à une nouvelle orientation de l'éducation. Apprendre à s'imposer, à faire les choses par soi-même, à se débrouiller, à prendre des initiatives... Tout cela dans un cadre de pensée fait de loyauté, de morale, d'altruisme, voire d'obéissance. Marie Diemer avait eu dès 1923 l'intuition de cette promotion féminine, puisqu'elle résumait ainsi le scoutisme pour les filles : « Un mouvement d'éducation qui tend à faire d'elles aujourd'hui des enfants loyales, promptes à rendre service aux autres, dans la famille, en classe, partout où l'occasion s'en présente, sachant obéir mais aussi vouloir, saines, énergiques, adroites, à l'intelligence exercée ; demain de bonnes ménagères, de bonnes mères de famille... Ce qui est nouveau, c'est la méthode, d'une psychologie admirable, tout active, tenant compte de ce qui chez l'enfant est le plus puissant levier : l'imagination, le goût inné du jeu ; facilitant l'effort, obtenant par une attention passionnée ce que raisonnements, obligations n'atteindraient pas. Éducation mutuelle dans laquelle la promesse d'obéissance, le loyalisme envers les chefs et les compagnes, viennent contrebalancer heureusement l'initiative développée et la volonté acquise. »

Résolument prudente et démocratique, l'AMGE se développe au fil des ans, enrichie par les débats à thèmes, par de nouvelles structures ou de nouvelles fonctions. Les Guides de France ont de tout temps activement participé à la mission de l'AMGE, berceau de la pédagogique internationale proposée dans tout programme de branche nationale qui inscrit tout naturellement chaque guide, le jour de sa promesse, dans la « grande fraternité guide ».

Clin d'œil de l'histoire, alors que se crée l'AMGE qui veut faire des guides des citoyennes du monde, la capacité juridique de la femme mariée est dans le même temps reconnue par la loi française. La femme devient enfin une personne à part entière, « majeure » en quelque sorte aux yeux de l'État. Et c'est un pas fantastique de l'émancipation de la gent féminine !

Les guides fêtent Jeanne d'Arc

1429-1929 : la France tout entière se mobilise pour fêter le cinquième centenaire de la mort de Jeanne d'Arc. À la suite de sa canonisation par Benoît XV, le 9 mai 1920, la Chambre bleu horizon (composée en grande partie d'anciens combattants) avait décidé que le deuxième dimanche de mai serait une fête nationale, mêlant sans complexe politique et religion. La France d'après-guerre, sortie victorieuse du conflit, est alors portée par une vague très forte de patriotisme qui se concrétise chez les Scouts de France par un attachement tout particulier à la chevalerie médiévale (déjà mentionnée par Baden-Powell). En découle tout naturellement un retour à la chrétienté médiévale, dont Jeanne d'Arc est le parfait symbole. Bien qu'apolitique, le mouvement scout participe à cette fête, en défilant chaque année devant la statue de la sainte dont le culte vient derrière celui de saint Louis, de saint Michel et de saint Georges. Le cinquième centenaire prend aussi un relief tout particulier chez les Guides de France, qui l'ont également choisie comme patronne : la pucelle la plus célèbre de France est un modèle idéal pour des adolescentes. Outre le côté chevaleresque du personnage et son catholicisme, Jeanne d'Arc aligne des qualités propices à soulever l'enthousiasme : pureté, loyauté, courage, honnêteté, sens du sacrifice... La jeunesse de la sainte patronne facilite également l'identification des fillettes et jeunes filles. Dans son rapport général, lors de l'Assemblée annuelle des guides le 13 décembre 1928, la commissaire Diemer écrit : « Il y a tout juste cinq cents ans, une petite Française, une toute jeune fille, marquée, il est vrai, du sceau des missions divines, a sauvé notre pays. Tel qu'il était, déchiré par la guerre civile et le schisme, piétiné par l'étranger, trahi par les uns, abandonné par les autres ; perdu si l'on en jugeait selon le jugement des hommes. Tel quel, elle l'a sauvé. La France d'aujourd'hui, hélas ! offre plus d'une ressemblance avec celle d'alors. Si, par un sursaut d'héroïsme, elle a bouté l'ennemi dehors, combien d'autres périls la pressent, et plus dangereux d'être intérieurs : anarchie, matérialisme, appétit de tous les égoïsmes, de tous les plaisirs, oubli de nos traditions nationales. Puisse chacune de nos guides, – et si elles le veulent vraiment la chose n'est pas impossible, – (lorsqu'on a Dieu pour soi, il n'est rien d'impossible)... Puisse chacune de nos guides collaborer pour sa part à l'œuvre qui s'impose : refaire la France chrétienne. Il n'est pas de tâche plus belle[19]. » Quelques lignes auxquelles répondent ces mots de la commissaire provinciale d'Île-de-France,

19. *La guide de France*, janvier 1929.

Hélène Depaux-Dumesnil : « En cette année tout embaumée du parfum de Jehanne, prenons comme mot d'ordre sa belle devise : "Messire Dieu premier servi." "Toujours prête" à répondre avec générosité à l'inspiration de ses Voix, qu'elle nous aide à suivre fidèlement celle des esprits célestes. Puissions-nous reproduire dans le service de Dieu et du prochain (inséparables l'un de l'autre) les qualités qui donnèrent tant de prix à celui de notre sainte patronne... [...] Résumons donc ainsi nos vœux pour 1929 : que Cheftaines et Guides, en servant comme Jehanne, toujours aux "escoutes de l'Esprit-Saint", se rapprochent chaque jour davantage du Chef Divin venu sur terre, "non pour être servi, mais pour *Servir*". » En choisissant Jeanne d'Arc, les guides avaient bien de l'ambition...

Des manifestations commémoratives de la Pucelle se déroulent d'abord à Orléans, les 8, 9 et 10 mai 1929, puis à Compiègne l'année suivante et enfin à Rouen en 1931. Les scouts et les guides sont accourus nombreux. Ils assistent à la messe et se font bénir par le cardinal légat du pape. Certaines guides font leur promesse à l'issue de la cérémonie religieuse, puis elles se glissent parmi les mille deux cents figurants qui défilent dans les rues pavoisées, immense fresque historique rendant hommage à la sainte patronne des guides françaises. Les guides de France quittent Orléans aux accents de la *Marche lorraine*. L'année suivante, un camp national, sis encore une fois à Argeronne, permet aux cheftaines d'assister aux fêtes de Rouen.

Pendant deux ans les guides se réunissent chaque mois, au pied de la statue de Jeanne d'Arc, place des Pyramides à Paris. Dans toute la France, les guides défilent devant les statues de la sainte, tout en la saluant. Quelque chose qui est inimaginable aujourd'hui ! Il est d'ailleurs convenu dès 1929 de se transmettre hebdomadairement, d'une compagnie à l'autre, le fanion reconstitué de la sainte patronne que leur a remis le maréchal Lyautey. C'est ainsi que cet étendard arrive le dernier samedi d'avril 1931 à la 14e Paris, dont Christine Delacommune est la cheftaine assistante depuis trois ans.

Contrairement à la coutume, l'étendard n'est pas transmis le samedi suivant. Ce 3 mai en effet, la cheftaine de la 14e se marie dans sa ville natale : Reims. « Et, fait incroyable, nous avons donc eu, dans le chœur de la cathédrale, l'étendard de Jeanne d'Arc ! C'était un symbole très fort. Je considère que c'est la Providence. À un samedi près, on n'aurait pas pu réaliser cela… » En tout cas, l'habitude de se réunir est prise.

Chaque année, les Guides de France défileront en l'honneur de Jeanne d'Arc : « Nous partions des différentes avenues du parc Monceau, dans le dix-septième arrondissement de Paris, jusqu'à la statue de Jeanne d'Arc aux Pyramides. C'était toujours un dimanche, se souvient Germaine Bironne-Gogny. Nous étions toutes présentes, en grand uniforme. On défilait au pas, compagnie par compagnie, c'était très organisé ! Un peu militaire, mais cela ne me dérangeait pas. Au contraire : on était très disciplinées ! »

II

LE TEMPS DES CONQUÊTES (années 30)

À l'aube des années trente, le monde occidental fait pâle figure. À New York, la bourse de Wall Street a flambé un jeudi de la fin du mois d'octobre 1929. Ce « jeudi noir » a ruiné l'Amérique et semé la pagaille dans les relations extérieures des États-Unis… Tout s'enchaîne comme dans la chute d'un jeu de dominos. Les effets du krach boursier new-yorkais se répercutent en Europe, et les économies s'en vont à vau-l'eau, la stabilité intérieure des pays s'en trouve peu à peu déséquilibrée.

Du côté des guides cependant, l'heure est à la découverte des premiers camps, enfin autorisés. Mais il y a une condition. Les filles peuvent partir sac au dos sur les routes de France, dûment munies de l'autorisation parentale, et passer la nuit hors du toit familial, mais elles ne dorment pas sous la tente pour la très grande majorité d'entre elles. Les camps ont lieu entre les murs clos de propriétés privées, en été seulement, et le plus souvent elles passent les nuits dans des dortoirs. Mais c'est déjà plus amusant que de ne pas sortir du tout !

Albertine Duhamel mène toujours d'une main de fer « son » mouvement. De nouvelles branches, les jeannettes et les guides aînées, sont créées au début de la décennie. Renée de Montmort devient commissaire internationale des Guides de France. Maintenant, le guidisme est bien lancé dans l'Hexagone : elles sont environ cinq mille à porter fièrement l'uniforme (contre mille cinq cents en 1928). Après ses premières années principalement consacrées à réussir son incursion dans la société, le guidisme affine désormais son identité et son esprit (formation, valeurs, rites...). Les autorités hiérarchiques peaufinent à loisir le mouvement tant sur le terrain (uniforme, vie quotidienne, camp...) qu'au niveau de l'organisation interne. Les années trente, c'est le temps des conquêtes.

L'organisation interne des guides françaises reprend celle du scoutisme de Baden-Powell. Dès le départ, le mouvement est très structuré et très hiérarchisé. C'est une constante que l'on retrouve tout au long de l'histoire du scoutisme, qu'il soit féminin ou masculin.

Une compagnie de guides rassemble une trentaine de filles et elle est généralement formée de quatre équipes. Chaque équipe est elle-même constituée de six à huit filles, dirigée par une chef d'équipe, la « C.E. ». Proches de la nature, les noms d'équipes sont choisis parmi les oiseaux, les insectes ou les fleurs et, une fois que la compagnie a choisi son type d'animal, les équipes restent dans la ligne. Ainsi, à la 1re Lille, il y a les « Hirondelles », les « Moineaux », les « Pinsons » et les « Cigognes ». Le dictionnaire est visiblement soigneusement épluché, car toutes les espèces d'animaux sont utilisées pour baptiser les équipes. Les oiseaux ont souvent la préférence de ces demoiselles. On ne compte plus les « Mésanges », les « Mouettes », les « Goélands »... mais les « Loups » ou les « Écureuils » connaissent aussi un certain succès. Puis chaque équipe se trouve un cri de ralliement ou une devise qui correspond à son appellation. Fréquemment, mais ce n'est pas une règle absolue, il est composé de deux parties faisant référence à l'animal : la C.E. crie les premiers mots auxquels répondent en hurlant les autres membres de l'équipe. Ainsi, la chef d'équipe à la 2e Strasbourg en 1932, Alice Gillig (née Daul), se souvient avec amusement de sa devise aux Pinsons : « Chanter… sa vie ! » À Lyon, la même année, Marie Verzy-Ménager, toute nouvelle guide, appartient aux Aigles : « Tout droit… d'un seul coup d'aile ! »

Une fois ces formalités remplies, chaque compagnie se choisit une ou des couleurs qui la distinguent des autres : ces couleurs sont portées sur la cravate et orneront plus tard le foulard.

À ses débuts, le guidisme s'implante majoritairement dans les paroisses et les patronages, mais aussi dans le terreau que sont les écoles et les pensionnats religieux. Les sœurs voient d'un bon œil la pédagogie guide qui complète l'éducation qu'elles dispensent à leurs élèves. Elles permettent aussi l'utilisation, comme local des réunions, d'une pièce de l'école ou de la paroisse voisine, ce qui est bien pratique pour les compagnies. Au pensionnat « Les Oiseaux », alors rue de Ponthieu à Paris, les élèves composent la 22e Paris. Les sœurs mettent à la disposition de la compagnie « les combles de l'hôtel particulier », se souvient Béatrice Moore (née Delafon), guide à douze ans en 1934. « Ce local nous avait coûté très cher. Un brave monsieur, qui avait été employé par ma mère, nous avait arrangé notre coin mansardé, en fabriquant de petites étagères et de petits tabourets. Toutes nos économies y étaient passées ! » Pour les enfants, l'inconvénient d'avoir leurs activités guides insérées dans l'école, c'est « qu'à cause des religieuses, si vous n'aviez pas plus de sept sur dix en bonne conduite, elles vous supprimaient le droit d'aller aux guides… C'était vraiment déplaisant », raconte en souriant Béatrice Moore.

Le prestige de l'uniforme

L'uniforme est considéré avec le plus grand sérieux. Et la hiérarchie au sein du mouvement est scrupuleusement suivie. Lorsque arrive une « huile » dans une compagnie, les guides se mettent sur leur trente-et-un : gants blancs, cheveux soigneusement coiffés, uniforme impeccablement repassé… La première unité formée se dote bien entendu d'un uniforme, kaki, mais c'est en 1924 que des règles précises sont édictées à propos de la tenue vestimentaire des guides.

Cet uniforme, que les fillettes sont si fières d'arborer, est pourtant loin d'être le summum de l'élégance. Comme tout le guidisme de l'époque, il est fortement inspiré de celui du scoutisme masculin. Mais s'il est une sorte de copie, on a tenté vaille que vaille de le féminiser. Le résultat a donné un uniforme quelque peu bâtard : il est composé d'une longue robe de lainage kaki foncé. Une veste de tailleur assortie, droite ou légèrement cintrée, complète l'ensemble. La cravate en soie est aux couleurs de la compagnie. La croix argentée de promesse se porte au-dessus de la cravate. Vissé sur le crâne, une sorte de chapeau cloche de feutre, kaki lui aussi, à fond rond et à bord plat. Les cheftaines relèvent le côté gauche de leur couvre-chef. « Bas » et chaussures « de sport, assortis au costume », précise le règlement. Le *must*, c'est la grande cape aux plis majestueux. L'insigne de badge est un anneau plat émaillé, dont la couleur varie selon le brevet. Il se porte attaché à une barrette en argent pour les guides de deuxième classe. Celles de première classe ont droit à une barrette en or. Des détails hiérarchiques qui rappellent singulièrement les décorations militaires.

Trois ans s'écoulent, et le Comité directeur décide d'un uniforme, de rigueur de 1927 à 1941, un peu plus esthétique et moins difficile à assortir. Le kaki cède en effet la place au bleu marine, la robe d'une seule pièce à une jupe de serge avec un pli creux de chaque côté. Le corsage est une blouse d'ottoman à manches longues avec col blanc. Selon la mode, le ceinturon se porte très bas sur les hanches. Il est alourdi de nombreux objets qui pendent le long des cuisses : surliure, couteau, boussole, dizenier, sifflet... En hiver, un chandail complète la tenue.

Les insignes prennent place peu à peu. Ils sont nombreux : cordelières, badges, étoiles d'ancienneté, bandes de chef d'équipe, scalps (ou flots)... La couleur de ces derniers indique l'équipe dont une guide fait partie. Le scalp se porte sur la manche gauche de la jaquette ou de la blouse. La première fois qu'Albertine Duhamel voit des fillettes arborer fièrement ces scalps, insignes empruntés aux scouts mais adaptés pour les guides, elle les juge « trop masculins »... Une cheftaine de la 5e Paris, Bernadette Barbier, bravant l'interdiction, en dote quand même toute sa compagnie. Et à l'occasion d'une fête présidée par la chef guide Duhamel, cette dernière, oubliant complètement l'origine des scalps, s'écrie : « Mais c'est charmant, tous ces rubans multicolores... et comme c'est féminin[1] ! »

Le feutre est aussi bleu marine. D'abord porté avec quatre

---

1. Tiré de *La guide de France* à l'occasion du vingt-cinquième anniversaire du mouvement, décembre 1948.

petites pinces au fond, il devient ensuite tout rond. Et même si la plupart du temps il tombe sur les yeux, les guides ont l'interdiction de couper la calotte. Le chapeau des cheftaines est relevé à gauche sur une demi-cocarde de ruban. Les commissaires ont droit à un galon cousu autour de la calotte, dont la couleur varie selon le grade. Seule la chef guide y porte une imposante croix scoute. Les cheftaines et les commissaires sont désormais vêtues d'une blouse blanche sur laquelle elles enfilent une veste tailleur bleu marine qu'il leur est interdit de quitter. Cet accoutrement est complété par « d'affreux bas de coton à grosses côtes, de couleur jaunasse », selon Béatrice Moore-Delafon, de la 22e Paris. Ces bas obligatoires sont en réalité chinés marron ou beige. Enfin, toujours la grande cape en loden que « l'on croisait devant avec des bretelles, très imperméable, increvable », se souvient-elle. Une précision de taille : cet uniforme vaut aussi bien l'hiver que dans la chaleur de l'été. Et tant pis pour le confort de ces demoiselles qui transpirent allégrement sous le soleil ! Seule grâce accordée aux gamines : la robe de camp, toute droite et vaste, à quatre poches, à plis creux sur le côté, mais en tissu épais, à manches longues et à col sous le foulard. Mais le chapeau de feutre, la veste et les bas sont toujours inévitables. Pas question de laisser-aller dans la tenue des adolescentes ! Les cheftaines y veillent. Et les camps se transforment parfois en longues séances d'habillage et de déshabillage, lorsqu'il s'agit de lever les couleurs ou d'aller à la messe. Si cet uniforme, respectant les règles de convenance de l'époque, fait des guides des « Vénus en godillots », selon l'expression fraternelle des scouts, il n'en demeure pas moins l'attraction numéro un qui pousse bien des fillettes à entrer chez les guides… Le prestige de l'uniforme, sans doute !

Développer l'initiative, la débrouillardise des petites filles et les préparer à leur future vie au foyer, tels sont les objectifs des différentes activités proposées dans la pédagogie guide.

À son entrée dans la compagnie, la nouvelle guide doit gagner ses galons : elle entre en tant qu'aspirante, le but est de passer par la deuxième classe pour arriver au grade de première classe. Pour cela, elle doit franchir un certain nombre d'épreuves. Les réunions hebdomadaires servent, entre autres, à préparer ces examens qui sont passés pendant le camp. Il y a l'exploration, les langages codés, les nœuds, les activités ménagères… Ces dernières, au début en tout cas, sont très particulières, si l'on en croit le père Claude Lenoir : « Dès la seconde classe, on exige des activités ménagères (entretien journalier des vêtements, enlèvement des taches, pose d'une pièce, lavage et repassage, ravaudage, cirage de chaussures, cuisine, vaisselle…). Pour la première classe, mêmes obligations que les éclaireuses, plus : connaître la broderie richelieu et anglaise, faire du filet, tailler et confectionner une parure, laver des objets de couleur, repasser et empeser ; connaître un chant, une danse et une légende de sa province. » Tout un programme !

Mais sur le terrain les fillettes ne pratiquent guère ce type d'activités de broderie et compagnie, comme le confirment divers témoignages d'anciennes guides. Ainsi, celui de Milou Bonel (née Launay) entrée à la 1re Lille en 1934 à l'âge de treize ans : « Quand on devait aller au camp, on nous demandait de faire des petits sacs pour ranger nos affaires, et le grand truc, c'était de broder nos noms sur ces sacs… C'était tout. » Les anciennes guides ne sont pas entrées dans le mouvement pour apprendre des tâches domestiques aussi banales pour l'époque, mais pour découvrir de nouvelles activités qui étaient jusque-là réservées aux garçons.

Pendant les réunions, même en pleine ville, la nature est toujours très présente. « On faisait beaucoup d'études de la nature, des plantes. Nous avons fait beaucoup d'herbiers, se remémore Ginette Rogez (née Fauchille), camarade de compagnie de Milou Bonel, et ça, dès le début. Et puis il fallait trouver les plantes médicinales, les plantes comestibles… »

Le camp est en effet attendu avec impatience par chaque guide, quelle que soit l'époque. Apogée de l'année, ces quinze jours de plein air sont pour les fillettes l'occasion de vivre de nouvelles aventures, et celles qui ne peuvent y aller sont toujours un peu frustrées. Les motifs de ces absences semblent parfois aberrants. Ainsi, la mère de Béatrice Moore-Delafon et d'Élisabeth (sa sœur) a toujours refusé que ses filles y participent : « Nous avions l'interdiction de camper parce que notre mère disait qu'on ne se lavait pas au camp ! Elle ne voulait pas qu'on aille ailleurs, nous devions être chez nous », se souvient en souriant Béatrice Moore. Entrée chez les guides à douze ans en 1934, l'adolescente a néanmoins pu, quelques années plus tard, participer à des « camps volants », c'est-à-dire sans campement fixe. « Et là, on a fait tout ce qu'on peut imaginer ! » raconte-t-elle tout en restant assez vague. Quant à Germaine Bironne (née Gogny), elle était carrément privée de tente ! La petite fille a dix ans lorsqu'elle entre à la 51e Paris dans le VIIe arrondissement, en 1930. Elle mène la vie quotidienne des guides avec sa sœur. Mais soudain, celle-ci est atteinte de paralysie faciale. Germaine est aussitôt obligée de renoncer au guidisme pendant quelques mois : ses parents ont « mis ça sur le dos d'un camp » que sa sœur avait fait et où elle avait dormi sous la tente ! Du coup, Germaine a passé deux ou trois ans sans avoir la permission de dormir sous la tente, elle était obligée de passer la nuit seule dans une maison ! Heureusement pour beaucoup de fillettes, la plupart des parents sont moins frileux. Bien des années après, les camps laissent un souvenir fantastique et inoubliable. Le confort était plus que sommaire, et les sacs de couchage rustiques : « Nous avions des sacs de toile que nous bourrions de paille, un sac à viande et une couverture », se rappelle Milou Bonel-Launay. Sa compagnie possède de grandes tentes de huit, dans lesquelles on peut se tenir debout. Si Milou a dormi dans le château d'une comtesse dans le Nord de la France, bon nombre de guides dorment encore dans les granges. Son premier camp, Simone Calvino, fondatrice des guides à Nice dès 1927, ne l'a pas oublié... Les guides étaient « installées dans un grenier à foin, dormant en rang d'oignons, perdant tout ce que nous voulions, et même plus, dans la paille ! Le matin, c'était au lavoir municipal que nous faisions semblant de nous laver, préservant notre pudeur par nos capes... Mais moi, je n'en avais pas ! ! ! »

Les camps sont l'occasion de découvrir de nouvelles régions. Germaine Bironne-Gogny se souvient d'avoir planté sa tente aux environs d'Antibes, à Saint-Tropez qui n'était encore qu'un petit village. Sa compagnie campait au bord d'une plage, dans une crique, propriété de la mère de l'une des guides. Le Sud attire beaucoup : « Au moins, nous étions sûres d'avoir du beau temps. »

Les activités de plein air, lors des réunions, et les camps sont l'occasion de mettre en pratique tout ce que les fillettes ont appris dans leurs manuels ; ainsi, les grands jeux et les rallyes rythment les après-midi, que ce soit en pleine ville ou à la campagne. L'épreuve de l'« exploration » de première classe demande de réelles compétences de géographe. Il faut par exemple dresser la carte d'une route et ses abords... Ce qui donne lieu à des scènes cocasses pour un étranger, qui peut se demander ce que font ces fillettes en uniforme, comptant et recomptant leurs pas entre deux bornes... Courses d'orientation et d'observation, découverte de la nature à travers des jeux de piste alternent avec l'aménagement du camp et la fabrication de toutes pièces des installations (coin cuisine, salle à manger, mât pour les couleurs...). Là, l'épreuve des nœuds prend toute sa signification. Nœud droit, de chaise, de cabestan, de tisserand, de jambe de chien... avec une seule main, en pleine nuit... Dans le même genre, le morse est appris avec ferveur. Il en existe de toutes les sortes : égyptien (dans lequel le point est remplacé par un mouvement de bras horizontal, et le trait, par un mouvement de bras en diagonale) ; le morse des yeux (un clin d'œil pour le point et les deux yeux fermés pour le trait) ; mais encore le morse au pouce, de nuit, à la bougie, aux lampes de différentes couleurs... Ces épreuves, si peu ordinaires à l'époque, suscitent l'enthousiasme des guides.

Les tâches ménagères du camp, appelées plus correctement « services », sont réparties chaque jour entre les équipes, comme cela se fait encore aujourd'hui. Les repas sont confectionnés par les fillettes dans les « bonammaux », d'immenses marmites recouvertes de savon noir, qu'il faut ensuite frotter pendant des heures... Les premiers essais ne sont pas toujours concluants : soit c'est trop cuit, soit pas assez. Comme la cuisine, la vaisselle est faite à tour de rôle. Le soir, un grand feu rassemble les guides, qui montent des pièces de théâtre, se déguisant selon les besoins.

Le chant a une place prépondérante, que ce soit en marchant, à la veillée, lors de diverses cérémonies ou pendant les grands rassemblements guides et scouts. Des petits carnets sont distribués, faciles à glisser dans les poches des grandes jupes. Chaque guide les conserve précieusement. Ils contiennent au départ les chants des garçons : *Roland, Chantons les scouts, Les chants de l'Alouette* ou encore *Le sire de Framboisy*... aux paroles féminisées pour la circonstance. Pour remédier au manque de chants féminins, une guide de la 1re Lille se met à composer. Elle s'appelle Francine Cockenpot. Née quelques jours après l'armistice de 1918, elle grandit à Lille. Fille unique, elle se sent attirée vers les autres et surtout par les guides qu'elle croise de temps à autre. À quinze ans, en 1933, elle est autorisée par ses parents à rejoindre le mouvement. Elle entre alors à la compagnie Louise de Bettignies, et très vite la jeune fille se fond dans le mouvement. Sa chevelure d'un noir de jais lui vaut le totem de « Corbeau unique ». Francine met au service de sa compagnie ses talents artistiques. Elle joue en effet du piano et peint à ses heures. Elle commence donc à écrire ses premières chansons pour animer les feux de camp ou encore un spectacle. Tout est prétexte à l'inspiration : un voyage en train, une promenade, la pluie, une panne de vélo... C'est ainsi que naissent ces chansons, dont certaines font aujourd'hui partie du patrimoine national. Qui n'a jamais chanté *Colchiques dans les prés* ? D'autres moins connues du grand public deviennent des classiques pour les guides. N'importe où, n'importe quand, en quelques minutes, Francine jette ses notes sur un bout de papier, compose une mélodie qu'elle teste avec Milou Bonel, camarade de classe et de compagnie. Témoin privilégié, cette dernière s'en souvient encore : « Elle criait soudain : Arrêtez-vous ! J'ai trouvé un chant ! Et elle me disait : Chante, Milou, chante ! Et moi, je m'exécutais... » Milou a ainsi vu naître *Goutte, gouttelette de pluie, Nos pas sur la route sonnent*, ou encore *Brumes, brumes du Nord*. Faciles à retenir, les mélodies de Francine Cockenpot se répandent à travers la France, d'une compagnie à l'autre.

Chanter est une activité aussi importante que rendre service chez les guides. Et même si elles chantent faux, les fillettes n'hésitent pas à entonner le chant de la compagnie... Le père jésuite Jacques Sevin, aumônier des guides et des scouts de Lille, se plaisait à répéter aux fillettes qu'une « troupe qui chante est une troupe qui marche, même quand elle est assise dans son local » !

Une journée au camp

« Une journée au camp commençait immuablement par le lever des couleurs, chaque matin, se souvient Milou Bonel-Launay, puis il y avait une messe, si l'aumônier était là. Sinon, elle était remplacée par une prière collective. Dans la matinée, les chefs d'équipe se réunissaient avec la cheftaine pour recevoir le programme de la journée et faire le bilan de la veille. Il pouvait être positif ou faire l'objet de critiques. La fin de matinée était remplie d'activités diverses, comme de la gymnastique ou des promenades en équipe, toujours avec un but éducatif ou de découverte. Après le déjeuner, c'était le temps des jeux extérieurs : ballon, foulard, marche, jeux de piste, piste au trésor. Ou bien des visites de châteaux, d'églises, des villages avoisinants, des curiosités régionales ou encore des métiers locaux, etc. En fin d'après-midi, nous consacrions, en équipe toujours, un grand moment à la préparation de la veillée. Elle avait lieu tous les soirs. En revanche, il n'y avait que deux ou trois feux de camp pendant la quinzaine de jours. On y mimait des histoires, des chants, des chœurs... Nous chantions "en compagnie", souvent à deux voix. La lecture alternait avec l'observation et l'étude des étoiles. Et tout se terminait par la prière du soir, parlée ou chantée. »

Valeurs et rites du guidisme

Pour devenir une guide à part entière, il faut prononcer sa promesse. C'est toujours une étape et un événement importants pour chaque fille. Il faut de plus la mériter et être fin prête. Alice Gillig-Daul se souvient encore de ce fameux 19 avril 1930, jour de sa promesse. « C'était d'autant plus important pour moi que j'aurais dû la faire en même temps que ma sœur Élisabeth, quelques mois après notre entrée aux guides. Mais j'étais une adolescente très difficile et une mauvaise élève. Du coup ma maîtresse, une religieuse, ne m'a pas jugée prête à la prononcer. J'ai dû aller voir ma cheftaine pour le lui dire. Cela m'a énormément coûté... »

La promesse est une porte d'entrée, l'entrée dans le monde de la grande fraternité scoute. Celle qui passe par la promesse s'engage à observer la loi et les vœux qu'elle formule. Pour ajouter encore plus de solennité, donner du poids et marquer le sérieux et l'importance de l'engagement, la promesse se déroule dans un certain cadre : en plein air le plus souvent, dans un espace tranquille, beau de préférence. Et surtout la cérémonie a lieu devant des témoins : les autres guides, les cheftaines, l'aumônier et bien souvent la famille.

L'honneur est mis en jeu et s'accompagne de la confiance et de la loyauté : « Sur mon honneur, avec la grâce de Dieu, je m'engage à servir de mon mieux Dieu, l'Église et la patrie, à aider mon prochain en toutes circonstances, à observer la loi des guides. » Inspirés de la promesse scoute, les mots n'ont pas changé depuis 1923. Lord Baden-Powell s'est plus que largement inspiré de la franc-maçonnerie, à laquelle il appartenait, pour rédiger la promesse scoute : elle n'est que la simple transposition, pour des adolescents, des engagements prononcés par le maçon. La cérémonie elle-même en est tirée. Les valeurs sont les mêmes.

Outre les textes, il y a une chose des plus importantes dans la promesse : il s'agit d'une démarche personnelle et libre, une sorte de nouvelle naissance. Pour la première fois de sa vie, l'enfant, l'adolescente se prend en main et s'engage seule à respecter certains principes. Cela la valorise et lui fait prendre conscience de son autonomie, de sa propre identité.

Sa promesse prononcée, la guide prend un nouveau départ. Celui que chaque matin elle renouvellera en se levant, en tâchant de respecter tout au long de la journée la loi qu'elle s'engage à vivre également dans sa vie quotidienne. La « bonne action » concrétise cette façon de vivre.

L'« esprit guide », sur le modèle de l'« esprit scout », est actif en permanence. Le meilleur moyen de le concrétiser est d'accomplir, chaque jour si possible, sa « bonne action ». L'avantage de la B.A., c'est qu'elle est accessible et réalisable, comparée aux commandements de la loi, difficiles à mener tous de front. Rendre service est une composante essentielle de la vie d'une guide, qui ne se limite pas aux réunions de la compagnie. La B.A. doit être réalisée avec humilité et modestie : « Une B.A. dont on se vante n'est plus que la moitié d'une B.A., quelque chose comme un B sans A ou un A sans B[2]. » Si la B.A. est commune aux guides et aux éclaireuses laïques et protestantes, l'impact du catholicisme lui donne un sens particulier et incite l'enfant à l'humilité et au goût de l'effort. Les vertus et valeurs chrétiennes se confondent avec celles que toute guide s'engage à tenir le jour de sa promesse. Le texte en est d'ailleurs explicite, tout comme celui de la loi. Cette dernière comporte dix commandements : « 1. La guide met son honneur à mériter confiance ; 2. La guide est loyale à son pays, à ses parents, ses chefs et ses subordonnés ; 3. La guide est faite pour servir et sauver son prochain ; 4. La guide est bonne pour tous et la sœur de toute autre guide ; 5. La guide est courtoise et généreuse ; 6. La guide voit l'œuvre de Dieu dans la nature, elle aime les plantes et les animaux ; 7. La guide obéit sans réplique et ne fait rien à moitié ; 8. La guide est maîtresse de soi, elle sourit et chante dans les difficultés ; 9. La guide est économe et prend soin du bien d'autrui ; 10. La guide est pure dans ses pensées, ses paroles et ses actes. » Cette loi, positive, est parfaitement adaptée aux enfants. Et, même si elle exige des efforts constants de leur part, elle ne contient rien d'impossible ou d'extraordinaire. Même si parvenir à suivre tous les commandements est ardu et relève presque de la sainteté !

Être guide est donc tout un art, et même un art de vivre. Il faut jongler entre sa propre personnalité, son caractère et toute une série de mots clés qui permettent de devenir une guide accomplie.

L'esprit guide, on l'a ou on ne l'a pas, et cela vaut encore aujourd'hui. Le jeu est d'ailleurs un excellent moyen pédagogique pour développer cet esprit par l'écoute et par l'atten-

2. Tiré du numéro zéro de *La guide de France*, 1927.

tion des enfants aux autres et pour renforcer l'esprit d'équipe… Robert Baden-Powell l'avait bien compris et lui accordait une importance considérable : c'est aussi le moyen de canaliser l'énergie débordante des enfants, tout en éveillant leur curiosité et leur intelligence. « C'est ça qui est formidable aux Guides, ça sort les enfants, elles jouent, et pendant ce temps-là elles ne se regardent pas le nombril », insiste Béatrice Moore-Delafon.

« En août 1933, je suis partie faire mon premier camp, avec la 23e Lyon. Il avait lieu à Saint-Martin-sur-Arve, en Haute-Savoie. Nous étions installées non loin d'un lac, raconte Marie Verzy-Ménager, qui avait seize ans à l'époque. Un jour, j'avais terminé mon service et on se trempait les pieds dans le lac. J'ai voulu aller rejoindre une guide sur un rocher… Mais en posant le pied sur une pierre gluante, j'ai glissé et je me suis retrouvée à l'eau. Je ne savais pas nager ; du coup, j'ai battu des ailes. Heureusement, une guide est venue me repêcher juste à temps. Je suis sortie saine et sauve de l'eau, couverte d'algues vertes de la tête aux pieds, dans un grand éclat de rire général. Depuis, on m'a baptisée "Lac vert", c'est devenu mon totem. »

La totémisation est l'un des rites les plus fameux du scoutisme et du guidisme. Il consiste à attribuer à chacun, au bout de quelques mois ou de quelques années, le nom d'un animal en général (mais chez les guides, on dérogera plus d'une fois à la règle) auquel est accolé un qualificatif, voire deux, qui sont censés le définir. L'ensemble constitue le totem et doit résumer la personnalité ou le physique de celui ou celle qui le porte. Ce mot « totem » est issu du langage des Indiens d'Amérique, désignant un animal, parfois un végétal, comme le protecteur du clan.

Au départ, le totem est attribué au hasard des incidents ou anecdotes. Puis son attribution fait l'objet d'une véritable cérémonie initiatique, avec des épreuves, un contexte particulier ou inhabituel, comme la nuit par exemple...

C'est ainsi que « Lac vert » se retrouve aux côtés de « Chevrette », « Grain de sel », ou encore « Source d'Alsace » ; que la passion de Monique Peyrefitte (née Luton) pour le vieux français et les pièces de théâtre la transforme en « Biche lettrée » ; que Marie-Paule Jouan-Le Restif devient « Tourterelle timide » ; que le chanoine Cornette est affectueusement appelé « Vieux Loup » et le père Sevin, « Renard noir »...

« La France guide »

Le nombre de guides augmente sans cesse. Il devient alors nécessaire de sillonner l'Hexagone, de surveiller les nouvelles créations afin de conserver son unité au mouvement. La commissaire Diemer est chargée de seconder la chef guide dans cette tâche. Elle organise des camps de formation pour les cheftaines mais, dans le souci constant d'éviter tout éparpillement et toute initiative trop indépendante, Albertine Duhamel, la sévère chef guide française, prend sa carte de France et la découpe en régions. Il y en aura quatorze, décide-t-elle lors du comité directeur du 25 octobre 1931. L'Algérie sera une région à part entière, tandis que Madagascar et la Martinique, appelées « les Colonies françaises », seront intégrées à la 2e Région, supervisée par Marie Diemer. À la tête de chacune des régions est nommée une commissaire régionale. Elles se retrouvent lors de réunions trimestrielles, afin de rendre compte des évolutions du terrain. Ces rencontres sont également l'occasion pour les autorités du mouvement de vérifier les connaissances techniques des cheftaines, ainsi que leur bonne moralité et leurs convictions religieuses.

Sur la photo en noir et blanc, neuf fillettes forment un cercle devant un bâtiment en brique. Chaussées de souliers noirs, elles ont des chaussettes blanches qui montent à mi-mollets. Toutes sont vêtues de la même robe de couleur sombre aux bretelles croisées dans le dos, qui se porte au-dessus d'une chemise blanche à manches longues. Sur la tête des fillettes, un chapeau colonial. L'enfant qui est à l'extrême droite de la photo est la plus petite, et les larges bords de son couvre-chef lui tombent sur les yeux : elle est obligée de pencher la tête en arrière pour regarder ce qui se passe en face d'elle. À gauche de la photo en effet, une femme vêtue d'une tenue identique et d'une sorte de tablier blanc se penche vers l'une des fillettes. La scène se déroule en 1931 : à quelques milliers de kilomètres de la France, la première ronde des jeannettes de Tananarive, la capitale malgache, fait sa promesse.

Au même moment, à l'autre bout de la planète, en Martinique, la 1re Fort-de-France vient de naître, sous l'impulsion de Jeanne Buisson et à la grande surprise de Mme dal Piaz, qui écrit à la Fédération des guides de France : « À l'aimable demande de son aumônier, le père Le Gallois, j'ai pu assister à une réunion de la troupe Sainte-Clotilde, qui m'a fait la meilleure impression et a défilé de la façon la plus satisfaisante ; tant les guides que les jeannettes… et le mérite n'est pas petit d'avoir fait triompher l'idée et la discipline scoutes dans un pays où le climat et les habitudes de vie ne lui sont pas naturellement favorables[3]. »

3. Tiré de *La guide de France*, 1931.

Dès 1928, le guidisme essaime dans les possessions françaises de l'époque. Peu à peu des compagnies se mettent en route en Martinique, puis en Guadeloupe, en Indochine, en Algérie, au Maroc, en Tunisie, en Égypte, en Syrie et au Liban, puis en Nouvelle-Calédonie, à Saint-Pierre-et-Miquelon, et ensuite à Brazzaville et à Madagascar. Bientôt, après la coupure de la Seconde Guerre mondiale, la mondialisation reprend. Des compagnies se fondent dans le Pacifique, en Afrique noire, au Laos et à Pondichéry, le comptoir français aux Indes. Le guidisme, tout comme le scoutisme en général, parvient à s'implanter en pays musulman, ce qui est relativement surprenant pour des mouvements éducatifs d'origine chrétienne. Mais l'implantation se fait à pas de fourmi. Les filles des colons sont les premières recrues de ce guidisme d'empire.

Les jeannettes et la Forêt bleue

Tandis que le mouvement se développe et passe au stade de l'adolescence, l'idée lancée par Marie Diemer en 1927 chemine dans les têtes des autorités guides. Il s'agit de créer une branche cadette destinée aux petites filles, que l'on baptiserait les « jeannettes » en référence à sainte Jeanne d'Arc, la patronne des guides, canonisée en 1920. Les hautes instances du mouvement se disent qu'il serait bien dommage de ne pas répondre à la demande des petites filles ou des jeunes sœurs des guides, âgées de sept à onze ans. Dans ses vœux pour la nouvelle année 1928, Anne-Marie de Demandolx, secrétaire générale, écrit d'ailleurs : « Dernier vœu. Il nous faut songer sérieusement au recrutement et à la formation des "jeannettes"... C'est un vrai devoir pour toutes de s'intéresser à ces jeunes sœurs, de les recruter, de travailler à mettre au point cette section où tant de petites filles peuvent trouver leur vocation de guide de France[4]. » En 1927, cinq rondes sont déjà constituées, mais tout reste encore à organiser.

Mais si le guidisme à ses débuts s'est développé sans pédagogie particulière, en adaptant vaille que vaille celle des scouts, cette fois-ci il semble nécessaire d'en établir une. Et la tâche est confiée à Marie Diemer. Celle-ci, pour faire vivre aux enfants les notions du scoutisme, use de ses talents d'écriture pour concevoir *Le livre de la Forêt bleue*, livre de référence comme l'est *Le livre de la Jungle* pour les scouts. Elle suit fidèlement la pensée de Baden-Powell qui estime que « le meilleur moyen de préparer les petites filles et les petits garçons à devenir de bonnes guides et de bons scouts était de leur faire vivre une belle histoire ». Tout en sachant qu'il souhaite une certaine souplesse du scoutisme, afin qu'il puisse s'adapter aux mentalités de chaque pays. Et la nature reste le pivot central de la pédagogie guide et scoute.

Le personnage central de l'histoire inventée par Marie Diemer est une petite bergère prénommée Jeannette, une petite fille comme les autres à laquelle il est facile de s'identifier. Au fil des pages, Jeannette part à la découverte de cette Forêt bleue, nommée ainsi à cause de « de la couleur de son ombre, forêt de hêtres, de châtaigniers, de longs sapins. Elle s'étendait au loin sur toute une partie du pays. Elle était pleine d'oiseaux, de mystères, de bêtes sauvages, lapins, chevreuils, écureuils roux… peut-être d'ours et de loups…[5] »

Si les animaux sont présents tout au long de l'histoire, ils

4. *Cf. La guide de France*, décembre 1927.
5. Tiré du prologue du *Livre de la Forêt bleue*, Marie Diemer, éditions SPES, 1933.

n'ont cependant pas le premier rôle. L'auteur a volontairement délaissé le thème animalier utilisé dans les pédagogies anglaises[6]. Ainsi, si *Le livre de la Jungle* des louveteaux offre un cadre merveilleux aux petits garçons et plus spécialement aux petits Anglais, futurs colons, marins et explorateurs, il convient moins à des petites filles, estime Marie Diemer. Il en va de même pour les petites fées ou gentils lutins, ces fameux *brownies* nés de l'imagination de Mrs Ewings, qui « lasseraient vite nos jeunes compatriotes, à l'esprit plus critique » que les petites Anglaises ! Pour Marie Diemer, pas question non plus de reprendre le thème des petites ailes, branche cadette des Éclaireuses. Là, au lieu des termes de la jungle empruntés à Rudyard Kipling, le symbolisme est calqué sur la vie des oiseaux. La petite de sept ans qui entre aux Éclaireuses se présente à l'« envolée » des Petites Ailes dont elle aspire à faire partie. Si la fiction de la « couvée », guidée et protégée par la cheftaine, Plume grise, est pleine de poésie, son contenu éducatif est en revanche plus faible que l'histoire de Mowgli. « Elle ne satisfait pas entièrement notre vœu : préparer à la promesse, contribuer à former des âmes de petites chrétiennes, de petites Françaises », écrit Marie Diemer[7].

Marie Diemer choisit ce thème inédit parce que « la Forêt bleue n'est pas un cadre conventionnel. Elle existe réellement dans toutes nos provinces : hautes sapinières de l'Alsace, futaies de hêtres de l'Île-de-France ou de Normandie, chênes du Plateau central… Un boqueteau, un coin du parc, les bois de Boulogne ou de Vincennes y suffiront au besoin… De même ses merveilles ne sont pas du domaine du surnaturel…

6. Marie Diemer a expliqué les raisons de son choix dans un article intitulé « Pourquoi j'ai écrit *Le livre de la Forêt bleue* » paru dans *La cheftaine*, 15 avril 1936.
7. Tiré de *La cheftaine*, avril 1936.

Prêtez aux hôtes notre langage, et aux pierres même un cœur. Ajoutez, idéalisez, mais ne déformez jamais… Ayez de l'imagination, mais partez toujours du réel… Inspirez-vous de la Forêt bleue, mais ne vous y arrêtez pas. Au-dessus de la forêt, il y a le Ciel. »

Jeannette est donc conviée à découvrir cette forêt mystérieuse en compagnie d'autres petites filles qui constituent une ronde. Pour les rejoindre au-delà de la prairie où paissent ses moutons, la petite bergère doit faire preuve de franchise, de débrouillardise, de gaieté, d'honnêteté et de dévouement. Ce sont les principes de base d'une jeannette inscrits dans sa loi. « Une jeannette est toujours propre. Une jeannette est toujours gaie. Une jeannette est toujours active. Une jeannette dit toujours vrai. Une jeannette pense d'abord aux autres. »

La ronde est menée par une cheftaine, « Joyeuse », qui leur apprend cette loi et les guide jusqu'à la Forêt bleue. Elles sont invitées à y pénétrer et à y cueillir trois fleurs, bleue, blanche et d'or, qu'il faut trouver en parcourant trois sentiers différents. Tantôt fourmi, mouton, ruisseau ou arbuste, à la recherche de la princesse Aurore ou de la Belle au bois dormant, la jeannette reçoit presque inconsciemment les bienfaits de sa ronde.

Univers combinant à la fois le réel et le merveilleux, la Forêt bleue représente la Création. Terrain de jeux, de découvertes, d'expérience, de vie au sein de la « sizaine » et de la ronde. Au fur et à mesure que la petite fille progresse sur les trois sentiers de la Forêt bleue, elle franchit des étapes à l'aide des cinq articles de la loi. Ces étapes sont celles de sa vie quotidienne, qui la hissent toujours vers le sommet, en l'occurrence le royaume de Dieu où sa place l'attend. Et sur ce chemin, l'itinéraire personnel de la jeannette et celui du groupe tout entier sont favorisés par la richesse du langage symbolique et celle des cérémonials[8].

Le livre de la Forêt bleue paraît d'abord sous la forme d'un feuilleton dans les pages des premiers numéros de *La guide de France*. Ce n'est qu'en 1933 que le livre est édité dans son intégralité.

Les premières rondes démarrent rapidement à la fin des années vingt. Mais c'est dans la décennie qui suit qu'elles explosent réellement. En 1930, la France en compte une vingtaine. On peut se demander quel a été l'impact du livre pour enfants paru en 1931, *Bécassine fait du scoutisme*. Loulotte, la petite fille dont est chargée la célèbre gouvernante bretonne, use de toute sa force pour persuader sa grand-mère adoptive, la marquise de Grand-Air, de la laisser entrer chez les jeannettes : « Les jeannettes, mémé, ce sont des petites filles qui ont un costume bleu avec un béret, qui vont se promener en troupe à la campagne, qui y jouent à des jeux amusants[9]... » Comme l'indique si bien Loulotte, le costume des jeannettes comprend en effet une jupe de lainage bleu marine, un chandail bleu clair et un béret basque. En été, une robe de toile Vichy bleu clair et un chapeau de toile. Le béret est orné de leur insigne, un « J », et une croix scoute sans trèfle en drap blanc est cousue au côté gauche du chandail.

Leurs activités sont uniquement fondées sur le jeu. Apparemment, toute la pédagogie de la commissaire Diemer n'est pas exploitée à fond dans le début des années trente. Toute la richesse de son livre éducatif, et notamment ses valeurs, ne

---

8. Analyse tirée de l'article de Marie-Thérèse Cheroutre, « La branche jeannette dans le mouvement des Guides de France », paru dans la revue *Demain les Guides de France*, n° 112, juillet-août-septembre 1996.

9. *Bécassine fait du scoutisme*, Caumeri et Pinchon, éditions Gautier-Languereau, 1931.

sont pas mises en exergue par les cheftaines qui ne s'arrêtent qu'à la belle histoire qu'il raconte. Ce qui reste primordial à l'époque, c'est que les petites filles soient sages, qu'elles deviennent meilleures dans un environnement très moralisant et moralisateur. Les valeurs chrétiennes sont l'axe principal de leur éducation. Puis les cheftaines approfondissent peu à peu le texte de la *Forêt bleue* et prennent conscience de toute sa portée symbolique : par exemple, les sentiers qui représentent les différentes étapes de la progression personnelle. Marie-Paule Jouan-Le Restif entre chez les jeannettes à Rennes en 1937. Elle a tout juste dix ans. Tous les jeudis, avec sa sizaine des Marguerites, elle sort au Thabor, un magnifique jardin à proximité. Le plus souvent, elle fait deux kilomètres à pied avec sa ronde pour aller dans les champs autour de la ville : « C'était merveilleux, ces prairies avec des petites fleurs. On vivait vraiment la Forêt bleue. On y était ! » Elle se souvient aussi avoir été formée au « petit plaisir » quotidien, équivalent de la B.A. des guides. Pour Ginette Rogez-Fauchille, jeannette à Lille dès 1928, les jardins environnants étaient aussi le théâtre de leurs jeux de piste, de gymnastique ou encore de danse. Les rondes font aussi un camp, mais de huit jours seulement et jamais sous tente. Marie Diemer précise que « ce terme "camper", qui pourrait en effrayer quelques-uns, signifie tout simplement, en langage guide, l'installation rustique à la campagne ; et point du tout la vie des pionniers, en pleins bois[10] ».

Les petites filles ont aussi leur promesse. Moment fort par excellence en présence des parents, la cérémonie retrace tout le chemin initiatique fait à la ronde. La jeannette revit le pas-

10. Marie Diemer, article « Les jeannettes » paru dans *La guide de France*, avril 1928.

sage de la rivière, c'est-à-dire son entrée dans la ronde, sa découverte des lois avec une saynète qui raconte le prologue de la *Forêt bleue*. Les jeannettes doivent suivre cette devise : « De notre mieux », qui les prépare à celle des guides : « Être prête ».

Les guides aînées

Puisque les fillettes et les adolescentes ont leurs unités, il ne manquait plus, pour parfaire le mouvement guide, que de créer une branche pour celles sur le point de franchir la limite d'âge pour être guide. C'est ainsi que Marie Diemer, à l'imagination toujours très fertile et désireuse de convertir un maximum de jeunes au guidisme, invente les « guides aînées ». Un moyen aussi d'assurer la pérennité du mouvement tout en lui donnant une nouvelle dimension et de former les futures cheftaines.

Les pionnières du guidisme ne sont en effet pas encore en âge d'encadrer leurs plus jeunes sœurs. Pour parachever leur éducation guide et les accompagner jusqu'au seuil de l'âge adulte, la commissaire Diemer s'attelle une fois de plus à la tâche, avec la bénédiction d'Albertine Duhamel. La branche aînée s'organise lentement en unités en 1931.

Beaucoup d'adolescentes vont y poursuivre leur « carrière » de guide. Pourtant, dix-sept ans, c'est l'âge critique, les filles quittent l'adolescence et ne sont pas encore vraiment des femmes. Quelques-unes commencent à ruer dans les brancards et ont envie d'aller voir ce qui se passe ailleurs. Évidemment il faut nuancer, c'est moins facile à cette époque où l'éducation est plus rigide qu'aujourd'hui. Il ne s'agit donc que d'une minorité d'entre elles, dotées d'une certaine personnalité. Il n'est plus toujours évident de revêtir l'uniforme bleu marine et d'aller courir dans les champs comme à treize ans. C'est en tout cas l'avis de Béatrice Moore : « J'ai été chef d'équipe pendant deux ans et j'aurais dû abandonner à seize ans. J'ai continué jusqu'à dix-sept ans, en 1939. Mais on n'a plus l'âge. En plus, ça devient un examen de conscience permanent. La cheftaine me demandait régulièrement ce que je pensais d'une telle ou d'une telle... Cela m'assommait ! »

Marie Diemer invente ainsi l'étape aînée, d'abord appelée le « clan », le pendant de la « compagnie ». Mais ce nom emprunté aux garçons est bientôt abandonné. On lui préfère le « feu », qui signifie le « foyer » en vieux français. Le feu est autonome. Les aînées sont donc totalement détachées de leurs petites sœurs guides, à l'exception de quelques événements ou manifestations spécifiques.

La patronne des guides aînées est sainte Geneviève mais, particularité de la branche, chaque équipe prend un personnage historique ou appartenant à l'histoire sainte comme emblème et modèle. Un impératif toutefois : la personne choisie ne doit pas être vivante. À Lyon par exemple, en 1939, Marie Verzy-Ménager, vingt-deux ans à l'époque, appartient au « feu des Apôtres » dont le patron est le père Lacordaire [11]. Et si d'aventure un feu décide de changer de patron, il doit d'abord en référer au comité directeur du mouvement !

Les guides aînées se réunissent en général deux fois par mois. Perfectionner leur valeur guide, approfondir leur qua-

---

11. Henri Lacordaire (1802-1861), disciple de La Mennais, ne suivit pas son maître dans sa rupture avec Rome. Après avoir prêché à Notre-Dame-de-Paris où il remporte un succès inégalé lors des carêmes de 1835 et 1836, Henri Lacordaire prend l'habit des dominicains dont il rétablit l'ordre en France. En 1848, il est élu député de Marseille, puis il fonde *L'Ère nouvelle*, organe démocrate-chrétien. Mais les troubles de mai-juin l'amènent à abandonner la politique et le journalisme. Il part alors diriger l'école de Sorrèze. Il est nommé à l'Académie française.

lité de chrétienne et assurer un service local effectif mais soigneusement étudié au feu, tels sont leurs objectifs. Régulièrement d'ailleurs, le feu se réunit pour plancher sur tel ou tel passage des Saintes Écritures. Par rapport aux guides, les guides aînées ne négligent pas de s'occuper de leurs devoirs de femmes d'intérieur mais, contrairement aux guides, elles s'ouvrent totalement vers le monde extérieur. « La guide aînée… est dans son plein épanouissement, PRÊTE à entrer dans les réalités féminines, à prendre ses responsabilités, en un mot "servir". Elle est devenue le type de la femme française et chrétienne[12] », écrit Mme Hirsh, cheftaine fondatrice de la 1re compagnie des Guides de France. Si le feu doit être une cellule de vie et d'union intenses (entrevues fréquentes, réunions suivies, apostolat commun), poursuit-elle, s'il conserve quelques sorties intéressantes et saines, organise un voyage ou un camp annuel, invente les camps itinérants, « le champ d'action habituel d'une guide aînée sera le cadre de la famille, et l'activité du groupement plus directement religieux ou social ». Sur le terrain, les aînées s'occupent de patronages, d'enfants de quartiers en difficulté ; visitent les malades des hôpitaux, secondant les infirmières visiteuses ; deviennent cheftaines de louveteaux… sans oublier de parfaire leurs connaissances culturelles en allant, par exemple, régulièrement visiter des musées. Le feu représente le futur foyer de la future épouse et mère de famille.

Jusqu'aux années trente, il n'y a pas encore de cérémonial de promesse. Marie Diemer le précise pour la 1re Villemomble. En 1931, à Marseille, Anne Valette a prêté sa propre

12. Mme Hirsh, article « Les guides aînées » paru dans *La guide de France*, février 1928.

maison et son jardin, à l'occasion de la première promesse du feu Marguerite-de-Provence. Et là, le déroulement de la cérémonie résume l'engagement pris par les aînées : « La promesse s'est faite sur le seuil de la maison parce qu'il fallait penser à deux choses ; nous étions pour la maison mais aussi pour le dehors. Nous devions entrer et sortir de notre maison. »

Afin de concrétiser cet engagement, la guide aînée reçoit pendant sa promesse, outre son insigne, le flot jaune soleil qui lui rappelle l'entrain et la joie des jeannettes, le flot bleu des guides, couleur de saint Louis et de Jehanne, de la lignée des héros et des saints, et le flot vert, couleur du blé qui lève, celui de l'espérance. Puis la cheftaine lui remet les trois symboles des feux : « Allumez cette lampe, symbole de la vie qui se donne et que vous devez rayonner. Prenez cet écheveau de lin, artisan des humbles tâches par lesquelles vous vous plairez à servir. Recevez cet Évangile. Que sa loi soit votre loi. Sur les pas du Divin Chef, apprenez à suivre la route royale du service et du sacrifice… »

Tout comme les jeannettes, la branche aînée connaît vite le succès. Elle attire essentiellement d'anciennes guides qui souhaitent poursuivre leur parcours au sein du mouvement.

Extension du mouvement, organisation en régions, précision de la pédagogie, découverte personnelle de l'Évangile, multiplication des prises de responsabilité, recrutement intensif… toutes ces innovations renforcent incontestablement le mouvement. En lui donnant cette dimension, elles contribuent à son essor, dans un environnement social et économique où la femme reste encore figée dans un rôle bien précis. Aux tempéraments forts et entreprenants, le guidisme permet de s'affirmer dans une éducation le plus souvent bourgeoise et sévère, tout en « relevant les coins » pour afficher un sourire ; il permet aussi de se donner les moyens pour orienter sa vie de façon personnelle. Milou Bonel-Launay ne dit-elle pas que, sans le guidisme, « je ne sais pas si j'aurais eu le courage de travailler dehors, c'est-à-dire de me lancer dans la vie active, au lieu d'attendre sagement à la maison un mari » ?

En 1931 naît le « bureau de liaison ». Établi entre la Fédération française des éclaireuses et les Guides de France, sa mission est d'apporter des réponses à toutes les questions touchant à l'ensemble du scoutisme féminin. Il assure aussi le lien avec le Bureau mondial de Londres et le Comité mondial pour les participations aux activités à l'échelle de la planète.

Les rencontres internationales s'intensifient de fait sous la houlette attentive de lady Baden-Powell et de l'AMGE. Les rencontres nationales entre éclaireuses et guides sont rares. De temps à autre, une sortie les réunit. Les rencontres internationales vont peu à peu les mettre en présence et les souder, malgré la différence de religion. Ainsi, après la conférence internationale de Grande-Bretagne, en 1930, les suivantes se déroulent tous les deux ans, successivement en Pologne, en Suisse dans le chalet international à Adelboden offert en 1931 par une Américaine, Mrs Storrow, puis en Suède (en 1936), puis de nouveau en Suisse.

L'art d'être cheftaine

Les cheftaines, il y en a de toutes les sortes : les fragiles, les sympathiques, les revêches, les vrais chefs... D'aussi loin que remontent les souvenirs, ils ne sont pas toujours très flatteurs. « La cheftaine Robert n'était assurément pas la féminité personnifiée ! s'exclame Béatrice Moore, elle nous saluait d'un grand et sonore : Bonjour, les guides ! auquel nous répondions en chœur : Bonjour, cheftaine ! Mais elle était très gentille. Elle était secondée par Maximilienne Walg, une fille très grande, un peu rouge et costaude… » Ce portrait de la parfaite *girl scout* peut faire frémir. Étymologiquement, le mot « cheftaine » fait référence à Jeanne d'Arc qui fut « chévetaine », déformation de « quévetaine », terme du XIIe siècle donné au seigneur lorsqu'il devenait chef de guerre. Tout un symbole !

En général, c'est le respect et leur allure imposante qui reviennent à la mémoire des anciennes guides et jeannettes. L'habitude de se saluer ne se perd pas facilement. Ainsi, bien des décennies après avoir quitté les guides, les mêmes mots reviennent instinctivement aux lèvres de Madeleine et de son ancienne cheftaine, Lucienne Welschinger. Un « Bonjour, cheftaine » et, claquant en retour, un « Bonjour, Pigeon », résonnent dans une ruelle d'un village d'Alsace…

Être cheftaine n'est pas une sinécure. En charge d'une troupe de filles, en général assez coopératives, la cheftaine est, selon les mots de Milou Bonel, « à leur service ». Cela dit, pas question de se laisser déborder. Le vouvoiement est de rigueur aussi bien entre cheftaines, même si l'on se tutoie dans l'intimité, qu'entre guides et cheftaines. Chacune reste à sa place, et la hiérarchie est respectée. La cheftaine a non seulement la mission d'éduquer ses guides, mais aussi de les protéger. Ainsi, lorsque deux rôdeurs sont repérés près de son camp de jeannettes, Germaine Bironne-Gogny et ses assistantes n'hésitent pas à utiliser les grands moyens : « Nous avons instauré une garde toute la nuit, à tour de rôle. On savait prendre nos responsabilités. Nous n'étions pas désarmées face à des problèmes matériels… »

Accéder à la tête d'une compagnie est bien souvent la dernière marche d'une carrière de guide. Ce rôle est peaufiné au fil des ans : les cheftaines suivent une formation dans un camp qui leur est réservé, et l'âge minimum est fixé : il faut avoir au moins vingt et un ans. De temps à autre, pourtant, cette mesure n'est pas appliquée si l'on manque de volontaires. Beaucoup de guides aînées sont parallèlement cheftaines. Parfois aussi des femmes mariées remplissent cet office.

Une nouvelle branche : l'Extension

Dans l'Hexagone, non contentes de s'être ouvertes aux petites filles et aux jeunes filles, et toujours attentives à toutes les enfants, les autorités guides ne s'arrêtent pas en si bon chemin. Pourquoi ne pas s'intéresser aux petites malades et handicapées, en leur apportant la bonne humeur, un idéal et la fraternité ?

Les scouts et les éclaireurs ont une section de troupes qui fonctionnent bien, composées de malades pulmonaires, de malades osseux, d'enfants non voyants ou atteints de surdité. Aussi, dès 1928, des essais sont tentés au préventorium de Valloire, en Savoie, et chez les allongées d'un hôpital de Berck, dans le Pas-de-Calais. Sur la demande de malades qui voient là une chance d'oublier un peu leur souffrance, des compagnies « par correspondance » sont fondées. Les guides en bonne santé et leurs sœurs alitées s'échangent des cahiers et des lettres, les « roulantes ». Le succès est tel qu'il devient urgent de formaliser tout cela. Et cette fois-ci, c'est à la cheftaine Marie-Thérèse de Kerraoul que revient la tâche de fonder la branche « Extension », alors appelée « branche auxiliaire», en 1932. Elle est remplacée un an plus tard au poste de commissaire nationale Extension par Marguerite Perrin, alors que la 7e Extension vient de naître à Briançon. Cette branche se subdivise d'abord en plusieurs districts, selon les maladies (osseuses, pulmonaires, paralysies)... Il faut attendre 1945 pour qu'elle s'aligne sur les divisions géographiques de la France guide.

Une dauphine charismatique

Marie-Thérèse de Kerraoul va devenir une des grandes figures de l'histoire des Guides de France. Elle bénéficie d'une aura toute particulière auprès des guides, tout simplement parce qu'elle est la nièce du maréchal Lyautey (1854-1934). Ce dernier a notamment accepté, quelques années auparavant, en 1928, la présidence d'honneur du Bureau interfédéral des scouts. Mais la raison de ce prestige qui rejaillit sur sa nièce est autre : Hubert Lyautey reste dans la mémoire des Français l'homme qui créa le protectorat français au Maroc, mais surtout le ministre de la Guerre en 1916 et 1917. Marie-Thérèse de Kerraoul abandonne ses fonctions au sein de l'Extension en 1934, lorsque Albertine Duhamel l'appelle pour être la nouvelle chef guide. L'énergique et fougueuse vieille dame au chignon blanc, qui a maintenant soixante-trois ans, songe en effet à passer le relais, après des années de bons et loyaux services. Son action pendant la guerre et plus tard pour le guidisme lui a d'ailleurs valu la médaille de la Reconnaissance française et la Légion d'honneur, remise par le maréchal Foch. Le choix de son «héritière» est loin d'être anodin : Marie-Thérèse de Kerraoul «présente bien», elle est issue d'un milieu plus qu'honorable et elle possède de hautes qualités morales.

Née le 1er mars 1889 à Pont-à-Mousson, la Lorraine Marie-Thérèse Lyautey, fille de militaire, déménage donc régulièrement pendant son enfance. C'est à Paris qu'elle rencontre Jehan de Kerraoul, alors qu'elle participe à des actions dans les patronages. Ils se marient quelques semaines avant que n'éclate la Première Guerre mondiale. Leur union vit pendant près de quatre ans au rythme des permissions, jusqu'en décembre 1918, lorsque Jehan de Kerraoul est emporté par la terrible grippe espagnole. Il laisse derrière lui une veuve de moins de trente ans et deux enfants, Pierre et Suzanne.

À Paris, après l'armistice, la jeune femme, tout en assurant ses devoirs maternels, se lance dans les cours de catéchisme, les patronages, les colonies de vacances rattachées aux paroisses de Saint-Hippolyte puis de Saint-Honoré-d'Eylau. Elle y lance la 36e compagnie de Paris. C'est à cette occasion qu'elle rencontre Albertine Duhamel, qui prépare sa dauphine pendant environ cinq ans. Marie-Thérèse de Kerraoul accède au poste de chef guide le 17 novembre 1934, à quarante-cinq ans. La présidence des Guides de France reste à la fondatrice du mouvement jusqu'à sa mort.

Grande, distinguée, le visage carré, Marie-Thérèse de Kerraoul est très impressionnante pour les petites guides qui la croisent. « On ne pouvait pas oublier sa parenté avec Lyautey, ça se lisait sur son visage, se rappelle Milou Bonel-Launay. J'avais une espèce de dévotion pour elle. Elle était mon modèle de droiture, de sagesse, de finesse et d'intelligence. » Impressionnée par le personnage, Germaine Bironne-Gogny l'est aussi, d'autant plus qu'une guide de sa compagnie porte les mêmes prénom et nom que la chef guide.

La vie des guides continue, rythmée par quelques grandes

manifestations traditionnelles comme le défilé du 31 mai 1931 à Rouen, pour célébrer Jeanne d'Arc. À Pâques 1934, c'est un pèlerinage à Rome, qui fête, à quelques mois près, les dix ans du mouvement ainsi que le dix-neuvième centenaire de la Rédemption. Deux trains spéciaux sont affrétés pour l'occasion : le premier, le « circulaire », emmène quatre cents guides et, après tout un périple à travers l'Italie, rejoint le second, le « direct » et ses cinq cents guides à Rome. Le « circulaire » passe par Milan, Venise, Florence et Assise. Neuf cents pèlerins se rassemblent le dimanche de Pâques pour une messe aux catacombes. Le lendemain, lundi de Pâques, elles assistent à la cérémonie de la fermeture de la Porte sainte, qui donne sur le parvis, par le souverain pontife Pie XI ; cette porte ne sera rouverte qu'au prochain siècle, en 2034. Le voyage se clôt sur une audience du pape accordée aux guides ainsi qu'aux scouts de France et à des cheftaines de louveteaux qui étaient également en pèlerinage à Rome.

À l'instar des fillettes qu'elles encadrent, les commissaires puis les cheftaines de guides aînées suivent leur premier camp, respectivement en 1934 à Galluis (en Seine-et-Oise) dans une propriété du patronage de Montcalm, et en 1935, à Crévic, en Meurthe-et-Moselle.

Une visite historique

1936 est une année féconde en événements tant au plan national que pour chaque compagnie de guides. Depuis six ans, la France vit une période agitée. Son économie est touchée par les effets du krach boursier de 1929. Une vie politique instable en résulte, les gouvernements se succèdent à un rythme soutenu, sans que rien ne change réellement.

À cela s'ajoutent moult scandales politiques et financiers. En outre, il faut faire face à l'agressivité croissante des voisins allemands et italiens. Un obscur caporal allemand, Adolf Hitler, qui accède en 1933 au pouvoir suprême en Allemagne, installe méthodiquement sa dictature.

L'agitation politique française s'accroît le 6 février 1934... Ce jour-là, l'extrême droite descend dans les rues de Paris, en compagnie des organisations d'anciens combattants. La manifestation se termine dans un bain de sang, place de la Concorde. Les affrontements avec le service d'ordre font vingt morts. La démission de Daladier, remplacé par Doumergue à la présidence du Conseil, n'arrange rien. Six jours après, le 12 février, la France est engluée dans une grève générale antifasciste, lancée à l'appel de la CGT et de la SFIO. Le Front populaire, rassemblement de partis de gauche, triomphe aux élections législatives d'avril-mai 1936. Le ministère Blum s'ouvre aux femmes : trois d'entre elles entrent au gouvernement comme sous-secrétaires d'État. Mais cela reste purement symbolique.

Plusieurs mesures sont prises, comme la scolarité obligatoire jusqu'à quatorze ans, la loi sur les congés payés ou encore l'instauration du brevet sportif populaire.

Motivés, beaucoup de jeunes s'engagent dans des mouvements d'appartenance politique : les Faucons rouge d'obédience socialiste, les Camelots du roi d'extrême droite, les Volontaires nationaux... ou encore les Pionniers rouges de tendance communiste. Les mouvements scout et guide continuent d'attirer des jeunes sans qu'il soit question d'option politique. Ils restent, contre vents et marées, fidèles à leur vocation éducative et de formation. La volonté du gouvernement français, sous l'impulsion du secrétaire d'État Léo Lagrange, est que l'ensemble de la jeunesse pratique des activités sportives et d'éducation physique, ce qui demande aux mouvements de scoutisme de développer un aspect éducatif cher à lord Baden-Powell, et jusque-là laissé en retrait. Du coup, les Guides de France adhèrent à une fédération groupant toutes les œuvres catholiques : le « Rayon sportif féminin ». Nouveauté dans le mouvement : les fillettes, vêtues d'une sorte de tunique dont la couleur diffère selon les régions, envahissent les stades, courent, sautent, grimpent et tentent de décrocher le fameux BSP ou brevet sportif populaire. Les cheftaines elles-mêmes s'y mettent, allant pour certaines jusqu'à passer un diplôme de monitrice de gymnastique.

La même année, Marie-Thérèse de Kerraoul est élue présidente du Comité mondial, lors de la conférence mondiale de l'AMGE de Rattwick, en Suède. Albertine Duhamel est quant à elle nommée membre du Comité consultatif pour les questions catholiques. Ce sera son dernier mandat.

Le 19 septembre, les mouvements scouts français sont en deuil. Le Vieux Loup (le chanoine Cornette) vient de s'éteindre. Il n'assistera donc pas à la gigantesque fête qui se prépare et qui doit célébrer les vingt-cinq ans de la fondation du scoutisme dans l'Hexagone.

Les 12 et 13 décembre 1936 sont en effet attendus avec impatience par tout le scoutisme français. C'est la première visite officielle de lord et lady Baden-Powell, à l'invitation des Éclaireurs de France qui fêtent leur vingt-cinquième anniversaire. Le grand chef scout est déjà passé rendre visite au scoutisme de France, mais toujours de façon officieuse et parfois même très rapide. Ainsi, Robert et Olave Baden-Powell, accompagnés de leurs enfants, ont fait une escale à Nice en janvier 1929, alors qu'ils se rendaient en Afrique.

Puis le couple anglais a fait une seconde escale à Villefranche, une station balnéaire des Alpes-Maritimes. Cette fois-là, Olave a présidé seule le dîner offert en leur honneur, Robert, souffrant, étant resté à bord de l'*Adriatic*. Une troisième fois, en route pour le Jamboree d'Australie, ils ont fait escale à Toulon le 2 novembre 1934. De nombreuses autorités scoutes sont allées accueillir le bateau l'*Orana*. Parmi elles, les guides représentées par la chef guide Marie-Thérèse de Kerraoul accompagnée de la commissaire de la 13e région, Yvonne de Blic, et du comité directeur.

Le 12 décembre, c'est une haie d'honneur formée d'enfants et de jeunes de toutes les associations du scoutisme français, éclaireurs et éclaireuses, scouts et guides, en grand uniforme qui accueillent le couple Baden-Powell à sa descente de train. La visite étant officielle, tous les fastes sont permis ! Journalistes et photographes sont même au rendez-vous. Puis Olave Baden-Powell se rend à seize heures au secrétariat des Guides, transféré depuis peu au 36 de la rue du Montparnasse. Au siège des Guides, l'excitation est à son comble. Tandis que la chef guide mondiale déguste son thé en compagnie de commissaires et de cheftaines venues des quatre coins de la France, une farandole de quatre-vingts jeannettes vient égayer la réunion qui se termine par toute une série de discours plus élogieux les uns que les autres.

Le soir, c'est à la Sorbonne que se réunissent plus de deux mille personnes. Les couloirs et les amphithéâtres de la prestigieuse université sont pleins à craquer d'uniformes bigarrés. Si l'invité d'honneur est Robert Baden-Powell, un autre hôte de marque est à ses côtés : le président de la République en personne, Albert Lebrun. Ils sont accueillis à leur arrivée par *La Marseillaise* chantée à pleins poumons par cette jeunesse enthousiaste. Une série de sketches et de chants se déroule dans un tohu-bohu incroyable. Puis la discipline scoute fait un miracle. Brutalement, au bruit et à l'excitation succède un silence quasi religieux : le grand chef scout monte sur scène pour prendre la parole. Un discours non sans humour, dont les premiers mots sont dits en français, avec un accent britannique à couper au couteau : « Vous avez devant les yeux quelque chose d'unique au monde : c'est moi… Parce que je suis le plus mauvais "linguiste" du monde ! Aussi je vais vous parler en anglais ! » La suite est traduite par un des chefs des Éclaireurs unionistes présents, le commissaire Guérin Desjardins. Le fondateur du scoutisme rappelle devant une assemblée attentive les grandes lignes qui font le mouvement : chacun doit se prendre en main, se former lui-même et échapper ainsi à une uniformisation de la pensée, comme c'est le cas dans certains pays.

Ces paroles de celui qu'on appelle le « Sonneur de la paix » ne sont pas innocentes. Le chef scout fait allusion aux jeunesses fascistes et hitlériennes en plein essor dans les pays voisins. À la différence du scoutisme, ces mouvements de jeunesse sont nés sous l'impulsion de l'État, qui continue d'ailleurs à avoir la mainmise dessus. Quoi de plus tentant pour un Benito Mussolini ou un Adolf Hitler que d'encadrer et de former à leur façon la génération montante, future force vive du pays ? Une priorité absolue pour les dictateurs, qui voient à long terme (« Hitler parle du Reich pour mille ans[13] »). Dès ses premières années, l'enfant est pris en charge et enrégimenté dans des organisations paramilitaires : *Opera nazionale* en Italie, *Jungvolk* et *Hitlerjugend* en Allemagne. Leur objectif est d'inculquer aux enfants le goût de la vie en commun, l'obéissance au chef, les vertus guerrières, le culte

13. *Les fascismes*, Pierre Milza, Seuil, collection Point, 1991.

du chef omnipotent et charismatique... Facultative dans un premier temps en Italie, la participation à ce mouvement de jeunesse est obligatoire dès 1936 dans le Reich. L'école et l'université obéissent aux mêmes impératifs. Sous couvert de soulager les mères ouvrières ou travaillant aux champs, toute une armada de nurses, d'éducateurs, d'instituteurs... façonnent les enfants sur un modèle unique. « Des études trop poussées, trop spécialisées, estiment Hitler et ses collaborateurs, ont fourni trop d'universitaires, trop de techniciens, trop de littérateurs et de penseurs. Le progrès donne naissance au chômage et à la misère[14]. » Ainsi, tandis que les Jeunesses hitlériennes axent essentiellement leur éducation sur le sport, les exercices, les activités de plein air et sur un retour à la vie rurale, les enfants du *Duce* Mussolini planchent sur un livre « unique » pour chaque classe, sans pour autant négliger les activités collectives. Contenant des notions générales sur les différentes matières, ce livre résume ainsi le programme scolaire.

Afin de fondre encore plus chaque individu dans la masse, l'uniforme est de rigueur, à partir de cinq ans pour les petits Italiens et de dix pour les jeunes Allemands. Costumes noirs pour les *Balillas* italiens, uniforme brun pour la *Hitlerjugend*. Mêmes accessoires, même salut romain : le bras droit tendu vers le ciel... Uniformes que les enfants exhibent fièrement lors des gigantesques parades organisées par Adolf Hitler. Des millions de garçons et de filles sont ainsi enrôlés, formés pour obéir aveuglément, préparés au sacrifice ultime pour le chef et la patrie. On est bien loin du scoutisme de Robert Baden-Powell et de son rôle d'éveil de la personnalité ! Et lord Baden-Powell ne manque pas, lors de ce fameux

14. Cité dans *L'illustration*, numéro spécial sur l'enfant, 26 mai 1934.

discours à la Sorbonne, de souligner le nombre sans cesse croissant de jeunes qui viennent rejoindre les trois millions de scouts et guides, répondant là aussi à une des valeurs fondamentales du mouvement : l'ouverture sur le monde et la fraternité. « Notre grand espoir est que chaque pays possède un esprit assez compréhensif pour tendre la main, même à ceux qui ne lui ressemblent pas complètement. Et vous voyant si joyeux, si unis ce soir, il n'est pas fallacieux d'espérer qu'un esprit de bonne entente se généralise un jour de pays à pays, à travers le monde entier[15]... » En quelques mots, le chef scout rassemble ses troupes, les encourage à s'unir et surtout à persévérer dans le scoutisme où chacun se forge lui-même au contact des autres.

Le lendemain, la manifestation continue. Venues de toute la France, six mille guides et éclaireuses sont réunies pour un rallye dans l'immense hall du Parc des expositions. Chants, danses, jeux interfédéraux se succèdent jusqu'à ce que s'agitent une multitude de foulards de toutes les couleurs au passage des époux Baden-Powell, installés dans une voiture découverte roulant au pas. Enfin le voyage officiel s'achève par un autre rassemblement d'environ vingt mille garçons et filles, qui chantent, hurlent et lancent leurs grands chapeaux dans les airs jusqu'au départ du couple anglais.

Manifestations et pèlerinages

Moins d'un mois plus tard, le 5 janvier 1937, les Guides de France perdent leur mentor. Albertine Duhamel est emportée par la maladie qui la ronge depuis plusieurs

15. *Cf. La guide de France*, décembre 1948.

années. Déjà chef guide, Marie-Thérèse de Kerraoul est élue à la présidence du mouvement. Et elle a fort à faire. Paris accueille cette année-là l'exposition internationale « Art et techniques dans la vie moderne ». Le scoutisme sous toutes ses formes y est convié. Outre un pavillon du scoutisme, tout en bois, le mouvement est également présent au pavillon pontifical, à celui du plein air ainsi qu'à celui de la presse. Les guides parisiennes ne sont pas en reste. Des démonstrations du guidisme ont lieu sur un terrain de camp, construit pour l'occasion. Et surtout elles accueillent leurs consœurs venues de toutes les provinces, des colonies et de l'étranger : une délégation de Polonaises, privées de valises pendant deux jours, des guides d'Alexandrie venues en bateau, des Belges dont certaines sont venues à bicyclette, des Suissesses, des Anglaises, et d'autres en provenance de Tunis et de Philippeville[16]. Les guides des colonies ne se contentent pas de visiter l'exposition. Toutes les colonies y ont, d'une manière ou d'une autre, apporté leur contribution. Elles ont par exemple fabriqué des maquettes représentant des B.A., des paysages de Nouméa, des costumes arabes. Une foultitude d'objets typiques a aussi été envoyée, comme ce tapis réalisé sur un métier à tisser par une compagnie de Rabat, comme ces figurines en bois en provenance de Casablanca ou encore ces noix de coco travaillées néo-calédoniennes…

Après la disparition du chanoine Cornette, le poste d'aumônier conseil est toujours vacant. Quelques mois plus tard, en 1937, la Commission permanente des cardinaux et archevêques délègue Mgr Stanislas Courbe auprès du Comité directeur des Guides de France. Déjà secrétaire de l'Action catholique française, il a désormais le titre de « représentant

16. Port d'Algérie orientale, appelé aujourd'hui Skikda.

de la hiérarchie». Bref, c'est la nouvelle autorité spirituelle du mouvement, chargée d'assurer la vie religieuse et morale au plan national.

Le mouvement guide continue à se développer parfaitement, malgré la disparition de Marie Diemer, le 3 juin 1938. Âgée de cinquante et un ans, la commissaire meurt d'un cancer à Fontainebleau, où elle était venue rejoindre sa sœur quelques années auparavant. Son action dynamique pour le guidisme et son action sociale lui ont valu de recevoir la Légion d'honneur. Sa dernière publication, *Le carnet de la cheftaine*, est éditée peu de temps après sa mort.

L'année 1938 est l'occasion pour les guides de participer à de nombreux pèlerinages nationaux et provinciaux. On fête en France l'anniversaire du vœu de Louis XIII qui a consacré la France à Notre-Dame du Puy. Un grand spectacle est organisé, sur l'initiative du père Doncœur et du père Forestier, qui a remplacé le chanoine Cornette au poste d'aumônier général des Scouts de France. Scouts et guides retracent, avec force jeux scéniques et chants, le règne de Notre-Dame en France. Un nouveau pèlerinage au Vatican est envisagé, mais le projet avorte à cause de l'environnement incertain.

De lourdes menaces pèsent en effet sur l'Europe depuis plusieurs années. Adolf Hitler, chancelier d'Allemagne depuis cinq ans, mène une politique agressive. Ses troupes ont réoccupé la Rhénanie en 1936, après qu'il eut répudié les accords de Locarno. Ces accords signés en 1925 par la France, la Belgique, l'Angleterre, l'Allemagne et l'Italie, garantissaient le maintien de la paix au lendemain du conflit de 1914-1918. En mars, le Führer met à exécution l'un de ses vieux projets : l'annexion pure et simple de l'Autriche au Reich, l'*Anschluss*. Une «fusion» qui ne rallie pas l'ensemble des suffrages chez les Autrichiens. Les premiers camps de concentration sont, peu après mars 1938, installés dans le voisinage de Vienne : Mauthausen, Lanzendorf et Neustadt. La menace d'une nouvelle guerre se précise pour les pays européens. Pour parer à toute éventualité, le gouvernement français rappelle quarante mille réservistes aux mois d'août et de septembre. Puis il se rend le 29 septembre à la sinistre conférence de Munich qui réunit les chefs des gouvernements britannique, allemand et italien. Des pactes de non-agression y sont signés, ainsi qu'un accord imposant à la Tchécoslovaquie de céder les Sudètes au IIIe Reich. Bien évidemment, au lieu de calmer les ambitions hitlériennes, la soumission des pays européens ne fait qu'encourager l'Allemagne à poursuivre sa politique d'expansion. En décembre, Adolf Hitler envoie à Paris son ministre des Affaires étrangères, Joachim von Ribbentrop. Une déclaration franco-allemande est signée, engageant les deux pays au respect mutuel des intérêts vitaux.

De son côté, la condition des femmes au sein de la société française n'évolue que très lentement. La crise de 1929 a jeté sur le pavé des milliers d'employées et d'ouvrières. Certes, en 1931 les commerçantes ont été admises dans les chambres et tribunaux de commerce, et deux ans plus tard c'était au tour des agricultrices d'entrer dans les chambres d'agriculture. Parallèlement, une loi de première importance pour les femmes vient d'être votée en cette année 1938. Cette loi supprime « l'incapacité civile relative à la personne pour la femme mariée », c'est-à-dire que la femme (déjà reconnue personne à part entière depuis dix ans) dispose désormais, et comme elle l'entend, de ses biens, jusque-là placés sous la responsabilité de son mari… Encore un pas vers l'émancipation féminine !

Si les femmes en général restent encore, plus ou moins volontairement, enfermées dans le schéma de la femme au foyer, certaines ruent dans les brancards et, par leur choix professionnel, élargissent la place de la femme au sein de la société. Les aviatrices Hélène Boucher et Maryse Bastié multiplient les prouesses et les records à bord de leurs engins, au grand étonnement de tout le monde, et surtout des hommes. Les féministes ne sont toutefois pas assez nombreuses pour constituer un groupe de pression et exiger le suffrage féminin, comme en Angleterre. Et ce, malgré le ralliement à leur cause des catholiques de l'Union nationale pour le vote de femmes, créée voilà déjà treize ans, en 1925. Louise Weiss, fondatrice de la *Femme nouvelle* en 1934, est candidate aux élections municipales à Montrouge en 1935. Elle tente par tous les moyens de réveiller les femmes, de les sortir de leur léthargie : « Les paysannes restaient bouche bée quand je leur parlais du vote. Les ouvrières riaient, les commerçantes haussaient les épaules, les bourgeoises me repoussaient, horrifiées [17]. » Pour la majorité des Françaises, la politique reste encore une affaire d'hommes…

Chez les Guides, les réunions et les camps s'enchaînent. En juillet 1939, Yvonne de Blic organise en Camargue le premier camp national d'étude de la nature. À l'autre bout de la France, Deauville accueille le deuxième camp d'éducation physique. L'abbé Lallier, aumônier de la Cité universitaire, rejoint le staff des Guides de France en tant qu'adjoint à l'aumônerie. À cette époque encore, certains évêchés continuent de ne pas admettre le scoutisme féminin. L'âge avancé des évêques en est la principale raison : pas question pour eux

17. *Ce que femme veut*, Louise Weiss, Gallimard, 1946.

d'admettre dans leur diocèse des filles aux allures qu'ils jugent un peu trop garçonnières ! Simone Calvino, qui a quitté sa région niçoise en 1932 pour la Normandie, en sait quelque chose. Jusqu'en 1936, elle a œuvré dans les diocèses de Sées et de Bayeux pour animer la compagnie d'isolées, constituée d'une quinzaine de filles décidées à être guides malgré l'obstination des évêchés à ne pas vouloir en entendre parler. « Les filles voulaient absolument être guides, raconte-t-elle, aussi je leur envoyais pendant l'année scolaire, toutes les six semaines environ, une lettre circulaire qu'elles se faisaient passer. J'essayais, par ce moyen, de les former à tout ce qu'elles auraient pu apprendre dans les réunions... Et deux fois par an, à Pâques et en été, je les emmenais faire un camp. J'étais la seule cheftaine. Elles avaient bien sûr un uniforme. Mais c'était plus pour leur faire plaisir, car elles ne l'utilisaient que pour les camps ! » La disparition des évêques âgés et l'arrivée de leurs successeurs, plus jeunes et plus au courant du guidisme, permettent peu à peu d'officialiser les compagnies au sein du diocèse, comme le souhaitait Albertine Duhamel.

1939 : la France s'engage dans la guerre

Dans les premiers mois de 1939, les grandes puissances européennes se préparent de plus en plus à la guerre, devenue inévitable. Des promesses d'appui militaire sont signées de part et d'autre de l'Europe. Les troupes allemandes entrent à Prague en mars 1939. La Tchécoslovaquie, sous la coupe hitlérienne, est rayée de la carte sans qu'aucune réaction sérieuse de la France et du Royaume-Uni vienne contrer ce nouveau coup de force. Puis c'est au tour de la Pologne d'être l'objet de la convoitise de Berlin. La France est depuis longtemps alliée avec la Pologne et doit entamer une négociation militaire avec les Russes au mois d'août. Ainsi, pour éviter d'avoir à mener une guerre sur ses deux fronts, occidental et oriental, Hitler se tourne vers l'URSS avec laquelle il signe rapidement le pacte germano-soviétique le 23 août 1939 : la Russie accepte l'invasion de la Pologne, dont elle récupérera une partie.

Malgré ces temps incertains, les guides poursuivent leurs activités. Les vœux de 1939 de Marie-Thérèse de Kerraoul reflètent bien la sourde appréhension des événements : « Ne trouvez-vous pas, chères petites sœurs, que l'année qui vient de s'écouler a été pleine d'inquiétudes et que celle dans laquelle nous entrons ne s'annonce pas précisément facile ? C'est pourquoi, en vous exprimant ici mes vœux très affectueux pour vous et vos parents, je viens vous demander plus que jamais de sourire et de chanter dans les difficultés. [...] Vous pratiquerez donc, en 1939, très spécialement, notre huitième article[18] ; parce que vous savez que Celui qui nous a préservés, en septembre dernier, d'une immense épreuve veille sur nous à chaque instant et connaît mieux que nous ce dont nous avons besoin[19]. »

Les déléguées du scoutisme féminin français se rendent en août pour un grand rassemblement, baptisé *Pax-Ting*, au camp international de Gödöllö, en Hongrie. Sur plusieurs milliers de guides et d'éclaireuses présentes, elles sont quarante-six Françaises dont douze guides. Cette rencontre à l'échelle mondiale est la dernière qui se tiendra avant longtemps. Les Françaises ne restent que six jours en Hongrie puis font halte à Bucarest, en Roumanie. Au retour, la chance

18. « La guide est maîtresse de soi, elle sourit et chante dans les difficultés. »
19. Message de la chef guide paru dans *La guide de France*, janvier 1939.

les accompagne, car elles prennent le dernier train à destination de Paris, juste avant la fermeture des frontières : l'Allemagne vient d'envahir la Pologne le 1er septembre, mettant le feu aux poudres. Deux jours plus tard, le 3 septembre, la France déclare la guerre au IIIe Reich.

III

« Prêtes à servir » (1939-1945)

En l'espace d'un mois, la Pologne tombe sous le joug nazi. Immédiatement après, la Finlande est envahie par les Russes. Ces derniers en profitent parallèlement pour faire main basse sur des provinces roumaines et ils imposent le communisme aux États baltes. À l'origine de la rapidité de ces victoires, la guerre éclair ou *Blitzkrieg* mise au point par Adolf Hitler. La France campe sur une position défensive. Le Führer diffère ses actions militaires. S'instaure alors la « drôle de guerre » : les États sont sous les armes, mais rien ne vient. Le désœuvrement s'installe et entraîne l'épuisement moral des troupes ainsi que le pourrissement de la situation militaire et politique. Et c'est la ruée vers la province.

« Soyons prêtes »

Face à cette situation inhabituelle, les guides de France, au nombre de vingt-trois mille, ne restent pas inactives. Dès le 15 septembre 1940, au moment où bon nombre de journaux réduisent leur tirage ou disparaissent totalement, la revue *Cheftaines* est remplacée par le bimensuel *Soyons prêtes*, un

« organe fraternel des Guides de France pendant la guerre ». Avec *La guide de France*, il fera le lien entre les « évacuées », « réfugiées » et « repliées ». Certes, le papier n'est pas beau et les photos sont de qualité médiocre. Mais l'essentiel n'est pas là. Dans son éditorial, l'aumônier général des Guides de France[1] lance un appel à la « mobilisation spirituelle ». Marie-Thérèse de Kerraoul, quant à elle, distribue ses consignes pour la rentrée : « Dès que vous le pourrez, regroupez-vous. Formez des compagnies provisoires avec les éléments divers dont vous disposerez. Faites des réunions, des sorties afin de former les chefs d'équipe, les futures cheftaines… » Elle encourage aussi vivement ses guides à s'engager dans les services de ces temps de guerre, ce qui se traduit de plusieurs façons : aider les évacués à partir, porter leurs bagages, les installer dans le train ; convoyer les personnes âgées et les enfants jusqu'à leur destination ; créer des centres d'accueil pour les plus petits (pouponnières, garderies…) ; aller relever les cheftaines qui ont prolongé certaines colonies de vacances ; balayer, faire la vaisselle, tricoter des vêtements pour les soldats et les enfants… sans oublier bien sûr de faire le catéchisme dans les paroisses où les prêtres sont mobilisés. Quelques-unes viennent même donner un coup de main dans les champs. Les vendanges ne sont pas loin en ce début d'automne…

En ces temps de guerre, la volonté de la chef guide est d'assurer la poursuite des activités du mouvement (rôle dévolu aux cheftaines et aux guides aînées), tout en utilisant les principes du scoutisme et du guidisme envers autrui dans d'immenses B.A. collectives. Bref, il faut « que nous adap-

1. C'est ainsi que l'aumônier conseil signe son éditorial dans *Soyons prêtes*, septembre 1939.

tions notre guidisme aux circonstances présentes[2] ». Et les compliments pleuvent... Qu'il s'agisse de l'archevêque de Paris, le cardinal Jean Verdier, ou du préfet de la Seine, Achille Villey. Ce dernier adresse un petit mot de félicitations à Marie-Thérèse de Kerraoul sur le travail et le « remarquable dévouement » des guides lors de l'évacuation des populations parisiennes[3].

D'ailleurs, un grand nombre de guides sont déjà engagées dans le *service* en raison de leur métier : assistante sociale, professeur, institutrice, secouriste, infirmière... Dès le premier jour de la mobilisation, la jeune Alsacienne de vingt-trois ans Alice Daul est ainsi envoyée par la Croix-Rouge dans son hôpital installé au mont Sainte-Odile. Entrée aux guides en 1929, elle est alors cheftaine de la 9e Strasbourg et guide aînée. Après des cours d'infirmière à la Croix-Rouge, où elle avait donc signé un engagement en cas de conflit, elle étudie dans un institut supérieur de gestion lorsque la guerre éclate. Elle reste au mont Sainte-Odile jusqu'au 1er novembre 1940.

Et si certaines ne sont pas infirmières de profession, elles vont même jusqu'à prendre des cours. C'est notamment le cas d'une jeune mère de trois enfants, Antoinette Reille. Son mari, mobilisé, est loin ; il va participer à la bataille de Narvik en Norvège. Antoinette s'est repliée avec sa progéniture dans la maison familiale à Moulins-sur-Allier, non loin de Vichy. « Tout le monde cherchait comment rendre service en ce début de guerre, se souvient-elle. J'ai donc suivi pendant six mois des cours d'infirmière, dès septembre 1939. Et dès le mois suivant, en octobre, j'ai fait mes débuts dans le gui-

2. *Ibid.*
3. *La guide de France*, octobre 1939.

disme. Ma cousine, Alix de Saint-Victor, était déjà bien impliquée dans le mouvement : elle était commissaire de district. Pourquoi faire du scoutisme à ce moment-là ? Par souci de me rendre utile avant tout ! » Antoinette Reille se met donc à la disposition de la cheftaine et de l'assistante de l'unité guide de Moulins. De par son « grand » âge (trente-trois ans), elle assure le lien entre les autorités municipales et les personnalités locales.

La vie quotidienne des compagnies se poursuit donc, malgré les aléas de la situation.

« Une véritable pétaudière »

En avril 1940, l'échec de l'expédition à Narvik en Norvège puis la percée en mai des troupes allemandes à Sedan donnent le signal de la débâcle. Des milliers de Français sont sur les routes, fuyant l'ennemi et descendant vers le sud. La France à ce moment-là est, selon l'expression d'Antoinette Reille, « une véritable pétaudière ». Installée à Moulins, elle voit un flot toujours croissant de réfugiés à qui elle offre le réconfort d'un repas ou l'hospitalité d'une nuit. De temps à autre, un avion italien survole la contrée. Elle doit faire les courses pour une quarantaine de personnes. Dans des conditions précaires : « Il n'y avait plus de radio, plus d'électricité, plus de trains… »

Les Allemands prennent Paris le 14 juin. Quatre jours plus tôt, le gouvernement a déménagé à Bordeaux. Quatre jours plus tard, un certain de Gaulle lance un appel à la résistance depuis Londres. L'armistice avec l'Allemagne est signé à Rethondes le 22 juin. La France est désormais divisée en deux zones : la zone « occupée », située au nord d'une ligne de démarcation qui, à partir de la frontière espagnole, longe l'Atlantique avant de remonter vers Tours et de continuer notamment par Bourges et par Moulins. Au sud et à l'est de cette ligne, la zone dite « libre ». Mais le découpage est plus complexe que cela.

Les Allemands profitent de l'occasion pour récupérer l'Alsace, qui devient « zone annexée ». La langue française y est interdite sous peine de sanctions graves, les petits Alsaciens ont des instituteurs et des professeurs allemands. Leurs enseignants alsaciens sont envoyés en « stage » en Allemagne. Certains enfants, aux prénoms jugés « trop français », sont obligés d'en changer. Pour Nicole Fabre, petite jeannette à la 8ᵉ ronde de Strasbourg depuis 1938, la subite prise de conscience de l'annexion est un moment terrible. De Thann (près de Colmar), elle retourne à Strasbourg, « et là, on s'est rendu compte qu'on serait allemand et qu'on allait le rester… Nous avions l'impression terrible d'être lâchés par la France. Au lycée, pas question de prononcer un mot de français. On m'a dit aussi qu'il fallait que je change de prénom sinon ma mère allait être arrêtée par la Gestapo. » Nicole, qui n'a jamais appris l'allemand, retourne en sixième. Chaque cours commence et finit par « *Heil Hitler !* ». Pour tout le monde, elle s'appelle désormais « Nika, un prénom roumain. Les Roumains étaient les alliés des Allemands. J'avais dans ma classe une autre petite fille qui s'appelait également Nicole… Du coup, on nous appelait "*die beide Nika*", les deux Nika. » Mais un an plus tard sa mère reçoit une lettre de la police : le prénom de sa fille ne leur convient pas. Nicole décide alors de s'appeler Maria-Anna. « Après tout, ça faisait Marianne en français ! »

Outre cette zone annexée, trois autres zones sont créées : la zone « rattachée » au commandement allemand de

Bruxelles, la zone « interdite », située juste en dessous, et enfin la zone « réservée » qui correspond en gros à la Lorraine et au territoire de Belfort.

Le gouvernement quitte Bordeaux et s'installe à Vichy le 2 juillet. Le 10, le Parlement vote les pleins pouvoirs au maréchal Philippe Pétain. Le président Lebrun se retire, et le « Lion », devenu chef de l'État français, reçoit la plénitude des pouvoirs exécutif et législatif… Le vainqueur de Verdun est alors âgé de quatre-vingt-quatre ans.

La jeunesse entre les mains nazies

La division de la France et l'occupation de sa partie nord bouleversent la vie des guides. Certes, les mouvements de jeunesse existent toujours, mais ils sont en grande partie désorganisés, malgré les efforts de leurs chefs. Ceux-ci sont soit au front, soit prisonniers ; les effectifs sont éparpillés dans toutes les provinces de France…

Le 28 août 1940, une ordonnance du chef de l'administration militaire allemande en zone occupée est publiée : elle interdit l'activité de toutes associations, hormis celles fondées sur le droit public ou celles à but économique. Le port de costumes distinctifs, d'uniformes et d'insignes est également prohibé. Peines de prison et confiscation des biens des associations sont prévues pour qui contreviendrait à cette ordonnance… Les Allemands vont même jusqu'à poser des scellés sur les portes du quartier général des Scouts de France !

Le message est clair pour tous ceux qui souhaitent et veulent poursuivre leurs activités : il n'y a pas d'autre choix qu'entrer en clandestinité. Certes, les Allemands « adoucissent» leur position : au mois de décembre, ils proposent une procédure d'autorisation pour les associations qui voudraient poursuivre leurs activités... Mais, revers de la médaille, cela reviendrait à collaborer d'une manière ou d'une autre avec l'ennemi. Ce à quoi se refusent une grande partie des dirigeants laïques et religieux des mouvements de jeunesse. Afin de permettre à certains d'entre eux de continuer à vivre, l'épiscopat français se réunit en assemblée. Il annonce fort et clair que les mouvements de jeunesse sont des mouvements d'Église, mandatés par l'Action catholique, et que donc « toucher à l'Action catholique, c'est toucher à l'Église... Porter atteinte aux mouvements d'Action catholique, ce serait déchaîner en France la persécution religieuse[4]. »

Les Guides dans la défaite

Les Guides de France, à l'instar des autres mouvements, sont obligées de s'adapter aux *desiderata* allemands, aussi bien sur le plan de leur existence légale que sur celui de leurs activités et uniformes. Dès l'armistice, la direction du mouvement se dédouble. Au nord de la ligne de démarcation, le guidisme entre en clandestinité mais poursuit ses activités. Le siège pour la province et la zone occupée est transféré de la rue de Montparnasse à Paris en Indre-et-Loire, chez la belle-sœur de la chef guide, Mme Boyer. Au sud, le mouvement vit au grand jour, installé au 105 de la rue de Blanzat, à Clermont-Ferrand, où une partie des archives des Guides a

4. *Les catholiques français sous l'Occupation*, Jacques Duquesne, Grasset, collection Point, 1996.

été transférée. Marie-Thérèse de Kerraoul et bien d'autres commissaires font souvent la navette entre les deux zones, assurant la liaison entre les « deux » guidismes.

En Bretagne, dans la zone occupée, les jeannettes et les guides vivent leurs aventures en cachette ou à l'abri des murs protecteurs de propriétés privées. Marie-Paule Jouan (née Le Restif) a quitté le monde de la Forêt bleue pour celui des guides en octobre 1938. La guerre a interrompu la vie de la compagnie. Partie à Quimper, elle reprend son uniforme en 1940. Elle intègre une compagnie alors qu'elle n'est âgée que de douze ans. La guerre exacerbe le patriotisme chez les jeunes : « Le patriotisme, c'était l'amour de la France. Nous étions guides DE France. Et nous levions les couleurs malgré tout ! » raconte-t-elle. Elle fait de la résistance dans la mesure de ses moyens : « Avec deux amies, Renée et Monique, nous nous habillions de pied en cap, malgré l'interdiction de porter l'uniforme, et nous faisions une démonstration de force... dans notre jardin, avec des amis scouts ! » Elle n'a alors que treize ans.

D'ailleurs tout, dans les textes ou les cérémonies des Guides de France, fait mention de la patrie. Que ce soit la promesse : « Sur mon honneur et avec la grâce de Dieu, je m'engage à servir de mon mieux Dieu, l'Église et la patrie », ou les principes : « La guide est fille de France, elle aime son pays », ou encore le salut aux couleurs.

À Paris, l'ancienne guide Germaine Bironne-Gogny est devenue cheftaine de la 51e, rattachée à Saint-Sulpice. Puis elle passe cheftaine de mesnie (jeannettes, guides et guides aînées) : elle se retrouve à la tête d'une centaine de fillettes dans Paris occupé ! L'envie de continuer leurs activités, malgré l'interdiction allemande, est plus forte que tout. « Nous n'avions qu'une seule idée : continuer. On ne voulait pas obéir aux Allemands. Au fond de soi, on était contente de fronder»... sans toutefois avoir réellement conscience des risques encourus si jamais elles étaient prises! Les camps se tiennent dans des propriétés aux abords de Paris. Pas de tentes, pas de lever des couleurs, pas d'uniformes, juste des robes de camp bleu marine, sans insignes.

À Lille, dans la zone interdite, presque toutes les filles de la 1re compagnie sont évacuées dès la fin de 1939, surtout dans le Midi. Milou Bonel se retrouve à Luçon, en Vendée. Son amie Ginette Rogez, elle, échoue à Roanne, dans la Loire. Évidemment, la revue *Soyons prêtes* n'arrive pas jusqu'à celles qui sont restées à Lille, ni aux autres éparpillées à droite et à gauche. Aussi Christiane Méresse, la cheftaine de la 1re (la compagnie Louise-de-Bettignies), crée *Le nœud.* Avec cette devise: «*Age quod agis*» et cet adage: «On ne quitte pas la 1re Lille, on l'emporte avec soi», *Le nœud* se résume à plusieurs feuilles manuscrites rassemblant les nouvelles des unes et des autres, fournissant des conseils pratiques ou non («Prenez des filleuls de guerre... Une guide canadienne demande une correspondante d'au moins quinze ans[5]...»), réconfortant les filles guettées par le cafard ou le découragement... Ainsi ces quelques extraits d'une lettre ouverte, publiée dans *Le Nœud*: «Ma petite sœur, voici maintenant ta vie réorganisée. Il y a même des moments où, plongée dans les livres, absorbée à la tâche, tu oublies la grande tourmente [...] OUI... et malgré tout, il y a les moments de cafard, cela vient tout à coup. Tu es gaie, il fait beau... puis brusquement tu te sens seule, terriblement seule [...] Hé quoi! Tu t'es ressaisie. Une guide ne pleure pas comme cela pour rien. Même lorsqu'elle est loin de tant

5. *Le nœud*, octobre 1939, archives personnelles de Milou Bonel.

d'êtres chers. Loin des petites sœurs guides, loin du pensionnat, des compagnes de classe, loin de tout ce qui fait sa vie… Non ! Une guide, ce n'est pas une petite fille quelconque ; une guide, c'est une Française, chrétienne, qui sait qu'en restant à sa place mais en TENANT à sa place, elle fait son devoir[6]… » Fidèles à leur feuille de chou, les guides de la 1re Lille la font circuler entre elles, après l'avoir recopiée à la main ou « polycopiée » à la pierre humide…

En zone libre, le guidisme est florissant. En 1940, les guides et les cheftaines réfugiées de Paris, du Nord, de l'Est viennent grossir les rangs des unités déjà constituées. Elles apportent un souffle nouveau, une ouverture et des mentalités autres. De nouvelles compagnies naissent spontanément. En quatre années de guerre, les effectifs vont plus que doubler… Les guides seront cinquante-deux mille à la Libération.

Tous les mouvements de jeunesse connaissent un grand succès. Ils sont largement encouragés par le gouvernement de Vichy, qui souhaite surtout les contrôler. Ainsi, le 12 juillet 1940, Vichy a créé un ministère de la Famille et de la Jeunesse, confié à un homme d'extrême droite, le député pyrénéen Jean Ybarnegaray. Les associations scoutes ont la cote. Mais les mouvements laïques, proches de l'Éducation nationale, sont suspects, ainsi que les associations et le scoutisme israélites… D'autres mouvements naissent, très fortement inspirés du mouvement de Baden-Powell et pratiquant ses méthodes, tels que les Compagnons de France ou les Chantiers de jeunesse. On retrouve d'ailleurs des chefs scouts de France parmi leurs dirigeants, dont un certain

6. *Le nœud*, novembre 1939, *idem*.

nombre à l'époque sont séduits par le maréchal Pétain et les idéaux qu'il propose dans ses discours.

Car, après quelques mois d'observation, certains voient dans le gouvernement de Vichy l'occasion de rebâtir une France nouvelle, fondée sur l'Église. Dans les instances du scoutisme français, les anciens sont venus prendre la relève des chefs mobilisés. Il est d'ailleurs intéressant de rappeler qu'ils ne sont pas permanents au sein du mouvement et que leur engagement se fait parallèlement à une vie active, le plus souvent dans l'administration vichyssoise. C'est ainsi qu'on retrouve aux postes clés du mouvement des hommes tels que le général Lafont, chef scout et commandant de la XVIIIe Région militaire ; Henri Dhavernas, inspecteur des finances, mais aussi commissaire général intérimaire des Scouts de France en 1940 ; le père Forestier (aumônier général des Scouts de France et aumônier général des Chantiers de jeunesse), ou encore Pierre Goutet, commissaire national de la branche route, appelé à des fonctions gouvernementales à Vichy. Directeur de la Jeunesse, il devient collaborateur de l'ingénieur Georges Lamirand, à qui est confié le tout nouveau secrétariat d'État à l'Instruction publique et à la Jeunesse[7].

Ces hommes, très tentés par le pétainisme, gravitent dans les hautes sphères vichyssoises, et notamment celles du ministère de la Jeunesse. Œuvrant activement au succès de la révolution nationale, ils y ont d'ailleurs retrouvé leurs repères. Travail, Famille et Patrie, ce triptyque de valeurs de Vichy ne semble pas si éloigné d'un certain esprit scout. À cela s'ajoute la mystique du chef, si présente à Vichy, qui rappelle non seulement celle du scoutisme, mais

7. *L'utopie Scouts de France*, Christian Guérin, Fayard, 1997.

aussi celle des ordres chevaliers dont les scouts sont si friands.

Le mouvement des Guides de France, quant à lui, comme la majorité des Français en 1940, vivait le maréchalisme. La plupart des dirigeants à Clermont-Ferrand étaient évidemment en relation avec les personnalités scoutes de Vichy, sans faire les choix radicaux de certains. D'ailleurs, assez vite, la méfiance s'installe : pourquoi Vichy est-il aussi large, aussi encourageant vis-à-vis de ces mouvements ? Il y aurait là-dessous, à l'instar de l'Allemagne nazie, une volonté de constituer une jeunesse unique, un des fondements d'un État totalitaire et dont le gouvernement de Pétain aurait la direction, que cela n'étonnerait pas les différents chefs de ces associations. Pas question de devenir un ersatz des Jeunesses hitlériennes ou des Ballilas italiens !

Du coup, les cinq associations du scoutisme français réagissent. Le meilleur moyen pour être plus forts et pour garder son identité, c'est de s'unir. Les chefs du scoutisme français se retrouvent donc pendant trois jours, les 24, 25 et 26 septembre 1940 à l'Oradou, près de Clermont-Ferrand. Les Guides de France sont représentées par Marie-Thérèse de Kerraoul et les commissaires Taphanel, Wenger et Cherisey.

Le fruit de leur réflexion commune s'élabore sous la forme d'une « Charte de l'Oradou ». Celle-ci donne officiellement naissance au « Scoutisme français » fédérant les associations masculines et féminines. Cette déclaration rappelle le concept fondamental du mouvement imaginé par lord Baden-Powell : un « système d'éducation qui crée un certain type d'homme ou de femme », une pédagogie qui « vise avant tout le perfectionnement corporel et spirituel de ses membres, au service du prochain et de la Patrie ». Le nouveau mouvement entend bien se démarquer des autres, conserver sa spécificité et notamment son absence totale de parti pris politique, rester ouvert et tolérant, quelle que soit la religion ou la race de l'autre. Ce dernier point prend un relief tout particulier alors que la « chasse aux juifs » vient de commencer dans le pays.

Cela dit, chacun des mouvements scouts entend bien garder sa propre identité et ses différences au sein du « Scoutisme français » dont le général Lafont, issu des Scouts de France, est nommé président.

Les Guides de France, tolérées avant la guerre, deviennent subitement un modèle. De nombreux parents n'hésitent plus à y inscrire leurs filles. Non seulement les distractions n'existent plus, mais c'est aussi un moyen pour elles de partir dans des lieux sûrs et d'être bien nourries ! Les difficultés matérielles n'arrêtent pas les guides, bien décidées à partir en camp malgré tout. Les lieux sont soigneusement repérés à l'avance, dans les régions où le ravitaillement ne pose pas de problème : en Aveyron, en Lozère ou dans le Tarn. Les tickets d'alimentation sont soigneusement regroupés. Parfois, des vivres sont débloqués et les guides retrouvent le goût des confitures, du cacao… À la veillée du soir, elles entonnent les chants de Francine Cockenpot. Toujours sur la brèche, la commissaire du district nord en a composé de nouveaux, plus graves et plus adaptés aux temps qui courent : *Évacuation, Brume, Vent du nord, Fleur de mousse…*

Si faire un camp n'est pas incompatible avec la guerre, il est en revanche plus difficile de faire face aux aléas de la vie quotidienne, comme la maladie par exemple. Et Régine Belin (née Varréon) se souvient encore de son deuxième camp à l'été 1944. La pénurie est totale, mais la 2e compagnie de Bourg-en-Bresse n'hésite pas à faire des kilomètres pour aller camper dans la propriété d'une des cheftaines, à Montmelas dans le Beaujolais. « Nous étions vingt-cinq filles à dormir sous un marabout de l'armée, ces immenses tentes militaires. Mais j'ai attrapé la scarlatine ! On m'a d'abord isolée, puis il a quand même fallu nous rapatrier... Mais cela n'a pas été une mince affaire. Impossible de se procurer de l'essence... »

Dans l'administration des Guides de France, Marguerite-Marie Michelin, jusque-là vice-présidente, est nommée adjointe de la chef guide pour la zone sud. La revue *Soyons prêtes* est confiée à Madeleine Froissart et éditée à Clermont-Ferrand. Quant à *La guide de France*, après avoir disparu de la circulation pendant quelques mois, elle est remise en route pour le début de 1941.

C'est d'ailleurs dans son numéro de janvier 1941 que le général Lafont prend la plume pour adresser un message aux guides. Quelques lignes qui dressent un bilan positif quant à l'évolution des femmes dans la société française : « Depuis vingt ans, les jeunes filles ont pris une très grande indépendance. Je ne suis pas de ceux qui en réprouvent le principe, mais bien des effets. Pour beaucoup, cette indépendance s'est bornée à développer à l'excès un penchant à la frivolité [...] Mais pour d'autres, elle s'est liée à un sentiment de dignité dans le désir de se créer une vie personnelle, et de n'être une charge pour personne ; elles se sont lancées dans des études et ont adopté, même conquis, des carrières jusqu'ici réservées aux hommes. » On a l'impression que le président du Scoutisme français a tout compris et que cela prouve une certaine évolution des mentalités. Mais patatras ! Le chef militaire, père et grand-père de filles, recadre, dès les mots suivants, le rôle auquel la femme est censée être dévouée : « Malgré certaines apparences, le scoutisme est fait pour donner à la femme l'essentiel des qualités que comporte cette vocation. [...] Pour coopérer au redressement de la

France, elle vient à point, la jeune fille que doit produire le scoutisme. Une jeune fille qui pense d'abord aux autres et à servir ; une jeune fille saine dans son âme et dans son corps, soucieuse d'un extérieur net et plaisant sans être pour cela l'enseigne vivante d'un marchand de couleurs ; capable de monter un escalier comme de le descendre et dont la vie n'est pas interrompue par une panne d'ascenseur ; [...] une jeune fille qui créera un foyer, sera une mère et élèvera des hommes[8] », et pourquoi pas des femmes, pourrait-on ajouter !

De toute façon, la machine est en route. Impossible de l'arrêter. La guerre ouvre les yeux à bien des fillettes et des adolescentes qui, obligées de se débrouiller et de prendre des initiatives, ne reviendront jamais en arrière, dans ce rôle désormais réducteur qu'on veut continuer à leur faire tenir !

Très curieusement, alors que les temps sont à la restriction, l'uniforme des guides devient plus féminin. Une révolution, alors que cela fait quatorze ans qu'il n'a pas bougé d'un iota ! Le chandail est remplacé par un gilet boutonné devant. La blouse des guides, en schappe[9], est désormais un chemisier à manches longues, qui se porte rentré dans la jupe. Celle-ci est à présent en serge marine, à six panneaux. Les plis creux des deux côtés sont définitivement abandonnés. Le chapeau est toujours d'actualité mais a subi l'influence anglaise de 1940 : c'est un feutre « petite miss » avec un nœud moins strict et plus féminin. Les cheftaines peuvent porter des bas ordinaires, et les chaussettes sont tolérées pour les guides. Elles doivent être blanches en fil d'Écosse, tout comme les gants, qui ne sont plus en cuir ! Et enfin ! l'affreuse robe de camp, sans autre forme que celle d'un sac,

8. *La guide de France*, janvier 1941.
9. Schappe : bourre de soie.

peut être ajustée à la taille des filles. Et, détail essentiel, pour l'été les manches sont raccourcies.

Nouveauté obligatoire apportée par Vichy : le blouson commun à tous les mouvements de jeunesse. L'insigne du Scoutisme français prend sa place sur les chapeaux. Unité oblige, les couleurs des trois branches s'alignent sur celles des autres fédérations scoutes. Quant aux cordelières, habituellement en coton et devenues introuvables, elles sont en soie et indiquent le grade, selon leur couleur. Ce qui permet de supprimer les galons. Les cheftaines d'ailleurs les remplacent par des barrettes. Tout comme les commissaires, elles portent un tailleur sans poche et sans ceinture, ce qui leur donne une allure un peu moins militaire qu'auparavant. Autre détail : l'apparition d'une sacoche en bandoulière « non obligatoire mais autorisée », précise le règlement. Les jeannettes adoptent le nœud papillon sur col Claudine et troquent leurs manches longues contre des manches ballons.

Très vite, la nouvelle se propage comme une traînée de poudre sur toute la planète, à la grande consternation du monde scout. Lord Baden-Powell, le mythique chef scout est mort, à l'âge de quatre-vingt-trois ans. Celui qu'on surnomme « le Sonneur de la paix » s'est éteint le 7 janvier 1941, entouré de sa femme et de ses enfants dans sa villa « Paxtu » à Nairobi au Kenya, où il passait les hivers. Ses dernières années, Sir Robert Baden-Powell of Gilwell les a passées à parcourir la planète dans tous les sens, mais à un rythme moins soutenu qu'auparavant. Jusqu'à son dernier souffle, le chef mondial a eu une confiance absolue dans son mouvement. Il n'a pas craint un seul instant que le scoutisme soit totalement éradiqué par la guerre. Un sentiment qui transparaît dans ce message d'espoir qu'il adressa aux éclaireurs et scouts du monde entier : « Même si la guerre a tué beaucoup de nos chers camarades, elle ne les a pas tous tués et n'a pas tué l'esprit. Vous, chefs et éclaireurs qui êtes encore vivants, vous transmettrez le même esprit et vous le développerez avec une force d'autant plus grande quand vous réaliserez que vous reprenez le flambeau que vous ont tendu ceux qui sont tombés. [...] Vous devez à leur mémoire d'avoir plus que jamais pour but une amitié toujours plus grande pour les éclaireurs d'autres pays[10]. »

Et, comme l'a pressenti le vieux chef, les mouvements scouts continuent leur chemin. En France, dans la zone sud, les guides sont tournées vers un objectif bien précis : le recrutement.

« Engagez-vous ! Rengagez-vous ! »

Dans un message diffusé à la radio le 29 janvier 1941, la commissaire Michelin est plus qu'explicite : « Je voudrais que dans le mois qui vient : chaque guide, chaque jeannette conquière une novice pour l'amener à la compagnie ou à la ronde, et de même, aux échelons supérieurs, que chaque cheftaine trouve une assistante cheftaine et chaque commissaire une apprentie commissaire pour l'aider... Que 1941 soit donc l'année de recrutement[11]. » Ce à quoi s'applique tout particulièrement Marie-Paule Jouan, qui va faire sa promesse à la fin de l'année. « J'étais très engagée pour ramener les autres. Au lycée, j'avais une petite amie avec qui je fai-

10. *Baden-Powell, petite biographie du chef pour les scouts*, E. E. Reynolds, imprimerie Delachaux & Niestlé SA, 1946 (édition originale : *Baden-Powell, the Story of his Life*, Oxford University Press).

11. *La guide de France*, 20 février 1941.

sais le chemin et, après l'étude, je l'entraînais à la petite chapelle alors qu'elle ne croyait pas ! Je m'affichais un peu. Nous n'avions pas le droit au lycée de nous balader avec nos insignes de guides. Et je l'ai fait souvent, un moyen comme un autre de faire de la résistance ! » et de recruter.

À l'époque, ce dont la petite fille n'a sûrement pas conscience, ce souci de développer le mouvement dépasse très largement l'intérêt naturel des mouvements scouts en général, et du guidisme en particulier, de gonfler leurs effectifs. Il répond principalement aux besoins de ces temps incertains, où la jeunesse française est désœuvrée, où des dizaines de milliers de jeunes réfugiés, séparés de leur famille, sont livrés à eux-mêmes. Et où les activités qui leur sont proposées sont issues du gouvernement de Vichy, et donc très marquées. Le Scoutisme français prend alors très au sérieux sa vocation éducative et pédagogique, offrant ainsi aux jeunes Français une alternative apolitique.

Mais voilà, c'est bien beau de vouloir être guide, mais cela ne suffit pas. Il faut quand même en avoir l'esprit. Et visiblement Nicole de Buron, à douze ans en 1942, n'a pas bien compris ce qu'était cet esprit. « J'ai été guide de France… une journée ! J'en rêvais pourtant : dormir sous la tente, faire des feux de bois, construire des cabanes… » Pour se faire inclure dans la compagnie qui dépend de son pensionnat de Rabat, au Maroc, la petite fille est très sage. Les bonnes sœurs acceptent qu'elle y entre. « La première journée, je m'amuse comme une folle. » Le soir, après la cérémonie des couleurs, la cheftaine lui dit d'avancer d'un pas et lui demande, d'un ton très solennel, pourquoi elle veut être guide. Elle répond : « Pour avoir des copines avec qui jouer. » La réponse ne convient pas du tout à la cheftaine pour qui il semble évident qu'entrer aux guides signifie

Archives des Guides de France - D. R.

Le chanoine Cornette et Mme Albertine Duhamel,
fondateurs des Guides de France.

Archives des Guides de France - D. R.

Marie Diemer à Argeronne en 1932.

Les apprenties des maisons de couture de la compagnie 4e Paris, Notre-Dame-du-Travail, en 1924.

1936.
Visite à Paris de Lord et Lady Baden-Powell pour le 25e anniversaire des Éclaireurs de France et de la fondation du scoutisme en France.

© Manson

Août 1953.
Proclamation
de la nouvelle
formulation
de la loi guide
au rallye des équipes
à Jambville.

Salut brandi
lors d'une
promesse
en 1954.

© Bob ter Schiphorst

Archives des Guides de France - D. R.

1954. Antoinette Reille
est élue Chef-Guide
et succède
à Mme de Kerraoul.

Archives des Guides de France - D. R.

1962, Rome. Derrière le P. Perrot, aumônier général, Antoinette Reille, présidente, et Marie-Thérèse Cheroutre, commissaire générale, l'équipe nationale : Colette Joanny, Odile Bonte, Aline Coutrot, Marie Blanchet, Rose-Marie Sourdillon, Marie-Thérèse de Riols et Claude Ponsot.

À Mélan, dans les Alpes de Haute-Provence,
le chantier du Centre international des Feux nouveaux
(percement de la tranchée pour l'arrivée d'eau).

© J.-P. Poutreau

Juillet 1988. Les Guides, en avant-première du grand marché européen de 1992, mettent « l'Europe sur Rail ». Un train spécial emporte trois cents jeunes de dix-huit à vingt-cinq ans, de onze pays de la communauté, dans plusieurs capitales, où ils sont reçus par les autorités politiques. À Bruxelles, Jacques Delors les encourage à construire l'Europe sans frontières.

© J.-P. Poutreau

15 mai 1989, à Vaison-la-Romaine, Guides et amis fêtent les droits de l'homme. Une visiteuse de marque : Francine Cokenpot (accompagnée de la présidente Marie-France Alexandre), pour qui toutes entonnent son célèbre *Colchique dans les prés*.

Mai 1998, Bois-le-Roi. Trois cents filles, sourdes, aveugles, paralysées, handicapées mentales ou valides, partagent et pratiquent en commun les mêmes activités sportives, scientifiques et artistiques. Elles vivent ensemble trois jours de fête inoubliables.

devenir meilleure, faire le bien, vivre en communauté... et non « se marrer » ! Avec le recul, Nicole de Buron avoue ne pas avoir perçu à douze ans le côté spirituel du mouvement.

D'ailleurs, le message de la commissaire Michelin s'accompagne d'une intensification de la formation, qui demande un réel effort de la part des cheftaines pour arriver à suivre les sessions et les camps. Les unités se multiplient toujours comme des petits pains jusque dans les petites villes. Une aubaine pour le gouvernement de Vichy, qui enchaîne manifestations officielles sur défilés des mouvements de jeunes qu'il veut embrigader. Ces spectacles qui mettent en valeur les forces vives de la nation lassent bientôt et ne laissent pas de souvenirs impérissables. Marguerite-Marie Vercoustre, surnommée « Mimi », est en cette année 1941 commissaire de district et cheftaine à Limoges où elle œuvre activement à la création de compagnies. « Nous avons participé, juste une fois, à un immense défilé où tous les mouvements de jeunes étaient présents. Le maréchal Pétain était venu à Limoges, et je me souviens qu'on l'a salué du salut scout ! Mais c'est tout, je ne me souviens d'aucun autre détail en particulier », raconte-t-elle.

Outre ces manifestations de grande envergure, les guides participent toujours aux services, toujours plus nombreux : cantines scolaires, colis aux prisonniers, cadres pour centres de jeunes chômeuses, jeunesse-secours (une forme d'équipes de service civique), équipes d'urgence pour la Croix-Rouge, organisation de Noël pour les réfugiés, encadrement des colonies de vacances au sein de l'association « Éducation et santé », créée par le Scoutisme français... Les convoyages d'enfants prennent aussi une bonne place dans leurs activités, d'autant plus que bon nombre d'écoles ont fermé leurs portes, laissant leurs élèves dans la nature. À la rentrée 1941, le 13 octobre à 14 h 45 précisément, le maréchal Pétain s'est adressé aux petits écoliers. On retrouve son allocution dans le numéro de novembre de *La guide de France*, qui n'hésite pas à mentionner que c'est « un texte que vous avez déjà lu, que vous devez conserver, qu'il vous faut relire en ce moment[12] ». C'est plein de bons sentiments, le vieux chef de Vichy remerciant les deux millions de ses jeunes compatriotes de leurs « magnifiques dessins », les encourageant à persévérer dans leurs « bonnes résolutions », et surtout à ne pas copier ni tricher en classe ! Et que penser de la page suivant ce texte, ornée sur la gauche d'un drapeau français flottant le long de son mât et agrémenté du profil droit du Maréchal, page intitulée « Le scoutisme féminin vous parle », encourageant dans cette voie de loyauté guides et éclaireuses ?

En tout cas, Philippe Pétain est satisfait de la tournure que prend le Scoutisme français. À l'occasion du premier anniversaire de cette fédération, le Maréchal prend la plume le 27 novembre 1941 et adresse des compliments : « ... Il y a un an, en effet, que, répondant à mon appel, toutes les associations scoutes, masculines et féminines, confessionnelles ou non, ont réalisé leur fusion, donnant au pays l'exemple de cette union dont je ne cesse de souligner les bienfaits. Depuis un an, sous l'ardente impulsion de son chef, le général Lafont, le Scoutisme français s'est généreusement employé, dans sa sphère, à l'œuvre de rénovation du pays. Malgré les difficultés auxquelles il s'est heurté, il a plus que doublé ses effectifs ; il a créé des écoles de cadres, organisé des chantiers de jeunes chômeurs, participé aux campagnes du Secours national et au service civique rural avec un empressement et un zèle que le

12. *La guide de France*, 20 novembre 1941.

succès a récompensés. Ses cadres, après avoir fourni le meilleur d'eux-mêmes aux Chantiers de jeunesse et aux Compagnons de France, se sont consacrés à l'éducation morale et civique des jeunes scouts avec une générosité et un dévouement dont on ne saurait trop les louer. Le Scoutisme français a été le premier mouvement agréé officiellement par le secrétariat général de la Jeunesse ; il occupe toujours dans les organisations de jeunesse une place de choix[13]... » À ce propos, l'association des Guides de France sera reconnue d'utilité publique[14] le 13 août 1943. Il est d'ailleurs assez étonnant de penser qu'il ait fallu attendre la guerre et Vichy pour que ce mouvement, alors âgé d'une vingtaine d'années, le soit enfin...

Toutes les guides ne se lancent pas à corps perdu dans ce type d'activités, mentionnées par le Maréchal. Certaines entrent dans la Résistance qui s'organise de plus en plus à travers la France et à l'étranger. Le secrétariat national des Guides va d'ailleurs s'installer à Lyon, ville clé de la Résistance. Reconnue par Winston Churchill et Franklin Roosevelt, la France libre, sous la houlette de Charles de Gaulle, voit se rallier à elle toutes les colonies françaises. Une nouvelle armée prend forme, hors du territoire national, dans le but de libérer la France du joug nazi.

Si quelques guides partent pour le Maroc où se constitue une unité de conductrices-ambulancières rattachée à la 2e Division blindée du général Philippe Leclerc, d'autres mènent des actions sur le sol même de la patrie.

---

13. *La guide de France*, 5 janvier 1941.

14. Utilité publique : les associations ordinaires sont déclarées à la préfecture de police, ce qui leur permet d'obtenir la capacité juridique. Elles peuvent donc passer des contrats en leur nom, agir en justice et posséder un patrimoine. En revanche, elles ne peuvent recevoir des dons ou legs, portant sur des immeubles (sauf dons manuels et subventions publiques). La reconnaissance d'utilité publique permet justement d'échapper à cette interdiction.

La Résistance a des formes multiples. En temps de guerre, le plus petit geste prend une importance singulière. Les visas obligatoires pour passer d'une zone à l'autre sont extrêmement difficiles à obtenir. Les guides résidant le long de la ligne de démarcation repèrent les bons coins pour « faire passer » et imaginent des stratagèmes. Ainsi Suzanne Vidart, cheftaine à Moulins dans la zone occupée. Elle met au point tout un scénario pour permettre aux guides ou aux commissaires de traverser la frontière au nez et à la barbe des Allemands. Première étape : se rendre officiellement au dispensaire Saint-François d'Assise. En fait, il faut aller chez le fleuriste situé juste à côté, et là on demande Mlle Vidart. L'attente est parfois longue. Lorsque enfin Suzanne rejoint la guide, elle la met au courant des risques encourus : quinze jours à la prison de la Maleoiffroi de Moulins. Il faut vraiment avoir une bonne raison d'entreprendre ce passage. Quant à Suzanne, elle mise gros : si elle est prise, non seulement la filière est découverte, mais elle risque la déportation en Allemagne pour aide clandestine ! Puis Suzanne Vidart embarque, sur son vélo, la valise et les vêtements de la voyageuse. La guide, en maillot de bain, traverse à la nage l'Allier avec l'air le plus naturel du monde, sous les yeux de la sentinelle allemande qui surveille à la jumelle la rivière du haut du pont. De l'autre côté, elle s'allonge sur la rive et guette l'instant d'inattention de l'Allemand et de ses chiens. Puis elle rejoint Suzanne, passée grâce à sa carte de frontalière. Mais en hiver, le passage se corse. Pas question de tremper un doigt de pied dans la rivière. Du coup, la guide qui veut passer s'emmitoufle soigneusement dans la cape à capuchon de Suzanne, enfourche sa bicyclette et passe la ligne avec sa carte. La fouille en elle-même n'est pas dangereuse si l'on ne transporte pas de lettres. Le plus dur, c'est de rester la tête bien couverte afin que la différence de visage avec la photo ne soit pas remarquée ! De l'autre côté, un garçon récupère les affaires de Suzanne, et le tour est joué[15].

Pour les besoins du mouvement, pour assister à une réunion, pour faire le lien entre nord et sud, Marie-Thérèse de Kerraoul est souvent obligée de franchir la ligne de démarcation. Elle utilise tous les subterfuges possibles à l'aide de faux papiers. Une fois, elle a en poche un diplôme de monitrice d'enseignement ménager pour le passage à Loches... La fois d'après, elle présente une carte d'identité falsifiée pour Chalon-sur-Saône... La commissaire Michelin argue d'un traitement médical pour se rendre, tous les trois mois, à Paris. À l'aller comme au retour, son certificat médical doit porter les signatures des médecins de Paris et de Clermont-Ferrand...

L'équipe féminine de l'Armée des Alpes

Pendant ce temps, le combat continue. Les États-Unis se sont engagés aux côtés des Alliés, après la sinistre attaque japonaise de Pearl Harbour le 7 décembre 1941. La guerre s'est déplacée en Afrique du Nord française (Maroc, Algérie, Tunisie) et en Libye. Pendant dix-huit mois (d'avril 1941 à octobre 1942), ces théâtres d'opérations voient se succéder alternativement succès germano-italiens et succès anglais. Le

15. Souvenir tiré des écrits de Marie-Thérèse de Kerraoul, archives des Guides de France.

3 novembre 1942, le front allemand est enfoncé, et c'est la défaite de l'Afrika Korps à El Alamein, en Égypte. Les 7 et 8 novembre, les Américains débarquent sur les côtes d'Afrique du Nord. Adolf Hitler, furieux, envahit du coup la zone libre de la France. Cette initiative met le feu aux poudres. La Résistance prend un nouveau souffle.

« Mon engagement dans la Résistance remonte à la fin de l'année 1940. À ce moment-là, les Français ont reçu l'ordre de rapporter tout l'armement à la Commission d'armistice, raconte Antoinette Reille. Mais, avec quelques guides, nous avions caché des armes chez une petite trentaine de paysans de la région et chez deux châtelains. Et elles y sont restées ! » Au grand jour, Antoinette Reille participe activement à la vie de l'unité de Moulins-sur-Allier, qui poursuit ses activités normalement. C'est d'ailleurs l'occasion pour Antoinette Reille de se replonger dans l'étude de la Bible, mise à l'index à ce moment-là, et de participer à de fertiles discussions sur la religion. Elle découvre aussi Paul Claudel, Charles Péguy. Et « on se posait aussi des questions sur le gouvernement »... En mai 1940, Antoinette voit revenir son mari, évadé. Il ne tarde pas à s'engager dans les rangs de l'armée secrète de Haute-Savoie, aux ordres du commandant Valette d'Osia. Le couple Reille s'installe dans la région, et Antoinette est nommée, à trente-trois ans, commissaire du district guide de Haute-Savoie.

Pour des raisons d'efficacité et de discrétion, il semble au commandant Valette d'Osia qu'une équipe féminine passerait plus facilement inaperçue qu'une équipe de garçons. Dans cet objectif, il contacte Antoinette Reille. « Il m'a demandé si je voulais bien créer une équipe féminine d'agents de liaison, raconte cette dernière. Je devais recruter de six à huit filles pour assurer certaines missions... » Antoinette n'hésite pas. Des filles sérieuses, dignes de confiance ? Elle recrute directement dans son entourage guide. Elles ont entre vingt et vingt-cinq ans, la plupart sont cheftaines et elles s'appellent Marie-Odile Fournier-Charreton, surnommée Poupée, Loulette Peris-Idier, Colette Peries-Martinez et Élisabeth Lalanne-Pascal. Très vite, Marie-Thérèse Favre vient grossir leur équipe. Leurs missions, qui se déroulent dans le plus grand secret, sont simples : « Nous devions transmettre du courrier et des renseignements, sans utiliser les moyens de communication normaux trop surveillés à l'époque, explique Antoinette Reille. Il fallait trouver des lieux d'hébergement pour accueillir des clandestins, guider et convoyer en lieu sûr des gens recherchés ; sans oublier bien sûr de trouver du temps pour repérer des terrains d'atterrissage et de parachutage dans la région. Je me souviens d'ailleurs avoir fait beaucoup de ski à cette époque avec mes copines pendant que les enfants étaient en classe ! s'amuse Antoinette, qui poursuit : On trouvait aussi ces terrains pendant nos innocentes promenades à vélo dans la contrée. » Car ces filles continuent à pratiquer le guidisme, les camps régionaux alternent avec les camps nationaux. L'ambiance entre les filles de l'équipe est excellente : « C'était très important. L'une ne prenait pas plus de relief que l'autre dans le groupe. On s'était bien dit ça avant. »

Mais le plus dangereux, ce ne sont pas ces missions. C'est le passage de la frontière suisse. L'équipe féminine s'est arrangée avec les frontaliers dont une partie des jardins ou des champs s'ouvrent sur la liberté.

Début 1943, elles participent à l'évasion de Jean Lamy, hospitalisé à Annecy. Elles vont le chercher dans la salle d'opération, traversent le lac en changeant de bateau au milieu et lui fournissent de faux papiers. Puis elles le cachent à Chavoire, dans le grenier de la villa prêtée par la famille Fournier. Là, on attend la nuit : « Comme j'appartenais à la Croix-Rouge, j'avais l'autorisation de circuler la nuit, si jamais nous nous faisions arrêter », précise Antoinette. Elle part donc cent mètres en avant du convoi de bicyclettes, qui n'ont d'ailleurs pas de chambres à air. Pour rejoindre la frontière, il faut emprunter une succession de sentiers. « Nous nous sommes rendu compte combien il était difficile de se déplacer, dans la nuit noire, même en ayant reconnu le chemin de jour ! Et nous n'avions pas prévu les chiens, qui aboient plus facilement la nuit que dans la journée ! Et ils ont aboyé du lac jusqu'à la frontière. » Finalement, Jean Lamy se retrouve sain et sauf en terre suisse.

Les actions de l'équipe ne s'arrêtent pas là. Vers la mi-août 1943, un avion de la Royal Air Force en mission s'écrase à Meythet, dans la banlieue d'Annecy. Le *Squadron Leader*, Frank Griffiths, se retrouve éjecté. Il est sauvé par des résistants présents sur les lieux. Quelques jours après, il est conduit à la frontière par des membres de l'armée secrète, avec le concours d'une des filles de l'équipe féminine qui le prend en charge. Elle lui fait passer les barbelés avec l'aide d'un cultivateur. Après un court séjour en Suisse, il repart pour l'Angleterre où il reprend ses parachutages.

Mais voilà. Le 13 septembre 1943, la maison des Reille est perquisitionnée par les Allemands. C'est la troisième fois. Les deux premières perquisitions avaient été effectuées par des Français, puis par des Italiens. Cette fois-ci, l'affaire est grave. Le commandant Valette d'Osia, arrêté, réussit à s'évader. Avec la complicité de l'équipe, qui lui fournit des faux papiers, il gagne la Suisse. L'armée secrète, décapitée, se disperse dans la nature. Mais, chez les Reille, les Allemands font chou blanc : « J'étais recherchée à l'époque. Heureusement, j'étais en vacances avec mes enfants. Prévenue, j'ai confié mes deux filles sous des faux noms à une pension tenue par des bonnes sœurs et je suis partie avec mon fils à Moulins. »

C'est dans la demeure familiale que la jeune femme reste jusqu'à l'automne 1944. Son époux est en Suisse. Si le guidisme est stoppé net dans les Alpes, Antoinette a repris du service à Moulins. En mai, elle part donner un coup de main à des cheftaines, très fatiguées de la colonie de vacances qu'elles animent à Polmy, près de Tours. Antoinette voyage toujours sous une fausse identité. Non loin de là, Saint-Pierre-des-Corps est violemment bombardé : « Les murs de la colonie en vibraient ! » Elle y reste un mois. Le retour est pénible : cinq jours en tout pour rejoindre Moulins, dans un train mitraillé tous les cinquante kilomètres. « Les Américains bombardaient à six mille mètres de hauteur, mais les Anglais attaquaient en rase-mottes et là, tout le monde fuyait ! »

Le 15 août, les armées alliées débarquent dans la zone sud, remontent la vallée du Rhône et, le 5 septembre, le général de Lattre de Tassigny entre dans Lyon. Les filles qui constituent toujours l'équipe féminine d'agents de liaison participent à des actions. Elles se retrouvent aux côtés d'autres résistantes, qui font partie des quarante mille combattants implantés dans les Alpes.

Le 25 août 1944, la joie explose dans toute la France : de Gaulle est à Paris, enfin libéré. Le commandant Valette d'Osia est de retour à Lyon, et le nouveau gouverneur de la ville, Descours, le charge de former la 27e Division d'infanterie alpine. Quelques jours plus tard, Valette d'Osia établit son PC à Challes-les-Eaux et s'évertue à mettre sur pied cinq demi-brigades, une artillerie, des transmissions et des services. Il a sous la main des milliers de combattants, des anciens de l'armée secrète et des nouveaux. Et parmi eux, toutes ces femmes qui se portent volontaires. Cependant, il est hors de question qu'elles soient envoyées au feu parmi les combattants ! Sur les cinq brigades, trois veulent bien en incorporer dans leurs rangs, une s'y refuse absolument. Que faire de toutes ces bonnes volontés qui se sont révélées si efficaces un an auparavant ? Et là, l'aventure reprend pour Antoinette Reille. « Un jour de septembre, une auto militaire s'est arrêtée devant la porte. J'étais tout simplement convoquée par le commandant Valette d'Osia ! Il me proposait de prendre la tête de cette armée de femmes ! Comme si c'était tout à fait normal de lâcher mes trois enfants ! » D'autant plus que la rentrée des classes n'est pas encore faite. Mais la jeune mère de famille s'organise, après avoir discuté avec deux de ses amies. Ses filles sont placées dans une pension de Moulins, et son fils est confié à sa cousine, Alix de Saint-Victor. Et elle repart, en compagnie de Colette Peries, vers Challes-les-Eaux : « C'était sinistre. Nous y sommes arrivées à 22 heures. Il pleuvait des cordes, il faisait humide et froid… » À 9 heures le lendemain matin, elle se présente au commandant, qui lui dit : « J'attends de vous que vous commandiez le *Signal Center.* » Il s'agit d'un hall d'accueil, centre de communication où les filles travaillent pendant quarante-huit heures, sans uniforme « parce qu'il n'y avait pas de tissu ». C'est ainsi qu'Antoinette prend la direction des volontaires féminines de la 27e DIA, qui prennent bientôt le nom d'Auxiliaires féminines de l'armée de terre, AFAT (par décret du 25 octobre 1944). Elles surgissent de toutes parts, les volontaires, émanant des unités clandestines, débarquant d'autres régions de France. Et elles occupent des postes variés : on les trouve au Signal Center, aux communications, au chiffre (qui code et décode les messages). D'autres encore sont secrétaires à l'état-major dans les demi-brigades, assistantes sociales, infirmières, ambulancières... Elles sont trois cent soixante femmes pour dix mille hommes.

« Même si nous n'étions pas affectées à des postes de combat, ce fut une formidable occasion pour les femmes de prendre des responsabilités à l'égal des hommes. À cette époque, on a cru qu'un monde nouveau pouvait venir avec cette nouvelle place pour les femmes dans la société, explique Antoinette Reille, avant de conclure : L'armée m'a appris à être très active, à n'avoir peur de rien. Les guides, c'était beaucoup plus nourrissant et exigeant. La camaraderie est exigeante ! »

Après Challes, la Division alpine établit ses quartiers à Grenoble pour l'hiver. Le Détachement d'armée des Alpes, commandé par le général Doyen, vient ensuite coiffer les Unités alpines, reconnues par de Gaulle et de Lattre de Tassigny. Le général Molle prend la Division alpine tandis que le commandant d'Osia garde l'infanterie de la division. Une partie des femmes partent au Détachement d'armée. Avec le printemps, la Division alpine fait mouvement vers la frontière italienne et fait même une brève incursion à Turin. Après l'armistice, elle est envoyée en occupation dans la région d'Innsbruck. Avec la démobilisation, chacun et chacune regagne ses pénates[16].

L'épopée des « Pur-Sang »

Plus haut sur la carte de France, une autre région, sauvagement annexée par les Allemands, est aussi le théâtre d'un réseau de résistance formé à cent pour cent de guides : les Pur-Sang.

---

16. Renseignements tirés d'un témoignage de deux résistantes en Haute-Savoie et AFAT à la 27e Division alpine, Colette Peries-Martinez et Élisabeth Lalanne-Pascal.

« En 1940, ma première réaction fut de me dire qu'il fallait que je fasse quelque chose », raconte Lucienne Welschinger, alors âgée de vingt-neuf ans. Née à Belfort le 18 octobre 1911, Lucienne entre aux guides à Mulhouse à quatorze ans. En 1930, elle arrive à Strasbourg où son frère André tient le restaurant « À l'ancienne gare ». Nommée cheftaine en 1933, elle vit avec sa mère chez son frère. En 1940, Lucienne est cheftaine à la 9e Strasbourg. « Le jour où les Allemands ont brûlé la synagogue, monsieur le curé de Saint-Jean m'a envoyé sa bonne et m'a demandé de passer à la paroisse. Deux Polonais, un officier et un juif, s'y cachaient, enfermés dans les confessionnaux. »

L'abbé Eugène Prince connaît bien Lucienne, dont le groupe de guides tenait ses réunions dans les dépendances de l'église. Lucienne tient là l'occasion d'agir. Spontanément, elle se charge des deux clandestins, qui passent la nuit dans le restaurant d'André. Le lendemain, Lucienne part avec l'un des deux Polonais à vélo dans la vallée de la Bruche, à Hersbach, situé à quarante kilomètres de Strasbourg, chez des amis, les Charlier. Une de ses amies guides, Emmy Weisheimer, et l'autre Polonais les rejoignent en train. Là, Jeanne Charlier déguise les deux clandestins en bûcherons et leur fait passer la nouvelle frontière des Vosges, après quelques émotions.

À leur retour à Strasbourg, Emmy et Lucienne apportent à manger aux prisonniers français condamnés aux travaux forcés. Lucienne commence seule à faire passer des évadés par Schirmeck. Consciente de pouvoir faire plus, Lucienne contacte alors quelques-unes de ses guides à qui elle propose de constituer une équipe ; il y a bien sûr Emmy Weisheimer, guide aînée de vingt et un ans, mais aussi Lucie Welker, assistante cheftaine de vingt ans, et les deux sœurs Daul : Alice, cheftaine de guides de vingt-trois ans, et Marie-Louise, vingt ans et cheftaine de louveteaux, dont les parents ignorent les engagements. Alice et Lucienne avaient participé à un camp de formation de cheftaines où elles avaient été intégrées à l'équipe des « Pur-Sang ». Le petit groupe décide alors d'adopter ce nom. C'est au printemps 1941 qu'une sixième fille les rejoint, Marcelle Engelen, âgée de dix-sept ans seulement, chef d'équipe aux Guides de France.

Chaque dimanche, les guides se réunissent au restaurant de « L'ancienne gare » devenu leur QG. Et là, elles discutent des meilleurs moyens pour agir et aider les innombrables prisonniers qui passent par Strasbourg pour l'Allemagne. Le tout, avec un minimum de risques. À l'été 1940, elles passent à l'action en leur faisant parvenir des cigarettes, du linge, des vivres. Elles arrivent même à passer du courrier. La tactique est simple. « Au début, quand un convoi de prisonniers arrivait, raconte Lucienne, deux guides se mettaient devant, deux autres derrière. Les prisonniers laissaient tomber leurs lettres, qu'on ramassait et qu'on allait donner à des cheminots alsaciens. Ils expédiaient en fraude la correspondance à Mme Diss, de Paris, qui la faisait parvenir aux familles. Les réponses m'étaient renvoyées par la même voie. » Puis le stratagème prend une allure plus affinée. Tous les matins, une voiture militaire allemande apporte du ravitaillement aux prisonniers. Elle stationne à 11 heures, place de l'Orangerie. Le conducteur allemand est accompagné d'un prisonnier français, mis préalablement au courant du trafic illicite. Tandis que l'une détourne l'attention du chauffeur sous prétexte de lui demander un renseignement, une seconde guide se trouve de l'autre côté de la voiture, auprès du prisonnier. Sur un signe convenu à l'avance, celui-ci fait glisser à terre un paquet de lettres qu'une troisième, à bicyclette, s'empresse de ramasser avant de disparaître rapidement dans une ruelle avoisinante. Le courrier part et revient ensuite toujours de la même façon. Mais pour le rendre aux prisonniers, la manœuvre est plus acrobatique. Le fourgon de ravitaillement retourne dans l'après-midi au camp des prisonniers, en passant de nouveau place de l'Orangerie. Sur son trajet, des colis de vivres et de lettres sont lancés dans la voiture. Une fois au camp, le prisonnier qui accompagne le conducteur les fait disparaître puis les distribue à ses camarades.

Ces petits succès et l'aventure réussie des Polonais stimulent les guides. Enthousiastes, elles décident de sauver des prisonniers en masse, d'autant plus qu'ils leur ont déjà demandé leur aide. « Marie Gross, buraliste à Wissembourg, raconte Lucienne, m'a parlé des prisonniers qui accompagnaient les Allemands qui venaient chercher du tabac. Ils avaient réussi à la contacter pour lui demander de l'aide. » Un stratagème est mis sur pied pour leur évasion. Tout d'abord, il faut prévenir les prisonniers de l'existence de la filière et de son mode d'emploi. En octobre 1940, pleine d'audace, Emmy sollicite au bureau du camp de prisonniers de Strasbourg l'autorisation de saluer l'un de ses amis – qui n'existe que dans son imagination –, parmi les prisonniers de guerre. Là elle réussit à glisser à l'un d'entre eux un billet lui annonçant que des camarades, décidés à le sauver, se trouveraient tous les soirs, entre 18 heures et 19 heures, devant l'autel de la Vierge de l'église Saint-Jean. Et ce sont les guides qui se chargent à tour de rôle de la permanence. « Dans l'église, ils s'agenouillaient devant la statue de la Madone et, à l'heure dite, des cheftaines venaient les récupérer. Ils disaient : "Pierre", et nous répondions "Pierre"... et on les embarquait », explique Lucienne. Les évadés sont hébergés soit chez Mme Gross, soit chez d'autres Alsaciens qui leur indiquent le chemin de la frontière… Tout fonctionne parfaitement jusqu'au jour où un prisonnier a la malheureuse idée d'envoyer une lettre de remerciement, interceptée par la Gestapo. Lucienne est arrêtée, mais immédiatement relâchée, faute de preuves. Et la filière repart de plus belle. « À chaque fois, on passait quatre ou cinq prisonniers, dit Lucienne. C'est miraculeux qu'on ait pu passer la ligne des crêtes, qui était la frontière entre la zone annexée et la zone occupée. À chacun, on donnait la médaille miraculeuse. » Mais avant, il faut régler certains détails essentiels : les nourrir, les vêtir, leur fournir argent français et faux papiers, et trouver des passeurs expérimentés ! Un agent de police, Albert Jost, s'occupe des imprimés nécessaires et des cartes d'identité. Le photographe Latzarus fait les photos. Alice Daul remplit les cartes, en localisant les prisonniers dans des régions francophones de l'Alsace. Puis elle contrefait la signature, redonne les cartes à Albert Jost qui appose le cachet du commissariat de police.

Pendant ce temps, Élise, la sœur d'Emmy, ajuste les costumes civils à la taille des évadés. Les habits sont donnés par un homme qui surveille et garde des appartements de juifs. Le plus dur, c'est de trouver des chapeaux, la majorité des prisonniers ont un crâne rasé repérable. Aussi ne faut-il pas oublier, sur le chemin du retour, de rapporter les couvre-chefs pour le prochain passage.

Côté ravitaillement, Alice se fournit chez des commerçants qui offrent gratuitement les vivres. Chacune travaille seule, sans révéler aux autres les noms de ceux qui les aident, sécurité oblige. Le nombre des prisonniers augmentant sans cesse, un des soucis constants des Pur-Sang est de trouver assez de gîtes pour les accueillir quelques nuits. Si les parents d'Alice et de Marie-Louise ignorent les activités de leurs filles, les parents d'Emmy en revanche logent presque tous les jours entre quatre et six évadés.

De juillet 1940 à mars 1942, entre quatre cents et cinq cents personnes ont utilisé ce réseau, prisonniers mais aussi Alsaciens se refusant à chausser les bottes prussiennes. C'est ainsi qu'à la fin du mois de janvier 1942 les Pur-Sang aident à fuir un jeune Alsacien de dix-neuf ans, Marcel Rudhloff, bien décidé à échapper à l'incorporation forcée dans la Wehrmacht. Le jeune homme deviendra quatre décennies plus tard président du Conseil général d'Alsace.

Les problèmes matériels réglés, la grosse difficulté consiste à trouver le chemin le plus sûr et le plus discret possible. Les Pur-Sang vont utiliser successivement trois filières différentes.

« La première question qui nous vint à l'esprit, raconte Alice Gillig-Daul, c'était : pourquoi ne les enverrait-on pas par la Suisse ? Lucienne et moi sommes parties à Saint-Louis, au sud-est de Mulhouse. Aux Guides, on avait appris à faire des relevés topographiques, avec boussole, crayons, sous-main… Après avoir essayé un peu partout dans le coin, nous avons échoué à Hegenheim. Sur place, on nous a conseillé de passer derrière le cimetière, puis d'aller tout droit sur le village suisse, jumeau de Hegenheim. On a soigneusement pris nos notes. Une fois rentrées à la maison, nous avons tout remis au propre, dessinant la carte géographique de la région avec le tracé du chemin. Le dimanche suivant, deux d'entre nous qui ne connaissaient pas la région sont parties, carte à la main, vérifier si on pouvait passer la frontière sans aptitude particulière. L'expérience est concluante et nous nous empressons de tirer la carte à la pierre humide. » Puis les Pur-Sang les distribuent aux prisonniers, qu'elles préfèrent généralement accompagner dans ce périple.

Mais au bout de six mois, ce passage par la Suisse devient dangereux : les Allemands finissent par s'apercevoir qu'il y a des fuites de renseignements. Il faut donc trouver autre chose.

Le hasard vient au secours des Pur-Sang. Alice raconte : « Ma mère, Marie-Louise et moi sommes parties en vacances en juillet 1941 à Amforbach, dans la vallée de la Schlucht. En explorant la région avec un scout de Strasbourg, René Knitell, nous trouvons un chemin. Le nouveau passage se fera donc dans la région du Tannet. » Vingt-cinq douaniers allemands gardent la frontière entre la zone annexée et la zone occupée. En binôme, ils doivent surveiller les vingt-cinq kilomètres de terrain. Les Pur-Sang notent soigneusement l'heure des patrouilles avant d'exploiter la filière. Puis il faut trouver des points de chute de l'autre côté du col. C'est Marie-Louise qui s'en charge. Leur père, chef d'entreprise, possède un laissez-passer, et Marie-Louise devient son chauffeur, le temps d'accomplir sa mission. Tout est prêt. De Strasbourg, deux guides prennent le train en compagnie de leurs évadés, plus ou moins bien déguisés. « À la gare de Strasbourg, il fallait être très prudent parce qu'il y avait énormément de policiers en civil », note Lucienne. Après un changement à Colmar, le groupe prend un petit train pour Munster. Puis, à pied, il emprunte un sentier qui monte durement à la roche du Tannet, située à mille deux cents mètres d'altitude. Le trajet simple fait vingt kilomètres. Au début, le voyage commence le samedi soir, la frontière est franchie à minuit, et le lendemain matin les guides rentrent chez elles. Mais partir deux jours est compliqué. Aussi, après avoir remarqué que passer à midi et demi est un moment propice puisque c'est l'heure de relève des patrouilles, elles choisissent de ne partir que le dimanche ; beaucoup d'Alsaciens vont en famille dans les Vosges et le petit groupe d'évadés passe facilement inaperçu parmi les promeneurs.

Au sommet, après un adieu, les prisonniers courent à travers un terrain découvert et redescendent jusqu'à Gérardmer. Là, ils se rendent au pensionnat Notre-Dame de Sion où on les dirige sur Épinal, puis sur Lyon via des wagons de marchandises plombés. « La SNCF était très bien organisée pour le passage des prisonniers. Le chef de gare de Cirey accueillait nos protégés et leur donnait les instructions », se rappelle Lucienne. Pendant la belle saison, le passage de la Schlucht est aisé, mais les choses se compliquent avec l'arrivée de la neige et des avalanches. À l'hiver 1941, le col devient quasiment impraticable. Le 31 janvier 1942, Alice et Marie-Louise manquent de ne pas revenir de leur expédition. Chaussées de ski, elles convoient une dizaine d'Alsaciens. Surpris par une tempête de neige, le petit groupe erre toute la journée dans la montagne, se dirigeant à l'aveuglette. À certains endroits, la neige fait sept mètres d'épaisseur. Jusqu'au moment où ils atterrissent sur le toit d'une ferme. La porte est bloquée. Ils passent donc par la fenêtre et découvrent, ravis, le foyer de la cuisine allumé. Il n'y a personne dans la maison. Soulagés, ils se sèchent, avalent un grog au rhum, puis se reposent au coin du feu avant de repartir au petit matin, ragaillardis. Il était moins une… « On sentait la main de Dieu qui nous protégeait. Personne n'a vu personne », affirme Lucienne. Alice abonde dans ce sens : « Plus j'avance en âge, plus j'ai la certitude d'être protégée. À l'époque, tout me semblait normal, à vingt-six ans. Bien sûr, j'avais tout le temps peur, mais bon… »

Une autre fois, Lucienne part avec Lucie et leurs évadés.

Mais Lucie perd la boussole dans la neige. Impossible de voir, les flocons sont trop épais. Une fois de plus, la chance les aide : Lucie glisse soudain et, « en redégringolant, tombe sur l'ancienne borne frontière », précise Lucienne.

À la suite de ces péripéties pour le moins désagréables et dangereuses, les Pur-Sang repartent en quête d'un troisième passage. Ce sera Landange, près de Sarrebourg en Lorraine. Là, les guides trouvent de l'aide en la personne de l'instituteur, Antoine Krommenacker. Landange est rallié en train depuis Strasbourg, puis les prisonniers rejoignent Épinal.

Le voyage à Vichy

« Mon frère André avait une connaissance, Paul Widmann. André était très bavard et disait souvent : "Ma sœur, avec ses prisonniers..." Du coup, M. Widmann m'a contactée, raconte Lucienne. Il m'a dit que les officiers de réserve, dont il était, voulaient réarmer l'Alsace. Il fallait demander au Maréchal des armes. À l'époque, en 1942, on croyait que Pétain était dans le camp de de Gaulle. » Alice poursuit : « On avait la prétention d'aller à Vichy pour mettre Pétain au courant parce que la filière nous coûtait cher. Nos salaires y passaient. J'étais alors comptable dans l'entreprise de liqueurs de mon père. Une partie de notre revendication était d'être aidées par Vichy. On n'avait rien compris à la situation... on était isolés et on voyait la France à travers une auréole ! » s'exclame Alice, avec le recul.

En février 1942, Lucienne et Lucie partent donc pour la capitale de la France libre, par la filière qu'elles font prendre à leurs prisonniers depuis quelques mois déjà. Notre-Dame de Sion, Épinal où elles embarquent dans un wagon à bestiaux jusqu'à Lyon. Arrivées à Vichy le mercredi des Cendres, elles sont reçues par le général Campet, aide de camp du Maréchal. « Je lui ai dit que les officiers de réserve voulaient réarmer l'Alsace. Et j'ai eu une extinction de voix quand il a fallu lui parler des munitions. Du coup, je lui ai tendu un rapport de l'architecte Paul Widmann sur la situation en Alsace. Cela a été ensuite providentiel que Lucie n'entende pas ! » raconte Lucienne. Mais le général ne peut les aider et les dirige vers le deuxième bureau, où elles sont mises à la porte. Déçues, les deux guides se séparent pour aller rendre visite à de la famille. Lucienne part pour Belfort et Lucie pour la Dordogne. Avant de partir, elles se donnent rendez-vous à Cirey à une date déterminée.

Lucienne reprend le chemin de la filière. Le col de la Schlucht étant enneigé, elle attend Lucie. Comme cette dernière ne vient pas, Lulu rentre à Strasbourg par Landange comme à l'aller. Lucie, elle, « a voulu passer la frontière elle-même et elle s'est fait coincer par les Allemands », affirme Lucienne. Alice a une autre version de l'histoire : « Lucie s'est embarquée dans un train. La frontière entre Strasbourg et Nancy était à Avricourt. Seulement voilà, il y a deux Avricourt : Nouvelle-Avricourt, en France, et Avricourt en Allemagne. Et sur son horaire de chemin de fer, il n'y avait que le premier Avricourt d'indiqué. Elle s'est donc fait arrêter dans le train le 18 février 1942. »

Le grain de sable vient détruire la belle machine mise en place par les Pur-Sang. Elles avaient alors fait passer deux cent cinquante prisonniers de guerre et une centaine d'Alsaciens réfractaires. La Gestapo fouille la maison de Lucie et tombe sur des notes où elle a consigné – imprudence incroyable – tous les faits et tous les noms de la filière ! Les Allemands perquisitionnent chez les autres membres du réseau. « Quand ils sont venus, ma mère s'est assise sur le coffre où étaient enfermés les drapeaux français, se souvient Alice. Mais, dans le grenier, ils ont trouvé les habits des voisins suisses qui, malheureusement, avaient mis leurs noms dessus... » En un temps record, toutes les guides des Pur-Sang et leurs complices se retrouvent sous les verrous. Sauf Marcelle Engelen qui a passé la frontière en janvier afin d'échapper au service du travail obligatoire, le RAD ou *Reich Arbeitsdienst* (équivalent du STO pour les filles). Le 21 mars, Alice est à son bureau quand les Allemands débarquent la chercher : « C'était un samedi. Je m'occupais de la paie des ouvriers. Ils ne m'ont pas laissée terminer... »

Tandis que Lucienne est mise six mois au secret à Kehl, les autres guides sont transférées, six semaines après leur arrestation, au camp de Schirmeck. Lucienne les rejoindra plus tard. Les Pur-Sang sont enfermées dans des cellules individuelles, mais contiguës. Les réflexes des guides prennent le dessus. Elles communiquent entre elles sur le mur, utilisant le morse. « On tapait sur des tuyaux de conduite d'eau, raconte Alice. Le son clair était un point, le son grave un trait. Et on a réussi à dire à Lucie, qui aurait facilement tout déballé, que les Allemands ne savaient pas tout. » Cela leur permet d'adopter une ligne de conduite commune, après chaque interrogatoire de l'une d'entre elles. « Heureusement, Lucie ne savait rien à propos de l'histoire des munitions. Elle s'est fait rosser quand les Allemands ont eu entre les mains le document de Vichy que j'avais tendu au général Campet. Quant à moi, je ne savais pas comment m'en sortir. La Gestapo m'a dit : "Si vous ne parlez pas, je prends vos deux neveux..." », relate Lucienne. Elle accepte de parler si on lui amène Lucie et Emmy. Toutes trois sont alors mises dans un cachot avec un repas « pantagruélique, avec des oranges, du jambon… Je savais qu'il y avait un poste émetteur, un "mouchard" dans le cachot, qui permettait aux Allemands de nous espionner. M'adressant à Lucie, je lui ai demandé ce que c'était que cette histoire d'officier. Du coup, je suis passée pour l'ignorante de service aux yeux des Allemands, et Lucie a pris quinze ans de travail forcé. »

Il ne fait aucun doute que la saisie des notes de Lucie Welker a déclenché la série d'arrestations. Des décennies plus tard, l'affaire est toujours aussi délicate et les opinions divergent. Mais la rancune s'est peu à peu évaporée avec les années, Alice tempère : « Lucie était naïve, elle n'avait que deux ou trois ans de moins que moi. À l'époque, un homme de la filière lui en voulait à mort parce que c'était elle qui s'était fait prendre. Lucienne aussi lui en voulait un peu, parce qu'elle n'avait pas pris le chemin convenu pour le retour, le plus sûr… »

Jusqu'en janvier 1943, les Pur-Sang subissent toutes sortes d'humiliations et de vexations. Le 26 janvier 1943, le petit groupe de résistantes se retrouve pour leur procès à Strasbourg. Le procès dure toute la journée, de sept heures du matin à six heures du soir, sans interruption. Elles sont jugées par la Haute Cour de justice allemande, la *Volksgerichtshof*, venue de Berlin. Les nazis veulent à tout prix les faire passer pour des sujets allemands afin de donner un aspect légal à leur jugement. Ce dont se défend chacune des membres du réseau. La sentence tombe. Lucienne est condamnée à mort pour haute trahison. Lucie à quinze ans. Emmy, Marie-Louise et Alice à huit ans de réclusion et à dix ans d'indignité nationale allemande, ce dont elles se fichent éperdument ! Sur les onze personnes du réseau présentes au procès, cinq sont condamnées à la peine capitale.

Lucienne et les condamnés à mort sont dirigés sur Canstatt, près de Stuttgart dans le Wurtemberg. Tous les autres sont envoyés à la forteresse de Ziegenheim, près de Cassel dans le centre de l'Allemagne. « Nous étions à huit dans une cellule individuelle, avec un seul lit, explique Alice. Nous avions été dispersées et mélangées avec des prisonnières de droit commun. Des femmes coupables de crimes, coupables d'avoir fait du commerce ou coupables d'avoir fréquenté un soldat français prisonnier, les *Französenliebchen*... C'étaient toutes des Allemandes. L'une avait vendu du lait sans ticket de ravitaillement, une institutrice avait donné des tickets alors qu'elle n'en avait pas le droit... » Alice n'a cependant jamais oublié l'aide que lui a apportée une des prisonnières, condamnée à perpétuité parce qu'elle avait eu deux enfants d'un prêtre.

Les prisonnières sont réparties entre les divers travaux. L'idéal, c'est d'aller aux champs, parce que le déjeuner de midi est copieux. Sinon, c'est l'usine d'armement où elles arrivent à contacter quelques soldats français du *Stalag*. Marie-Louise et Emmy sont affectées à l'atelier de couture. Alice reste enfermée dans sa cellule : « Je n'en suis jamais sortie parce que je me défendais. Et on m'apportait mon travail, des boutons à coudre douze heures par jour. Je devais en faire un certain nombre sinon j'étais privée de repas le soir. » Isolée elle aussi des autres, Lucie est condamnée à la même peine : « Et pour aller plus vite, je tournais le fil autour des boutons et le tirais avec le pouce et l'index... Évidemment, on finissait par se blesser ! Après, je n'ai jamais plus cousu de boutons. » Les conditions de détention sont épouvantables : les huit femmes de la cellule n'ont qu'un litre d'eau par jour pour boire et se laver, les latrines sont dans la cellule même, quant aux serviettes hygiéniques, « il y avait encore les traces de la précédente », grimace Alice.

Trois ans s'écoulent ainsi. Alice est convoquée deux fois au bureau de la forteresse pour y travailler. Là, elle est en contact avec une prisonnière qui l'encourage à avoir confiance en elle. « J'avais une maxime : si ce n'est pas pire, c'est que ça peut encore se supporter. » Les guides tiennent le coup grâce à leur foi en Dieu. Elles sont persuadées que la guerre va se terminer d'un jour à l'autre, avant qu'elles n'effectuent leurs huit ans de réclusion.

L'évasion d'Alice

Les Pur-Sang apprennent la libération de Strasbourg, intervenue le 23 novembre 1944. Ne craignant plus de représailles sur sa famille, Alice décide de s'évader. « J'en avais marre, j'aurais fait n'importe quoi, mais je ne me serais pas suicidée. » Jour après jour, elle prépare son évasion. Elle tente d'abord de partir avec ses camarades et des prisonniers français. Elle fixe la date, le 19 décembre. Mais les courages s'estompent devant la difficulté de l'entreprise. Aussi Alice décide de tenter seule sa chance et de revenir les aider. Travaillant depuis six mois au bureau, elle se procure des faux papiers, se débrouille pour obtenir du linge de rechange, un jupon noir et une veste en laine qui lui donneront une allure de civile. Elle a même teint son tablier de travail. Le 5 février 1945, elle descend dans la cave et se cache derrière l'escalier au lieu de se faire enfermer dans sa cellule. Les recherches commencent une heure après, lorsqu'on s'aperçoit de sa disparition. Deux prisonnières et une gardienne fouillent la forteresse, du grenier à la cave, sans la trouver. Le calme revenu, Alice tente d'ouvrir la porte. Les vis sautent les unes après les autres, mais la dixième vis, rouillée, résiste. Elle s'acharne dessus de dix heures du soir à cinq heures du matin. Épuisée, elle repart dans sa cachette, pensant dormir toute la journée et reprendre la nuit suivante. Mais l'inspiration la saisit et elle ressort de sa cachette. À cinq heures et demie, la gardienne de nuit et deux prisonnières entrent dans la cave chercher des marmites pour la tisane du petit déjeuner. Les prisonnières ressortent. Alice a brusquement le trac et reste paralysée sur place. La gardienne sort pour surveiller les deux femmes, et Alice bondit brusquement de sa cachette, passe comme un bolide devant la gardienne et se dirige vers une partie du mur facile à escalader ! Soudain, elle se rend compte que la porte cochère devant elle est ouverte en grand sur les champs. Stupéfaite, elle réagit en quelques secondes et s'enfuit vers la ville, les jambes à son cou. Elle se dirige vers le nord. Les Allemands, logiquement, vont la traquer vers le sud, là où il y a la forêt et les champs. Une fois la ville traversée, Alice prend une allure plus calme en marchant d'un bon pas. Elle croise un cycliste qui fait demi-tour et lui prend le bras. Effrayée, elle reconnaît un gendarme en civil, mais elle prend un air outragé et l'agresse verbalement, lui demandant, pleine d'assurance et d'un ton sec, ce qu'il lui veut à six heures du matin ! Décontenancé, l'homme lui lâche le bras et elle en profite pour fuir à travers champs. Elle bifurque enfin vers le sud, se repère aux étoiles comme elle a appris aux Guides. La neige a fondu et elle patauge dans la boue, tenaillée par l'idée qu'on la cherche. Après avoir traversé une rivière à la nage, elle s'arrête dans un cabanon d'ouvrier, transie de froid. « Le froid, c'est pire que la faim. Assise dans cette petite cabane, trempée jusqu'aux os, ça gelait sur moi. Mais je n'ai jamais été malade. » Et elle repart. Du 6 février au 2 mars 1945, Alice parcourt des centaines de kilomètres à pied et en train, s'arrête chez deux femmes, une ancienne prisonnière qu'elle a connue à Ziegenheim et une camarade de classe de sa sœur Marie-Louise.

Le jeudi 1er mars, un peu plus de trois semaines après son évasion, Alice arrive à Singen, située en face d'une enclave suisse en territoire allemand. Étroite, l'entrée de l'enclave est moins surveillée mais tout de même difficile à passer. Alice marche toute la nuit, prise dans une tornade. Vers deux heures du matin, elle arrive enfin à la frontière. Il lui faut encore passer sous les barbelés où ce qui lui reste de vêtements s'accroche. Enfin elle se retrouve en terre libre et se présente vers trois heures du matin, en loques et en sang, aux yeux éberlués des douaniers suisses. Après l'avoir entendue toute la nuit, les douaniers la restaurent et la renvoient à Strasbourg, où elle arrive le 18 mars, saine et sauve.

Le calvaire de Lucienne

Arrêtée depuis le 12 mars 1942 avec son frère André, Lucienne Welschinger est enfermée à la prison de Kehl. « Là-bas, le samedi de Pentecôte, raconte-t-elle, j'ai été interrogée par la Gestapo. En ressortant, j'ai eu l'atroce pressentiment que je serais condamnée à la peine capitale… Le lendemain, dimanche, j'ai pleuré toute la journée parce que je ne voulais pas mourir. Le soir, je me suis dit : "J'accepte." Et depuis ce jour, j'ai pu tout supporter. » L'emprisonnement est dur. Les Allemands essaient par tous les moyens de faire flancher le moral des captifs. C'est ainsi que Lucienne se fait casser le nez par deux filles : « C'étaient une Gestapo polonaise et une Gestapo alsacienne. » Après onze mois à Kehl, Lucienne est conduite, la veille du procès, à la prison Sainte-

Marguerite à Strasbourg. « J'y ai rencontré l'ancienne bonne du maire… et j'étais toujours aussi sûre d'être condamnée à mort », se souvient-elle. Le verdict tombe, confirmant ses angoisses. « De retour dans ma cellule, je me suis effondrée sur ma paillasse. Soudain – et là vous me croyez ou non, cela n'a pas d'importance –, soudain une voix me dit : "Prie le rosaire et tu ne seras pas exécutée"… » Et Lucienne, déjà très croyante, de prier. Chacun prend cette histoire comme il l'entend. Il n'empêche, comme le fait à juste titre remarquer Lucienne, que « nous avons été le seul groupe de condamnés à mort qui n'a pas été exécuté » !

L'annonce le 29 janvier 1942 dans les journaux du jugement de onze résistants alsaciens provoque une consternation générale en Alsace. À Vichy, où la nouvelle des condamnations est connue dès le lendemain, l'indignation est tout aussi grande. Le maréchal Pétain, en tant que président de la Délégation française auprès de la commission d'armistice à Wiesbaden, demande leur grâce directement auprès du Führer. Le nonce apostolique de Berlin effectue la même démarche. Et, contre toute attente, Adolf Hitler donne l'ordre de surseoir aux exécutions. Les peines capitales sont commuées en travaux forcés. De leur côté, les principaux intéressés, Lucienne et ses amis, ne sont pas au courant de ce sursis. Après le jugement, Lucienne quitte Strasbourg en février 1943 avec les autres condamnés à mort de sa filière, non sans avoir au préalable reçu la visite de l'aumônier de la prison Sainte-Marguerite. Ce dernier, en leur apportant la communion, leur demande leurs dernières volontés ! Puis ils sont embarqués dans des voitures cellulaires, sans aération et sous bonne garde. Direction Bad-Canstatt, près de Stuttgart. Avec Lucienne, il y a la buraliste Marie Gross, l'instituteur Antoine Krommenaker, le policier Albert Jost et l'architecte

Paul Widmann. Sur place, les cinq condamnés sont répartis dans différentes prisons. Et l'attente de l'exécution commence. Elle dure exactement deux cent soixante-deux jours... Chaque matin pendant huit mois, ils se lèvent, l'estomac noué par l'angoisse, se demandant s'ils doivent se préparer à mourir le lendemain à l'aube...

Les journées de Lucienne, enfermée seule dans une cellule, se passent à ne rien faire. « Il valait mieux d'ailleurs être seule dans ces cas-là, parce qu'il y avait toujours des "moutons", autrement dit des espionnes, qui pouvaient cafter pour une gamelle de soupe ! » Tous les quinze jours, la chef des Pur-Sang reçoit la visite d'un prêtre, « le père Demongala, un homme merveilleux qui m'apportait la communion ». La captive continue à se réfugier dans la prière : « J'avais la frousse. J'ai fait une neuvaine de jeûne pour entrer en contact avec M. Widmann, parce que la prison était mixte. J'ai réussi à glisser une boulette de papier faite de PQ à un prisonnier qui la lui a transmise. J'avais écrit : "J'ai vu à Vichy un de vos amis officier de réseau." Grâce à cette phrase, Paul Widmann a donc su que j'y avais été et il a pu dire aux Allemands la même chose que moi... » Puis c'est l'aumônier qui se charge d'assurer la liaison entre les membres du petit groupe.

Le 20 octobre 1943, Lucienne et Marie sont réveillées par le directeur de la prison : elles partent. Où ? Elles n'en savent rien et montent dans un wagon cellulaire rempli de femmes. Entassées les unes sur les autres, le transport est pénible : pas de lumière, pas d'air. À la tombée de la nuit, le convoi arrive enfin à Francfort. Les prisonnières passent la nuit dans une prison dont les paillasses pullulent de poux, de puces et de punaises. Comme les captives sont trop nombreuses, Lucienne et Marie sont enfermées dans une espèce de cage à poule faite de grillages, trop petite pour deux. Pas question de s'asseoir : une gardienne vient de temps à autre surveiller qu'elles sont bien debout comme l'exige le règlement de la prison. Trente minutes de promenade sont accordées quotidiennement pour se dégourdir les jambes. Cinq jours après leur arrivée, elles repartent pour Ziegenheim. Et là, quelle joie ! Lucienne tombe dans les bras de ses Pur-Sang : Marie-Louise, Emmy, Alice... Elles se retrouvent le dimanche à la messe. La première pour Lucienne depuis vingt mois.

Mais le bonheur d'être réunies ne dure pas. De nouveau, Lucienne et Marie Gross sont transférées. Le voyage est plus long que les autres. Elles arrivent à Aisbach, en Bavière. Les premiers jours sont particulièrement difficiles. Elles sont mises au pas tout de suite, sans avoir eu le temps de récupérer de la fatigue du transport. Une des épreuves est particulièrement pénible. Elles doivent rester debout pendant des heures, face au mur, les bras le long du corps, avec défense absolue de se retourner ou de parler. « À Aisbach, on faisait des travaux forcés. En plus, il fallait raccommoder des chaussettes ou encore frotter, avec une bobine de fil vide, le parquet jusqu'à ce qu'il soit brillant ! raconte Lucienne, mais c'était une prison formidable parce que la Bavière est très chrétienne. Les gens du village avaient une chorale, et tous les dimanches, ils montaient animer la messe à la prison. Cela me réconfortait. »

Quatorze mois s'écoulent ainsi. Lucienne partage sa cellule avec deux autres femmes, condamnées parce que communistes. Au fur et à mesure que les jours passent, les conditions de détention se détériorent. La nourriture distribuée aux six mille femmes de la prison devient de plus en plus pauvre et indigeste. La santé de Lucienne ne supporte pas ces mauvais traitements et se délabre rapidement. « J'étais tuberculeuse – ce que je ne savais pas encore. Il aurait fallu que je parte en sanatorium, mais on m'a envoyée dans un asile de fous ! » En effet, lorsque les alliés arrivent en Allemagne, les nazis vont chercher Lucienne : « Ils m'ont fait une piqûre et m'ont embarquée dans une petite voiture remplie de linge sale. Je ne savais pas où j'allais : j'étais condamnée à mort mais pas graciée… En fait, ils m'ont envoyée en section de psychiatrie parce que j'étais chef de bande. Quand je m'en suis aperçue, je me suis dit : "Oh là là ! je n'en sortirai jamais…" C'était encore plus effrayant que ce que j'avais vécu jusque-là. » Après deux ou trois jours, elle a le droit de se promener dans la cour. Tout d'un coup, elle entend parler français : « Je me suis rendu alors compte que l'on m'avait transférée dans une prison de droit commun français… alors que j'étais prisonnière politique ! Je n'avais rien à faire là et j'avais donc le droit de sortir… Et quand les autres captifs ont su cela, une délégation est venue me chercher pour me faire sortir. » C'est l'été 1945. Elle rentre, toute seule dans sa petite robe de prisonnière, et va à Dornach, près de Mulhouse. Au QG français installé dans la ville libérée, la visite médicale lui apprend sa tuberculose. Mais elle rentre d'abord chez elle, à Strasbourg, avant de partir six mois au sanatorium de Salem.

La captivité de Lucienne a été un calvaire, mais elle affirme : « C'est grâce aux guides que j'ai eu le courage pour faire tout ce que j'ai fait et d'endurer ces années de détention. Je n'ai jamais eu faim, jamais eu froid : j'étais tellement sûre d'être libérée… »

Une libération tant attendue

6 juin 1944 : les troupes alliées débarquent en Normandie pour délivrer la France du joug nazi. L'espoir se glisse dans

le cœur de tous les Français : la Libération est proche. À Lille, les guides de la 1re, parallèlement à leurs activités, continuent les équipes sociales sous la houlette de Francine Cockenpot. Les bombardements ne cessent de se succéder depuis 1942, et la tâche n'est pas toujours facile à vivre pour les guides et les scouts. « Tandis que les plus âgés ensevelissaient les morts, nous, les plus jeunes, faisions la popote pour les réfugiés, raconte Milou Bonel-Launay. Je me souviens d'avoir traversé toute la ville avec, dans une charrette à bras, des seaux hygiéniques neufs pour servir la soupe populaire. » En Bretagne, Marie-Paule Jouan-Le Restif est cheftaine de louveteaux clandestins depuis 1943. Elle est à Concarneau à la Libération. Elle rentre sur Rennes en 1944 et constitue un feu de guides aînées avec des amies. « J'étais en médecine, je baignais dans un monde estudiantin, et le scoutisme était devenu un peu trop militaire pour moi. Aussi ce feu fonctionnait tout seul et on vivait notre loi guide. En 1945, une cheftaine revêche a voulu casser notre groupe et nous séparer. On n'a pas voulu. Notre feu s'appelait "Agnès de Nanteuil", en hommage à une jeune résistante bretonne, morte à seize ans dans d'affreuses souffrances après avoir été dénoncée aux Allemands. Ce feu nous tenait à cœur et il n'était pas question qu'il disparaisse ! ».

En Alsace, un soupir de soulagement accueille les alliés. Cette région a bien failli rester allemande. Nicole Fabre-Sibert en garde encore un souvenir ému : « À l'été 1944, j'étais partie à un camp de travail allemand pendant trois semaines, un *Ferieneinsatz*. Début octobre, rebelote : les petites travaillaient à l'usine textile et les grandes à l'usine métallurgique... Je n'y suis pas allée le 22 novembre. Le canon n'a pas arrêté de tonner toute la nuit, et le 23 novembre au matin, c'était extraordinaire : c'était la Libération ! Tout de suite s'est créé "Jeune d'Alsace" : des résistants sortaient de l'ombre pour réorganiser les mouvements de jeunesse… Je me suis inscrite aux Guides dès décembre 1944 alors que les bombardements continuaient sur la Forêt noire… » En ces instants de joie intense pour tout le pays, les guides, les scouts, les éclaireuses et les éclaireurs réapparaissent, comme par enchantement, après quatre années de guerre. La pénurie ne les a pas empêchés de se confectionner des uniformes, de préparer les programmes des réunions et de reprendre leurs fonctions d'avant-guerre. Dès mars 1945, les guides d'Alsace invitent d'ailleurs la chef guide Marie-Thérèse de Kerraoul à venir leur rendre visite !

Mais qui dit fin de la guerre dit aussi bien libérations que règlements de comptes… Régine Belin-Varréon est à la campagne lorsque Lyon est libéré au début de septembre 1944 : « Les scènes d'épuration étaient très pénibles dans les petites villes, des femmes étaient tondues… Aux Guides, l'ambiance et l'organisation se sont dégradées. Une de mes cheftaines a fui parce que son père était milicien. Il y a eu une période de flottement qui a duré deux-trois ans. »

En cette année 1945, une bonne nouvelle arrive au siège des Guides de France : Marguerite-Marie Michelin est sur le point d'être libérée. L'adjointe de la chef guide a été arrêtée à Bonneval le 7 juillet 1943 par la Gestapo qui l'accusait d'avoir caché un prêtre recherché. Déportée le 5 août, elle est d'abord emmenée au camp de Sarrebruck puis à Ravensbrück, avant de passer la fin de la guerre dans le bagne de Holleischein. Elle est libérée le 5 mai 1945 et prend le chemin du retour. Mises au courant, les guides de sa région guettent son arrivée avec impatience : « C'était dingue, raconte Monique Peyrefitte-Luton, toute la journée, on a fait des navettes à vélo entre Clermont-Ferrand et sa propriété. Et quand enfin elle est passée, on a tout juste eu le temps de l'entrapercevoir dans la grosse voiture noire qui la ramenait chez elle... »

Pendant la guerre, la maxime des Guides de France, « Soyons prêtes », a pris tout son sens. Après la Libération, de nombreuses décorations comme la Légion d'honneur, la croix de guerre ou la médaille de la Résistance viennent s'accrocher sur les uniformes de certaines guides. Le mouvement ne s'est jamais porté aussi bien, ses effectifs ont explosé en quatre ans de guerre, et le guidisme d'empire, coupé de la métropole, s'est développé... Tout est donc « prêt » pour repartir vers de nouveaux horizons.

IV

Vers de nouveaux horizons (1945-1965)

« Le scoutisme français a su donner à la jeunesse l'esprit social, l'esprit de sacrifice, l'amour de la patrie et le goût de l'amitié entre les peuples. Il est quelque chose d'humain, de pur, de désintéressé et de grand[1]. » Fort de ce coup de chapeau donné par le général de Gaulle en 1943, le mouvement libéré entend bien vivre à nouveau son aventure au grand jour. Quatre ans d'activités clandestines pendant l'Occupation n'ont pas entamé l'enthousiasme des jeunes scouts, guides et éclaireuses. Bien au contraire : leur uniforme n'est peut-être plus très réglementaire, pénurie oblige, mais ils le portent avec une fierté évidente, qui traduit leur volonté de participer activement à la reconstruction du pays.

Rebâtir

La Saint-Georges 1945 va leur permettre d'affirmer avec force cette identité retrouvée. Le dimanche 22 avril, veille de la fête du saint patron de l'Angleterre devenu celui des

1. Cité dans *La Croix*, 24 avril 1945.

scouts, trente à quarante mille jeunes descendent en rangs par seize l'avenue des Champs-Élysées. Le chef scout mondial Baden-Powell s'est éteint au Kenya pendant la guerre, mais sa femme Olave continue, elle, sa tâche de *Chief Guide*. Ce jour-là, entourée du général Lafont, qui préside toujours le Scoutisme français, de plusieurs représentants de ministres et de hauts fonctionnaires, elle assiste au défilé joyeux de la place de l'Étoile jusqu'à la Concorde.

Pour cette première grande manifestation nationale, le programme est bien sûr chargé : les catholiques sont présents dans les jardins du Trocadéro dès sept heures trente pour le lever des couleurs, puis une messe est célébrée par le cardinal Suhard, archevêque de Paris ; les protestants, eux, assistent au culte sur la pelouse de la Muette. Les officiels déposent sous l'Arc de triomphe une gerbe de fleurs sur la tombe du soldat inconnu. Puis le cortège s'ébranle. La vision générale du défilé donne une impression d'unité : foulard autour du cou pour les garçons et cravate pour les filles, béret, vêtements foncés... et l'insigne de la Saint-Georges porté, pour tous, sur la poitrine à droite.

Annick Le Bas, alors toute nouvelle cheftaine d'un feu de guides aînées, participe à cette descente triomphale des Champs-Élysées : « Nous avions vécu quatre ans sous une pression lourde et horrible ; c'était oppressant et très difficile à vivre. Ce jour-là signifiait : ça y est, on peut respirer, il y a un avenir, on va rebâtir... » Les organisateurs avaient prévenu : « Par votre tenue, votre allure, vous prouverez à la *Chief Guide* et aux Parisiens que vous poursuivez tous ensemble une grande conquête[2]. » À la tribune, lady Baden-Powell refuse de s'asseoir pendant toute la durée du défilé.

2. Extrait du programme du défilé de la Saint-Georges, 1945.

Le général Lafont tente bien de lire son discours, mais les haut-parleurs fonctionnent mal, et les clameurs de ces milliers de jeunes finissent par couvrir sa voix…

Tout l'après-midi, guides et éclaireuses se dispersent dans les jardins de la capitale. Du parc Monceau aux Buttes-Chaumont, de Montsouris au Luxembourg, des jeannettes, des petites ailes et leurs aînées installent des kermesses pour les enfants : spectacles de marionnettes, chorales, jeux d'adresse… Les garçons, eux, ont vidé les greniers de leurs parents et organisent de grandes braderies en pleine rue : leur bagou de vendeurs amateurs attire les clients. Le but de cette B.A. géante : récolter des fonds pour offrir un nouveau foyer aux orphelins d'Alsace et de Lorraine, où lady Baden-Powell se rendra, quelques jours plus tard, après une première tournée dans la Normandie ravagée.

À son arrivée à Strasbourg, le 4 mai, la *Chief Guide* reçoit les ovations de centaines de jeunes adhérents au scoutisme, surpris de se retrouver si nombreux. Place du Château, après une messe à la cathédrale, *La Marseillaise* est chantée avec ferveur. Toute la journée, et les jours suivants, Olave Baden-Powell « fortifie par sa présence cette chaîne d'amour qui lie tous les scouts du monde[3] ». À Colmar, les jeunes filles en costume alsacien l'accueillent par une haie d'honneur dans les jardins de la préfecture. À Mulhouse enfin, le 8 mai, lady Baden-Powell passe en revue les scouts présents. La victoire est assurée et l'enthousiasme est immense.

La *Chief Guide* quitte la province, direction la Suisse. Marie-Thérèse de Kerraoul, présidente des Guides de France, raconte dans l'une des revues du mouvement : « Elle savait si bien sentir lorsque nous n'étions pas très ouvertes

3. *Jeune Alsace*, 10 juin 1945.

aux autres, lorsque nous voulions lui prouver, en insistant, combien nous avions souffert, et plus que d'autres. Alors nous sentions son âme se tourner vers ses enfants des pays martyrs, elle nous parlait de guides de Grèce, de Pologne qu'elle avait connues… Elle nous parlait de la souffrance du monde entier pour détourner nos regards de nous-mêmes[4]. » Mais Olave Baden-Powell sait aussi encourager : dans sa lettre de remerciement au général Lafont, elle renouvelle sa « confiance dans votre avenir, puisque votre scoutisme a su subsister comme il l'a fait après cinq ans d'oppression et de guerre. Rien ne pourra entraver ou retarder les progrès croissants de sa marche en avant[5] », prédit-elle.

« Jeune, dresse-toi ! »

Les mouvements de jeunesse, tout juste sortis de l'ombre, sont alors en pleine restructuration. À Strasbourg par exemple, l'ancien siège des Jeunesses hitlériennes, place de l'Université, est pillé avec un certain bonheur. La propagande nazie finit en autodafé. On exhorte les jeunes à la reconstruction : « Nous sommes décidés à combattre. Nous sommes décidés à bâtir solide et grand. Il n'y a pas d'âge pour être citoyen. Surtout quand la cité est en ruine et qu'il n'y a plus d'ouvriers. À ces moments il n'y a plus de limite d'âge. Tout le monde s'y colle. Mais ceux qui sont sur la brèche, précisément à l'endroit où c'est le plus risqué, le plus difficile, ce sont encore et toujours les jeunes, ceux qui sont encore dans la perspective de l'espérance et du vouloir. […] Jeune

4. *Cheftaines*, juin 1945.
5. Cité dans *Feux de France*, juillet 1945.

d'Alsace ! Dresse-toi dans toute ton audace. Marche. Tu n'es plus seul : l'armée, les gars de la Résistance t'ont ouvert la voie nouvelle. Le pays est à rebâtir[6]. » Le scoutisme est l'un des principaux bénéficiaires de cet engagement en masse. « Si vous êtes de vrais jeunes, ardents et généreux, vous avez connu de ces heures où il ne nous semblait pas possible de vivre la petite vie de terre, étriquée et égoïste qu'ont choisie ou acceptée tant de gens autour de vous, expliquent les chefs du mouvement. Alors, vous êtes déjà des nôtres. [...] Venez avec nous : vous entrerez dans la fraternité mondiale des scouts qui obéissent tous à la même loi et qui ont promis d'être toujours prêts à servir[7]. »

De fait, le guidisme français triple ses effectifs dans les années d'immédiat après-guerre : de vingt mille guides avant-guerre, le mouvement passe à soixante mille. Un peu partout, des unités se créent, parfois menées par de jeunes cheftaines sans expérience du scoutisme. C'est le cas d'Annick Le Bas : « J'avais toujours souhaité être guide, mais ma famille, d'un milieu bourgeois, ne voulait pas. Ma mère avait sous les yeux l'exemple d'une de mes cousines, très indépendante, menant sa barque comme elle l'entendait. Elle n'avait pas envie que j'aie ce style-là... Pendant la guerre, j'ai alors travaillé pour la Croix-Rouge, à Paris. Je me suis aussi occupée, sur Bobigny, d'un patronage et de colonies de vacances, dont les responsables étaient des cheftaines guides. »

À l'époque, Bobigny est un gros village du nord-est de Paris, qui se consacre principalement à la culture maraîchère. Au « patro », plusieurs jeunes filles de condition modeste

6. *Jeune Alsace*, février 1945.
7. *Jeune Alsace*, mars 1945.

cherchent quelqu'un pour les lancer dans le guidisme. « Le curé de la paroisse trouvait que ce mouvement-là était un peu rupin pour nous », raconte l'une d'elles, Jeannine Ricoux (née Dalla Betta). Les filles tiennent pourtant bon et demandent à Annick de les aider. Elle a vingt-deux ans, elle est majeure, elle peut donc accepter. Le nouveau feu commence à la rentrée des classes 1944. Le groupe compte dix guides aînées, entre dix-sept et dix-huit ans, filles de maraîchers, de charbonniers ou de cheminots. La plupart sont en apprentissage ou travaillent déjà comme couturières ou secrétaires. Jeannine, elle, a presque dix-neuf ans. Sa famille, d'origine italienne, compte huit enfants, ainsi que l'une de ses amies renvoyée de chez elle. Ses parents donnent leur accord : « Maman me disait tout le temps : toi, tu es un véritable garçon manqué ! J'avais l'habitude… »

Annick suit en parallèle une formation de cheftaine à la compagnie Jeanne d'Arc et entre en stage au feu Saint-François, qui couvre l'Ouest parisien. À Bobigny, il faut s'adapter aux moyens financiers des familles : on ne leur demande pas d'argent, et les filles se débrouillent pour payer les cotisations. Il faut aussi gagner les sommes nécessaires aux camps. Vente du muguet ou du buis, représentations théâtrales… Les idées ne manquent pas. L'ancienne cheftaine raconte : « On a décidé un jour qu'on vendrait des peaux de lapin. C'était très prisé à l'époque parce qu'il n'y avait pas de fourrure… On s'en servait pour fourrer des gants ou des sabots. On passait à bicyclette dans toutes les rues de Bobigny en criant "Peaux de lapin ! Peaux !", et les gens venaient sur le pas de la porte pour nous en acheter. »

Dans ses réunions de formation à la compagnie Jeanne d'Arc, Annick Le Bas apprend une chose essentielle : la pratique active de la citoyenneté. Les élections municipales approchent, et le général de Gaulle a décidé d'accorder – proposition révolutionnaire – le droit de vote aux femmes. Les jeunes adultes du mouvement guide découvrent le fonctionnement politique du pays et les programmes des grands partis : « Nous n'avons pas le droit de rester dans l'ignorance de ces problèmes, leur explique-t-on. Il faut nous mettre à l'œuvre sans retard, il s'agit d'un devoir français et par conséquent impérieux[8]. » À quelques jours du scrutin, la presse note pourtant que l'opinion publique s'intéresse plus aux dernières opérations militaires et au retour des prisonniers qu'à la campagne électorale. La situation politique est confuse : l'abondance des listes et la similitude entre les programmes entretiennent l'incertitude.

Mais qu'importe. Le dimanche 29 avril 1945, les femmes se rendent aux urnes. « C'était un très grand moment, se souvient Annick. Nous avions une sorte de fierté, nous étions reconnues citoyennes à part entière, mais en même temps responsables : la politique, il ne fallait pas qu'on s'en fiche. » C'est d'autant plus important que, dès ce moment-là, les femmes constituent la majorité du corps électoral. Chez certains hommes, on s'inquiète... Quel sera le résultat de cette consultation ? Car si l'on concède avec générosité que la femme « est aussi intelligente, aussi active que l'homme, souvent même plus fine, plus forte, plus psychologue », on

8. *Feux de France*, mars 1945.

trouve aussi qu'elle est « un être à part, pas logique, pas mathématique… Elle est "l'éternel féminin". Parfois l'ange, souvent le démon. Alors, jetez cet être sensible et passionné dans la fièvre des élections, et dans tout le chaos de la situation présente, qui peut prévoir ce qui va sortir des urnes[9] ! »

« En général, cela n'amuse pas la Française de voter, assure sans rire un journaliste. Elle aime le calme de sa maison, la poésie de ce sanctuaire familial où jouent ses tout-petits[10]. » L'une de ces électrices pionnières réfute l'affirmation : « Dimanche, de bon matin, cachant notre émotion sous une gaieté fort irrespectueuse, nous nous sommes acheminées vers le local désigné. Ultime examen angoissé des listes, doutes de la dernière heure, notre conscience scrupuleuse connaît toutes les épreuves. Munies des quinze bulletins proposés à notre choix, nous voici dans l'isoloir – "au confessionnal", a raillé un loustic. *Alea jacta est.* […] Une dame demande : "Faut-il mettre aussi la carte d'électeur dans l'enveloppe[11] ?" »

Pour les guides et les cheftaines qui ont atteint vingt et un ans – l'âge de la majorité à l'époque –, l'exercice du droit de vote est un moyen de réaliser leur idéal au sein même de la société : il leur faut à tout prix éviter de vivre repliées sur leur mouvement, dans une sorte d'autarcie scoute qui finirait par les convaincre « que, hors du scoutisme, il n'y a pas de salut[12] ». La formule est du philosophe Emmanuel Mounier : dans sa revue *Esprit*, il fustige ce qu'il appelle le « scouticisme », une sorte de dégénérescence du scoutisme qui finit par faire oublier à ses membres qu'il existe une société en

9. *La Croix*, 29 avril 1945.
10. *Ibid.*
11. *Témoignage chrétien*, 4 mai 1945.
12. Cité dans *Feux de France*, mai 1945.

dehors de leur mouvement. « Lorsque la patrie meurt d'anémie spirituelle, d'anémie intellectuelle, d'anémie politique, on la croit sauvée par la seule multiplication des feux de camp. [...] On fabrique de faux adolescents barbus, chantonnants et bêtifiants. Des caricatures de scouts. » Le réquisitoire, sévère, continue : « Le scouticisme croit avoir résumé l'univers quand il a remplacé la formation par le lyrisme. Une messe à trois mille mètres d'altitude, une chaude envolée de paroles remplissant de ferveur ses victimes. Mais demandez-leur un effort intellectuel, elles vous traitent d'idéologue. Attirez-les vers un des problèmes aigus de la cité, elles crient à la déviation politique. Approchez-les des angoisses de l'homme, elles trouvent que vous n'êtes pas marrant ce soir. Vous éveillez même par ces allusions une sorte de méfiance : la vie est plus simple que ça, il faut être empoisonné par l'atmosphère méphitique des villes pour se poser tant de questions. Ils ont un monde où la cérémonie remplace l'effort, où le jeu feint de chasser l'inquiétude[13]. »

Honnêtes et objectives, les guides publient l'article d'*Esprit* dans l'une de leurs revues et font leur *mea culpa* : « Cette attaque d'un "scouticisme" que nous sommes les premières à déplorer ne peut que nous aider à prendre mieux conscience de ce que nous sommes et de ce qu'on a le droit d'attendre de nous[14]. » Le guidisme ne peut plus se contenter de cet enthousiasme un peu simpliste décrit, par exemple, par Jeannine : « Pour partir en camp, quand il fallait prendre un train de bonne heure, on se tapait nos cinq ou six kilomètres qui nous séparaient du métro, avec le sac à dos et les tentes pardessus ; et on n'hésitait pas, même s'il fallait partir à cinq

13. *Ibid.*
14. *Feux de France*, mai 1945.

heures et demie du matin ! » Après cinq ans de guerre et, pour certaines, un engagement actif dans la Résistance, les Guides de France ressentent la nécessité de s'intégrer à cette société nouvelle issue du conflit.

L'enfance meurtrie par la guerre

« Fenêtres ouvertes sur le vaste monde » : ce sera, à la rentrée 1946, le thème principal de la XIe Conférence mondiale des guides et éclaireuses organisée à Évian. Du 9 au 15 septembre, plus de soixante-dix déléguées et invitées de vingt-trois pays participent, sur les bords du lac Léman, aux travaux de l'AMGE (Association mondiale des guides et éclaireuses). Représentantes belges, britanniques, italiennes ou suédoises, mais aussi sud-africaines, américaines ou même néo-zélandaises… Pendant une semaine, sous la direction de Marie-Thérèse de Kerraoul, présidente du Comité mondial, et en présence de lady Baden-Powell, les participantes réunies à l'hôtel Royal planchent, en français ou en anglais, sur les problèmes d'éducation d'une jeunesse profondément touchée par la guerre.

Pour décharger les déléguées de toute préoccupation matérielle, la logistique est confiée aux cheftaines et aux aînées des Guides de France et des Éclaireuses. Cinq équipes, que ne différencie que la couleur de la cravate, s'activent du matin au soir pour assurer l'accueil des arrivantes, l'organisation d'excursions, l'acheminement du courrier et même la publication d'un bulletin quotidien. Chaque matin, elles assistent au lever des couleurs, le drapeau français et le drapeau mondial hissés par six guides et éclaireuses, avant que ne s'élève, dans toutes les langues, le chant international du scoutisme féminin.

Dans le parc de l'hôtel et ses environs, six cents jeunes campeuses se sont installées. Pendant toute la semaine, malgré des pluies persistantes, elles témoignent ainsi, auprès des invitées étrangères, de leur manière de vivre le scoutisme. Les filles chargées des « services artistiques de la conférence », elles, doivent en particulier assurer détente et bonne ambiance : l'équipe « France, chante ! » donne plusieurs petits concerts, celle de « La roulotte » s'exerce à l'art dramatique et « Les fous du roi » assurent la cérémonie quotidienne des couleurs et l'animation des pauses-thé des déléguées – ce qui leur vaut le surnom de « *the cabaret* » !

Après chaque réunion, les participantes ont en effet bien besoin d'évacuer la pression. Presque chaque jour, on passe en revue les difficultés de ces « 180 millions d'enfants touchés par la guerre » à qui il va falloir réapprendre à vivre dans un monde en paix. « À la fin de la guerre, il y eut un terrible bombardement à Fribourg-en-Brisgau [au sud de l'Allemagne], lequel occasionna des milliers de victimes qui jonchaient le sol », raconte à titre d'exemple l'un des orateurs, directeur d'un centre de formation. « On employa des garçons de quatorze à seize ans pour le déblaiement des cadavres. On vit deux garçons mordant cyniquement une pomme pour se donner une contenance en chargeant les cadavres. L'un d'eux dit tout à coup : "Voilà mon père", et, sans autre mot, le jeta dans la charrette. Que faut-il attendre de ces enfants après la guerre[15] ? »

Dans cette rééducation à grande échelle de la jeunesse, le

15. Numéro spécial de *Feux de France* sur la conférence, 1946 (et citations suivantes).

scoutisme a évidemment son rôle à jouer. Mais il doit pour cela se remettre en question, s'adapter à cette situation nouvelle des années d'après-guerre : « Le scoutisme est un adolescent magnifique, affirme encore l'éducateur, mais il est resté adolescent, alors qu'il a une tâche d'homme à accomplir et, comme tel, il doit s'intéresser à tous les hommes, à tout ce qui est humain, même si cela bouscule ses commodités, ses privilèges, ses traditions. » Orphelins, délinquants, gamins perdus ou depuis trop longtemps séparés de leurs familles, enfants allemands élevés dans le nazisme, petits Tchèques ou Polonais enlevés et « germanisés » dans des foyers aryens, enfants malades, estropiés ou grands nerveux… Il reste à accomplir un gigantesque travail. Bien sûr, « on a tâché d'apporter à ces enfants de la nourriture, des vêtements, bien que, dans ce domaine matériel, nous nous trouvions encore loin du strict nécessaire », poursuit le directeur du centre. Mais « si nous ne rééduquons pas ces enfants, si nous ne nous occupons pas de l'esprit de ces jeunes victimes de la guerre, après avoir soigné leur corps, nous préparons une nouvelle catastrophe. […] Nous devons être conscients que les enfants d'aujourd'hui seront les hommes de demain : sains ou malades, nos amis ou nos ennemis, suivant ce que nous en ferons maintenant. »

Les membres de la conférence d'Évian chargent donc une Suédoise, Estelle Bernadotte, d'étudier les moyens d'implanter le mouvement dans les camps d'enfants déplacés. Car, comme le note Madeleine Barot, fondatrice de la Cimade (une association protestante créée en 1939 pour venir en aide aux réfugiés), « si nous nous contentons de nous tenir sur la porte de notre maison et si nous disons aux enfants de la rue, des camps, des ruines : “Entrez !”, il y a de fortes raisons pour qu'ils ne viennent pas : on n'est pas à l'aise sur des tapis lorsqu'on sort d'une cave ou d'un abri de planches». Il ressort surtout de cette XIe Conférence mondiale «une impression d'ouverture»: pour Marie-Thérèse de Kerraoul, ce «n'est pas une fin mais un commencement. C'est un point de départ pour une solidarité plus grande entre toutes les guides du monde entier.»

Le dernier feu de camp de la conférence, organisé le 14 septembre sous l'égide des «Fous du roi», va illustrer cette «fraternité guide»: une heure et demie durant, trois cents jeunes filles miment un monde en guerre échappant à la destruction finale grâce à l'union et l'entraide, et qui doit désormais se reconstruire sur la base de valeurs propres à chaque pays. La France, par exemple, doit ainsi retrouver ce qui, selon les actrices, fait son identité: «terre chrétienne, terre de la raison et de la clarté, terre de liberté, patrie du goût, de l'artisanat et de la gaieté, mère des arts»...

Moisson, le «Jamboree de la paix»

Un an plus tard, ce sont ces mêmes valeurs que les garçons du Scoutisme français auront à cœur de présenter au monde entier: au mois d'août 1947, ils organisent dans un petit village de Seine-et-Oise, à soixante-dix kilomètres de la capitale, le premier rassemblement international scout de l'après-guerre, le «Jamboree de la paix». Moisson, une minuscule commune des bords de Seine qui jusque-là se consacrait tranquillement à la culture de l'asperge, s'apprête à recevoir trente mille scouts et éclaireurs de quarante-trois nations pour l'un de ces gigantesques camps imaginés par lord Baden-Powell, un *jamboree*, ce qui, en langue zouloue, signifie «rassemblement de toutes les tribus».

Même si le « Jam » en lui-même ne dure que dix jours, du 9 au 18 août 1947, le village vit à l'heure scoute pendant le mois entier, au gré des arrivées, des installations et des départs échelonnés des Américains, des Anglais, des Libanais… ou même des Philippins et des Indiens. L'agitation, qui produit en continu des nuages de poussière, est permanente. Sans compter la chaleur qui, cette année-là, est particulièrement torride. Le camp est si étendu que l'on emprunte, pour circuler plus rapidement, un petit train qui fonctionne sans arrêt, récupéré sur l'inutile ligne Maginot. Des représentants officiels, ministres ou généraux, y vont chacun de leur petite visite, jusqu'à Vincent Auriol, alors tout nouveau président de la République.

C'est une tradition : au Jam, les filles ne sont jamais invitées. Mais cette fois-ci, les dirigeants du Scoutisme français veulent associer les guides et les éclaireuses à l'organisation du rassemblement de Moisson : pour la première fois, mille trois cents aînées et cheftaines des deux mouvements féminins apportent leur contribution à l'événement, indispensables « petites mains » qui, un mois durant, assurent le bon fonctionnement de cette véritable cité internationale. Un rôle qui n'est pas sans provoquer quelques grincements de dents : dans une brève des *Nouvelles du Jamboree*, le mensuel publié dans les mois précédant l'événement, la rédaction signale la plainte d'un groupe d'éclaireuses de Colombes, près de Paris : « Ces demoiselles trouvent scandaleux "que les guides et éclaireuses ne puissent participer au Jam autrement que comme bonnes à tout faire". Elles réclament un Jam féminin et ajoutent : "Nous accepterions à la rigueur quelques scouts et éclaireurs pour faire les gros travaux[16]"… »

16. *Les nouvelles du Jamboree*, 25 février 1947.

Installées un peu à l'écart, les filles, toutes semblables dans leur uniforme bleu marine, quittent chaque matin « la Ruche » – c'est le nom de leur campement, entouré de barbelés et régulièrement surveillé par les gendarmes pour empêcher toute tentative d'intrusion masculine. Elles rejoignent pour la journée leurs services : vendeuses de glaces ou de pâtisseries dans l'une des cinq foires que compte le Jam, blanchisseuses, serveuses de restaurant, infirmières, secrétaires... Trois cents guides et éclaireuses, que l'on distingue à leur foulard bleu, sont plus particulièrement affectées au grand quartier général, où se tiennent les bureaux centraux de tous les organismes. Annick Le Bas, elle, est chargée du mess des responsables des délégations étrangères. « Pendant dix jours, nous avons eu une vie trépidante, avec un travail énorme et des horaires impossibles, mais c'était en même temps très intéressant : mon équipe était composée d'une vingtaine de cheftaines de toutes les régions de France et d'Afrique du Nord, et c'est toujours passionnant, parce que l'on travaille ensemble, d'arriver à tisser des liens très profonds. » C'est d'ailleurs à Moisson qu'Annick sera totémisée, au cours de l'une de ces cérémonies un peu secrètes où l'on reçoit son nouveau nom, supposé accompagner toute sa vie de scout et de guide : « Mon parrain de totémisation était un chef scout écossais qui portait un kilt. Avec lui, j'ai dû passer au travers d'un énorme feu, puis ils m'ont donné mon nom, "*Stream, because the still water runs deep*", un dicton anglais que l'on peut traduire par "l'eau tranquille est souvent profonde". Inutile de vous dire que l'on ne m'a jamais appelée par mon totem ! »

Pour Annick, comme probablement pour la plupart de ses camarades, ces dix jours de travail harassant et parfois un peu ingrat au service des garçons n'ont laissé aucune amertume : « Le Jam était une réussite à laquelle nous avions participé, et, même si nous étions crevées, nous avions fait du bon travail. Dans tous les grands rassemblements, il y a toujours des équipes où l'on fait vraiment tout ce qui est possible, où l'on donne le meilleur de soi. Même si c'est un peu surhumain. Et la chose vraiment positive, ce sont les liens que nous avons réussi à créer. » Abeille et Albatros, les deux journalistes de la revue *Guide de France* envoyées au Jam, le confirment sans broncher : le 16 août, elles rapportent les éloges de Mmes de Kerraoul et Lafuente (de la Fédération française des éclaireuses), adressés aux guides et aux éclaireuses pour ce « dur effort fourni chaque jour pour les services ; effort qui [est] à la fois l'emblème et l'apprentissage de la vocation féminine : compléter l'œuvre de l'homme, accomplir un travail pensé par des hommes, pour des hommes, et le mettre à la mesure de ceux auquel il est destiné[17] » ! Un accès d'humilité envers les garçons dont Marie-Thérèse de Kerraoul n'a pourtant franchement pas l'habitude…

Le « guidisme populaire »

À partir de 1947, les Guides de France vont être largement influencées par l'expérience nouvelle des prêtres de la Mission de France, qui veulent porter le message de l'Évangile directement au cœur des populations déchristianisées. Les débuts de la Mission remontent à juillet 1941. Le cardinal Suhard, tout juste nommé à l'archevêché de Paris, constatait alors : « Il y a un mur qui sépare l'Église de la masse. Ce

17. *La guide de France*, septembre 1947.

mur, il faut l'abattre à tout prix pour rendre au Christ les foules qui l'ont perdu[18].» L'archevêque soutient alors la création d'un séminaire qui puisse former un clergé missionnaire d'un type nouveau : la terre de mission ne se trouve plus seulement au-delà des mers, dans des contrées lointaines. Elle est aussi au cœur des banlieues ouvrières françaises ou dans certaines zones rurales, là où les curés n'officient même plus tant la population est hermétique à leur message. Deux prêtres apportent d'ailleurs de l'eau au moulin de cette réflexion d'avant-garde : en 1943, Henri Godin et Yvan Daniel, tous deux aumôniers de la JOC (Jeunesse ouvrière chrétienne), publient *La France, pays de mission ?*, un rapport de quelque deux cents pages qui va tout à fait dans le sens des thèses enseignées au tout nouveau séminaire de la Mission, établi à Lisieux.

À la fin de l'année 1947, des représentantes de l'encadrement des Guides de France se réunissent à Paris pour le «Conseil de l'Échelle». Cette vaste consultation de trois jours doit préparer l'avenir du mouvement et concrétiser cette volonté nouvelle d'une plus large ouverture. Suivant l'exemple de la Mission de France, les guides chercheront bientôt à exporter les méthodes de Baden-Powell hors de ce milieu plutôt bourgeois qui, jusque-là, fournissait la majeure partie des recrues.

Fortement intéressée par ces idées novatrices, Marie-Thérèse de Kerraoul obtient en 1948 la nomination de Daniel Perrot comme aumônier général des Guides de France. Ce prêtre, âgé d'une quarantaine d'années, pionnier du séminaire de Lisieux, va s'efforcer d'apporter au mouvement

18. Notes personnelles du cardinal Suhard, citées dans *Les fondations de la Mission de France*, Daniel Perrot, éditions du Cerf, 1987.

ce qu'il a découvert à la Mission et qu'il résume ainsi : « l'appel du monde extérieur », tout simplement. « Les guides voulaient sortir de cette réputation de petites bourgeoises membres d'un club fermé, raconte l'ancien aumônier, ce qui a d'ailleurs permis à un certain nombre de ces privilégiées de s'ouvrir au prolétariat. »

Mais pour s'intégrer le mieux possible au monde ouvrier, le guidisme classique doit accepter quelques concessions. L'uniforme donne une allure trop militaire ? Les filles porteront donc leurs vêtements habituels. Le mot même de scoutisme a une résonance bourgeoise ? Qu'à cela ne tienne : certaines unités populaires vont fonctionner comme de véritables compagnies de guides, mais sans en prendre officiellement le nom. Ce qui compte, c'est la pédagogie du mouvement : la promesse d'un engagement, l'apprentissage par le jeu, la progression au sein d'une équipe.

Odile Bonte sera, sans le savoir, l'une des premières à expérimenter ce « guidisme populaire », selon l'expression de l'époque. Débarquée à Paris après la guerre, à la sortie de son pensionnat breton, elle devient guide aînée au feu Magnificat. Très vite, on lui propose de « prendre du service » : il s'agit de s'occuper des jeunes filles du patronage d'Alfortville, une banlieue du Sud-Est parisien peuplée d'immigrés arméniens. Tout naturellement, Odile cherche à y organiser une compagnie. Le curé refuse net. « Il voulait bien de la pratique pédagogique du guidisme, mais il en refusait l'intitulé : c'était un "truc pour bourgeois"… Peut-être aussi ne voulait-il pas imposer à des filles issues de l'immigration une formule qui ne lui paraissait pas universelle. » Au sein du patro, Odile réunit quand même quelques volontaires et fonde « la Flambée ». Une trentaine de filles de douze à quinze ans y apprennent les techniques scoutes, découvrent la vie d'équipe, s'engagent solennellement à respecter une loi... le tout sur un modèle évidemment inspiré de la vie guide. À Paris, la même expérience est menée à la paroisse Saint-Hippolyte. La porte de Choisy, alors en pleine « zone » après la destruction des anciennes « fortifs », est un quartier très populaire. Là aussi, les animatrices du patronage adoptent sans le proclamer les méthodes guides. Le groupe s'appellera « la Chevauchée ».

Outre-mer, la décolonisation

À l'orée des années cinquante, il existe d'autres terrains où les Guides de France ne demandent qu'à s'implanter. Le mouvement, avant guerre, avait déjà essaimé dans le vaste empire français, aux Antilles, en Indochine, en Afrique du Nord et dans quelques pays d'Afrique noire. Après 1945, la carte du guidisme d'outre-mer conserve un petit cachet exotique qui fait rêver : comment imaginer la vie des compagnies de Tahiti, de Nouvelle-Calédonie, de Madagascar, de Saint-Pierre-et-Miquelon ?

En fait, les unités installées hors de la métropole vivent de manière plus ou moins autonome, souvent loin des directives du secrétariat national parisien, et ne pratiquent pas toujours un guidisme très orthodoxe. La bonne volonté est là, mais le manque d'encadrement, l'environnement parfois difficile et les impératifs de sécurité réduisent leurs activités et ne leur permettent pas toujours de partir en camp. Surtout, la plupart du temps, ce sont les « Françaises » seules, issues de familles métropolitaines, qui se lancent dans l'aventure de ce guidisme exporté.

Quand Michelle Blin (née Barthes) débarque à dix-huit

ans au Sénégal, en juillet 1946, elle a hâte de découvrir cette Afrique noire qui passionne tant son père. Celui-ci vient d'être nommé gouverneur général de l'Afrique occidentale française (AOF) : toute la famille s'installe à Dakar. C'est là, au lycée de la ville, qu'elle se trouve confrontée pour la première fois à la réalité du racisme colonial. Dans les classes, Noirs et Blancs restent soigneusement à l'écart les uns des autres. Dès les premiers jours, Michelle met les pieds dans le plat : elle s'installe à côté d'une jeune fille noire. « J'ai presque été mise en quarantaine », se souvient-elle. La haute fonction de son père devrait lui imposer une certaine réserve, mais Michelle entend bien marquer sa désapprobation.

À Dakar, la jeune fille reprend sa vie de guide, comme lors de son adolescence à Versailles, dans une compagnie composée uniquement de Blanches. Mais un jour, un groupe d'une dizaine de Noires, âgées de douze à quatorze ans, lui lance un appel : nous aussi, nous voulons être guides, disent-elles. Leurs frères, scouts de France, leur ont déjà appris quelques rudiments et ont éveillé leur curiosité… Michelle accepte le pari, même si son enthousiasme n'est pas franchement partagé, en premier lieu par les aumôniers. Mais « je m'en foutais pas mal de ce que les autres pouvaient dire ! raconte-t-elle. D'ailleurs, je ne me rendais pas bien compte que ça pouvait poser des problèmes. »

Pendant un an, elle sera leur cheftaine. Seule à la tête de cette minuscule compagnie, elle ne peut enseigner à ces jeunes filles que ce qu'elle a elle-même appris en métropole : « Ce n'était pas très malin, reconnaît-elle aujourd'hui, mais il fallait avoir de l'expérience pour s'apercevoir qu'elles n'avaient pas tout à fait besoin de ça. » La théorie du guidisme s'adapte très bien aux petites Françaises, mais le modèle est-il universel ? À l'époque, la jeune cheftaine ne se pose pas encore la question.

La réponse viendra plus tard. À son retour en France, en novembre 1947, Michelle Blin entre en contact avec l'équipe chargée de l'outre-mer au centre national des Guides. Élisabeth Tillet, qui anime le groupe, cherche à confronter les différentes expériences menées dans les pays africains. À force de documentation, d'analyse et de réflexion, une conclusion se dégage : en Afrique, l'évolution de la femme a cinquante ans de retard par rapport à celle de l'homme. Or le continent ne pourra envisager une indépendance constructive que lorsque les femmes se seront saisies d'un certain nombre de questions, telles que l'hygiène, l'alimentation, la santé... Et les Guides de France entendent bien susciter, aider, accompagner ce large mouvement d'émancipation. Leur rôle sera d'enseigner aux jeunes filles africaines, grâce aux méthodes du guidisme, toutes ces choses essentielles qui composent une « éducation de base ».

En 1954, Michelle Blin prend la tête du commissariat à l'outre-mer. Les membres de son équipe, régulièrement envoyées en Afrique, constatent sur le terrain la justesse de la nouvelle orientation : « Il faut adapter, c'est certain, nous en sentons le besoin, mais encore faut-il ne pas perdre l'essentiel, écrit la jeune commissaire. Le message du guidisme doit demeurer intact, toujours aussi exigeant, toujours aussi ferme, mais il doit se transmettre à des pays, à des mentalités différentes, et pour cela il doit revêtir des formes diverses[19]. » Dans cet esprit d'équipe et de jeu défini par lord Baden-Powell, qui est l'essence même du scoutisme, les petites guides africaines visitent des dispensaires, apprennent

19. *La pirogue*, juin 1954.

l'importance de la vaccination ou d'une alimentation équilibrée… Le recrutement, par l'intermédiaire des écoles ou des institutions religieuses, n'est pas très important, mais les mères de famille sont plutôt contentes de voir leurs filles accéder à une éducation à laquelle elles-mêmes n'ont pas eu droit.

Dans cette même optique, l'équipe de l'outre-mer crée un bulletin de liaison spécifique des relations Paris-colonies. *La pirogue*, un trimestriel reproduit à la ronéo, doit être en mesure de répondre à ce souci constant d'adaptation, mieux que les autres revues du mouvement, *Guide de France* ou *Feux de France*. On y trouve remarques et conseils pour s'installer au camp ou éviter l'épuisement dû aux fortes chaleurs… et quelques nouvelles régulières des différentes unités. Comme celles-ci, en provenance de Bamako (au Soudan français, le futur Mali) en 1955 : « Le Comité des amis des scouts et des guides vient de lancer à notre profit une grande tombola qui sera tirée le 23 avril. Il espère un gros succès : un million de francs de billets sont mis en vente. Les lots sont importants : une 2 CV, un frigidaire, six vélos… Une partie de l'argent servirait à envoyer des scouts et des guides à un camp école en France afin de remédier au manque de cadres[20]. »

À Paris, l'expérience est suivie de très près avec, en point de mire, l'idée d'une indépendance à venir. « Mais elle s'est faite trop vite, et mal », juge aujourd'hui Michelle Blin. En octobre 1960, douze États d'Afrique sont reconnus souverains. Le guidisme local, esquissé tout au long de ces années, continue malgré tout sa coopération active avec la France, qui aide les associations nationales à devenir membres de

20. *La pirogue*, mars 1955.

l'AMGE. Mais l'accès à l'indépendance ne se fait pas toujours sans heurts et, bien sûr, les Guides de France en subissent parfois le contrecoup.

L'Algérie en est l'exemple le plus violent. Françoise Simounet (née Becht) découvre pour la première fois ce pays alors que le débarquement allié de 1942 vient tout juste de commencer. Alsacienne d'origine, elle a dix-sept ans et suit son père, nommé procureur à Bône (la future Annaba), une ville portuaire du Constantinois, à l'extrême est. La jeune fille, qui a été jeannette à Strasbourg sous la houlette de Marie Diemer, s'ouvre à son nouveau pays et crée sa propre compagnie, conduite par un aumônier arabisant dont elle conserve encore un souvenir extraordinaire : « La chance, peut-être la grâce de ma vie, c'est le père Pépin. C'est sûrement lui qui a été le détonateur de mon ouverture au monde musulman », affirme-t-elle.

Armande Blasselle (née Fernandez) a vécu, elle, toute la première partie de sa vie sur le sol algérien. Installée dans le pays depuis quatre générations, sa famille, d'origine espagnole, se consacre à la culture des orangers dans un petit village de l'Oranie, à l'ouest. C'est là, à douze ans, qu'elle découvre un guidisme vaguement copié sur le modèle métropolitain, pas forcément très exigeant mais assez amusant. Partie à Oran pour préparer son bac, elle continue sur sa lancée en devenant cheftaine de compagnie.

Les deux jeunes femmes travailleront ensemble à partir d'octobre 1953. Deux ans auparavant, Françoise Simounet a accepté, à la demande expresse de Mme de Kerraoul, le poste de commissaire régionale d'Algérie : elle intègre Armande à l'équipe. Au cours de leurs tournées dans les différentes unités, elles constatent l'extrême protection qui entoure les guides : les sorties se font toujours dans les propriétés des parents ou des amis, et personne ne se risque à camper en Algérie. Il faut traverser la Méditerranée pour planter sa tente en métropole. Surtout, tous les regards sont en permanence tournés vers la mère patrie : « Il n'y avait rien de plus beau, rien de mieux que la France, se souvient Armande. Il fallait vivre comme les Français de métropole. » Résultat : on côtoie l'autre, Arabe ou Kabyle et musulman, sans chercher à le connaître.

Les cinq membres de l'équipe régionale, profondément soudées, s'attellent alors à un véritable travail de fond dont les grandes lignes ont été esquissées les années précédentes : adapter le guidisme à l'Algérie et, pour cela, ouvrir les yeux sur ce pays. Les techniques doivent être revues : il faut apprendre à travailler le liège et le roseau dans un pays où le bois manque ; savoir économiser l'eau ; connaître des mots d'arabe et posséder quelques notions sur l'islam... L'uniforme même doit être ajusté : le béret noir des métropolitaines est bien trop chaud pour les guides d'Algérie... On le remplace donc par un foulard léger noué sur les cheveux. « Nous sentions que cette ouverture au pays, au monde musulman, devenait de plus en plus urgente », raconte Françoise Simounet. Mais entre les deux cultures, le fossé semble immense : religions différentes, mœurs différentes... sans compter la grande pauvreté des Arabes qui contribue à renforcer les antagonismes.

L'équipe régionale élabore, en quelques mois, un nouveau programme destiné à la branche guide : le manuel *Fais tes preuves*, qui contient la pédagogie des adolescentes établie par le centre national à Paris, est revu et corrigé. Bien sûr, la progression, de la guide aspirante à la première classe, est la même, mais les épreuves sont différentes. « Tu t'efforceras de camper d'une manière simple et rude dans un pays qui connaît la faim et la misère[21] » : le ton est donné. Et encore : « N'oublie pas que près de ton camp des gens ont souvent faim. C'est une raison de plus pour comprendre l'esprit de pauvreté et le faire respecter dans ton équipe. » Il faut savoir supporter une journée de sirocco, ce vent sec et chaud venu du désert, cuisiner le couscous ou la *chorba*, soutenir une brève conversation en arabe, connaître l'histoire de l'Église d'Afrique…

Le secrétariat national examine à la loupe le *Fais tes preuves en Algérie*. Les cinq filles de l'équipe régionale, parties défendre leur nouveau programme à Paris, doivent en justifier chaque point. Et entendent bien démontrer que c'est cela dont les guides d'Algérie ont exactement besoin. Pour le prouver, elles invitent les responsables nationales et des aînées de métropole à un grand rassemblement au cœur du désert, à Béni-Abbès, là même où le père de Foucauld construisit, au début du siècle, sa première « fraternité ».

Le pèlerinage se tient à Pâques en 1954. Plus de cinq cents filles, menées par Mme de Kerraoul et Marie-Thérèse Cheroutre, la toute nouvelle commissaire générale, sont présentes. Dans la palmeraie de Béni-Abbès, les chefs d'équipe installent le campement. Les métropolitaines, elles, découvrent le sable qui s'infiltre dans les sacs de couchage et les scorpions blancs dont la piqûre n'est pas mortelle (« Elle donne juste de fortes fièvres », dit-on pour les rassurer !). Le pari est tenu : en invitant des responsables de métropole à partager leur vie pendant dix jours, les guides d'Algérie prouvent que l'orientation choisie est la bonne. Leur programme est officiellement accepté. Mais quelques mois plus

21. *Fais tes preuves en Algérie*, manuel de la branche guide (et citation suivante).

tard, ce que l'on a longtemps – et pudiquement – appelé « les événements d'Algérie » commence.

1er novembre 1954 : en pleine nuit, sur une trentaine de points du territoire, environ soixante-dix attentats dus au Front de libération nationale (FLN) sont commis. Parfois, il ne s'agit que de sabotage : lignes de téléphone coupées, tentatives d'incendie. Ailleurs, les attaques sont sanglantes. Au matin, le coup d'envoi de l'insurrection a fait huit morts, quatre blessés et d'importants dégâts matériels. La réponse des autorités françaises ne se fait pas attendre : saisie des journaux nationalistes, vagues d'arrestations brutales, renforts policiers et militaires dépêchés de métropole… Françoise Simounet qualifie la répression d'« absolument féroce ». Elle n'est pas la seule : le 19 novembre, plusieurs représentants régionaux de différents mouvements de jeunesse adressent une lettre de protestation au gouverneur général Roger Léonard. Le message, publié dans une dizaine de quotidiens d'Alger, d'Oran, de Constantine et de Paris, porte les signatures des dirigeants locaux des Guides et des Scouts de France, des Éclaireurs protestants, musulmans et israélites, de la JOC, de la JEC… En tout, quinze responsables de mouvements de jeunesse clament leur inquiétude face à la répression brutale qui prépare « un avenir sans issue, dont les jeunes surtout auront à supporter les conséquences. La haine appelle la haine : nous ne tenons pas à vérifier cet adage. » « Nous pensons que les véritables solutions ne peuvent être trouvées que dans la concorde et la compréhension mutuelle, continuent-ils. Nous pensons qu'il ne suffit pas de "réprimer" et de "rétablir l'ordre", il faut encore que tous les hommes de ce pays, quelle que soit leur origine, puissent vivre, s'épanouir et assumer les responsabilités auxquelles ils sont appelés. »

La requête reste lettre morte. Petit à petit, l'Algérie s'enlise dans la guerre. « C'est pourtant à ce moment-là que les scouts musulmans algériens nous demandent de les aider à créer leur branche féminine. Ils mettent en place une équipe féminine avec qui nous allons travailler. Nous leur ouvrons nos camps écoles, nous passons de nombreuses soirées à chercher avec elles une nouvelle rédaction de la loi scoute, le texte de la promesse, et les épreuves de progression. Nous nous souvenons combien les scouts musulmans algériens insistaient sur le rôle de la femme dans la société. Ce fut une ébauche de leur mouvement, très lente et très patiente. Mais la guerre devient de plus en plus dure et nos activités sont bien réduites[22]. » Pour les Guides de France, il n'est déjà plus question de camper. Toutes les activités sont cantonnées dans des propriétés privées très proches des grandes villes. Chez les cadres, les débats sont passionnés. « Notre rêve, expliquent Armande et Françoise, c'était une Algérie indépendante, mais avec une cohabitation fraternelle entre Français et Arabes. Nous étions très idéalistes ! » D'autres sont plus radicales. Deux membres de l'équipe régionale, ainsi qu'une cheftaine de jeannettes, donnent leur démission de concert et s'engagent aux côtés du FLN.

Le 3 juillet 1962, l'Algérie est officiellement indépendante. Pour les Européens, c'est la débâcle : ils sont près d'un million à quitter précipitamment le pays, abandonnant sur place l'essentiel de leurs biens. Après huit ans de guerre, le maintien du guidisme n'est bien sûr plus la priorité numéro un : Françoise, Armande et beaucoup d'autres s'installent de l'autre côté de la Méditerranée. Moribond pendant quelques mois encore, le mouvement des Guides de France

22. *Le scoutisme*, Armande Blasselle, Le Cerf, 1994.

finit par s'éteindre en Algérie. Mais cette expérience de fraternité islamo-chrétienne restera enracinée dans la culture du mouvement.

Autres temps, autres mœurs : la nouvelle loi

Ces premières tentatives d'intégration à certains milieux spécifiques prouvent au moins une chose : pour le secrétariat national, le souci de comprendre l'évolution de la société est permanent. Car, pour transmettre le fond du message du guidisme, il faut savoir en adapter la forme. Constamment, au cours des années qui suivent la fin de la Seconde Guerre, les responsables des Guides de France restent à l'écoute.

En témoigne le travail de réflexion plutôt ardu mené pendant deux ans sur la loi des guides. En dix points, cet ensemble de règles faciles à retenir résume l'idéal auquel la petite fille doit s'efforcer d'arriver : « La guide est faite pour servir et sauver son prochain (article 3) ; La guide est économe et prend soin du bien d'autrui (article 9) ; La guide est pure dans ses pensées, ses paroles et ses actes (article 10) ; etc. » Une loi que, depuis 1923, des générations d'enfants se sont engagées à respecter, au cours de ce moment si solennel de la promesse… Mais la guerre a bouleversé une bonne partie de ces données : dans une situation extrême, le refus, le mensonge, la désobéissance même sont parfois un devoir. Quand on continue à pratiquer un scoutisme pourtant interdit, qu'en est-il de l'article 7, « la guide obéit sans réplique et ne fait rien à moitié » ? Quand on participe à la Résistance, forcément clandestine, que faire de cet article 2, « la guide est loyale à son pays, ses parents, ses chefs et ses subordonnés » ? Après l'euphorie de la Libération, une formulation plus adaptée de ces règles de base, vieilles de presque trente ans, s'avère nécessaire. « Ce qui nous gênait, c'est que cette loi ne paraissait plus être le moteur de la vie des guides, explique Marie-Thérèse Cheroutre, alors responsable de la branche guide, il y avait un décalage entre la pratique quotidienne et ces dix articles. »

La maturation de cette réforme capitale sera menée en deux temps. À la rentrée 1951 commence, dans la revue *Feux de France*, l'exploration des « constantes » du guidisme. Chaque mois, les cadres du mouvement font état de leurs réflexions sur ce qui constitue les principes mêmes de l'éducation scoute, hors de tout effet de mode ou apport culturel extérieur : l'équipe, la vie dans la nature, l'effort progressif, le sens de l'engagement. Quatre éléments essentiels dans la pédagogie inventée par Baden-Powell. L'année suivante, ce sont les valeurs correspondant à l'esprit scout qui sont examinées à la loupe : vérité, charité et pauvreté, mais aussi sens du travail, formation du caractère, joie et esprit de jeunesse. La nouvelle loi des guides est au bout du chemin. Elle devra répondre à quatre préoccupations : s'adapter à tous les milieux, être plus féminine, avoir une résonance plus chrétienne et, enfin, retrouver une place importante dans la vie des guides[23]. Car il ne s'agit pas d'une énumération de commandements qui gèrent la vie d'une guide uniquement pendant son camp ou ses sorties. La loi est aussi, et surtout, « appelée à déborder le cadre de la communauté des jeunes pour marquer profondément leur vie entière. Elle oriente souvent les attitudes, la vie familiale et professionnelle de celles qui ont quitté le mouvement. Elle doit donc exprimer les valeurs essentielles du guidisme de telle manière

23. Dans le supplément à *Feux de France* sur la nouvelle loi, avril 1954.

que ses termes […] leur soient une aide dans leur vie guide comme dans leur vie quotidienne[24]. »

En 1953, l'équipe nationale met la dernière touche à la nouvelle formulation. Les articles ont été simplifiés pour être plus percutants, les mots sonnent plus « modernes »… Et surtout, les nouveaux articles montrent « les attitudes positives à trouver », selon l'expression du père Perrot, plutôt que l'affirmation brutale de ce qu'une guide doit être. L'article 7, par exemple : « La guide obéit sans réplique » devient : « La guide sait obéir. » Une transformation subtile que lord Baden-Powell lui-même n'aurait pas reniée, lui qui écrivait : « Il n'y a que dix articles à la loi scoute. Mais si j'avais voulu en instituer davantage, le onzième aurait été : l'éclaireur n'est pas un sot. Il sait voir les deux côtés des choses et choisir le meilleur[25]. »

Pour assurer la répercussion de la nouvelle loi auprès des compagnies, les responsables nationales organisent l'un de ces immenses rassemblements dont elles ont le secret. Du 27 juillet au 4 août 1953, deux mille guides se retrouvent à Jambville, à l'ouest de Paris, pour un « rallye des équipes » chapeauté par les incontournables Mme de Kerraoul et lady Baden-Powell. La veillée du 29 juillet revêt une importance particulière : dans un silence recueilli, alors que la nuit est tombée, devant l'assemblée qui s'est levée, la chef guide de France proclame solennellement la loi. Il incombe désormais à chaque équipe déléguée de la transmettre à sa compagnie.

Chez les petites guides, l'enthousiasme n'est pas vraiment délirant. Bien sûr, le moment est empreint de gravité, et on le vit avec tout le sérieux possible… Mais à douze ou quatorze

24. *Ibid.*
25. Cité dans *La guide de France*, janvier 1948.

ans, elles ne se rendent pas forcément compte qu'il s'agit là d'un changement majeur dans leur vie. L'attention est en revanche plus grande chez les anciens du mouvement, et n'est pas exempte de scepticisme. Lady Baden-Powell elle-même n'a-t-elle pas trouvé suspecte, dans un premier temps, cette volonté de réforme ? Car on ne modifie pas aussi facilement ce qui a été doctement défini par les pionniers du scoutisme : avant d'obtenir l'imprimatur de l'AMGE – l'instance mondiale –, chaque phrase de la nouvelle loi des Guides de France est donc passée au crible.

L'examen reflète même les débats politiques de l'époque : deux mondes commencent à se figer dans une guerre froide qui promet d'être longue et, dans la sphère occidentale, on est hanté par le communisme. Le guidisme, à cause de son rôle d'éducation de la jeunesse, n'échappe pas à cette crainte d'une infiltration marxiste. Au sein de l'Église même, il est deux ou trois aumôniers diocésains qui croient percevoir dans cette nouvelle loi l'inspiration des « rouges »... Une méfiance qui rappelle les difficultés que connaissent, à cette même époque, la Mission de France et les prêtres-ouvriers : depuis le mois d'août 1953, sur ordre exprès du Vatican, le séminaire de Lisieux a fermé ses portes et les prêtres-ouvriers ont été priés de quitter leurs usines. Rome craint « une contamination marxiste[26] »... C'est le père Perrot qui, tout au long de l'année 1954, mènera, avec succès, les négociations avec les autorités vaticanes pour établir les nouveaux statuts de la Mission de France.

26. *Les fondations de la Mission de France, op. cit.*

Le chantier de Mélan

Chez les Guides de France, on tombe vite d'accord : il faut aussi moderniser les propositions pédagogiques des autres tranches d'âge. Les responsables de la branche aînée (destinée aux plus de dix-sept ans) vont alors donner naissance à un projet d'envergure qui, encore aujourd'hui, reste l'un des fleurons de leurs réalisations : la reconstruction, puis l'aménagement en centre d'accueil international d'un tout petit village abandonné du sud de la France, Mélan.

L'idée est lancée comme un défi au cours de l'été 1960. Pendant six semaines, l'équipe nationale de la branche aînée anime, dans un ancien relais de chasse du côté de Nevers, une base de formation baptisée « les trente-six routes ». Odile Bonte, la jeune guide aînée du patronage d'Alfortville, a pris du galon : elle est désormais permanente salariée du mouvement, et membre de cette équipe. Là, au cœur de la forêt, elle apprend aux jeunes filles à se servir correctement d'une carte et à élaborer le programme de leur « route », cette exploration de plusieurs jours qui est, pour un feu, le temps fort du camp d'été. L'équipe en profite pour retaper, avec l'aide des guides aînées, le petit relais de chasse, et utilise ces moments de complicité pour les sonder : Qu'auriez-vous envie de faire l'année prochaine ? Qu'attendez-vous de nous ? Les filles sont emballées par le chantier et réclament pour l'été suivant « un truc à reconstruire » qui leur appartiendrait pour, plus tard, l'ouvrir à d'autres jeunes.

Dont acte. À la fin des vacances, l'équipe branche aînée se lance à la recherche du site idéal : quelques constructions décrépites, la possibilité de camper aux alentours, une bonne source d'eau à proximité, une route pas trop loin pour le ravitaillement… Odile Bonte, accompagnée d'Annick Le Bas, fait la tournée des villages abandonnés dans le département des Basses-Alpes (les futures Alpes-de-Haute-Provence). Sans succès.

La suite de l'histoire, on la doit à la chance. Invitées à dîner chez l'aumônier du diocèse, en compagnie de son vicaire, les deux responsables racontent leurs déboires et leur déception. À table, le jeune abbé reste silencieux. Il ne prendra la parole qu'à la fin du repas : il a quelque chose qui pourrait les intéresser. Son père possède ce qu'il appelle « une campagne », une petite bastide dans un village de montagne aujourd'hui abandonné : Mélan, entre Digne et Sisteron. Pendant la guerre, les maisons ont été en partie brûlées par les Allemands, en partie désertées… Si bien qu'il reste encore quelques fermes vides de tout habitant. Le vicaire en parlera à son père…

À la Toussaint, l'équipe branche aînée visite les lieux pour la première fois. C'est le coup de foudre. Séparées par une unique rue, la plupart des maisons, hautes de deux étages, sont dans un état de délabrement avancé : le rêve ! En contrebas, il reste une ferme, appelée Viérisnarde. Aux alentours, il est tout à fait possible de camper. Reste à négocier cet amas de ruines avec les propriétaires. En tout et pour tout, les filles ne disposent que de dix mille francs fournis par le secrétariat national : autant dire pas grand-chose. « C'est le vicaire qui a mené les discussions, raconte Odile Bonte. Il nous avait défendu de parler, nous disant : "Avec votre accent pointu, ils vont savoir que vous êtes de Paris, et ils vont faire monter les prix." » En un an, les Guides de France deviennent propriétaires de presque tout le village.

Reste à le reconstruire. Au cours de l'été 1961, deux mille guides aînées se relaieront sur le chantier. Sous la conduite de quelques Compagnons du Tour de France – les meilleurs ouvriers dans leur spécialité –, elles s'initient à la menuiserie, à la maçonnerie, à la charpenterie… « Toutes celles qui sont passées à Mélan cet été-là ont bien vu qu'il s'agissait d'une entreprise qui durerait au moins dix ans », affirme Odile. En fait, l'aménagement du village prendra vingt ans. Le projet est si emballant qu'il attire des jeunes extérieurs aux Guides de France : des garçons, qu'ils soient scouts ou membres d'autres mouvements de jeunesse, demandent à y participer. Sous l'égide des guides, des équipes mixtes d'animateurs sont formées. Bien entendu, la morale est sauve : le camp des filles est toujours installé loin de celui des garçons… Mais parfois, en dépit de toutes les précautions prises par l'encadrement, certaines ont « une tenue épouvantable » : l'expression est de Darie Crosnier, qui s'occupera de l'intendance de Mélan pendant de longues années. « Par exemple, elles passaient toute la nuit à… discuter avec des garçons ! Ça ne se faisait vraiment pas à l'époque. Puis nous nous sommes rendu compte qu'elles étaient juste en avance sur leur temps… »

Vatican II :
« Tous missionnaires, tous responsables »

Rome, 11 octobre 1962. La nef centrale de la basilique Saint-Pierre a été aménagée en vaste salle de réunion. Après trois ans de travail préparatoire, plus de deux mille évêques et supérieurs religieux s'apprêtent à participer au vingt et unième concile œcuménique de l'Église catholique : Vatican II. Jusqu'en décembre 1965, quatre sessions seront nécessaires pour mener à bien l'adaptation de l'Église au monde moderne, cet *aggiornamento* (« mise à jour ») voulu par le pape Jean XXIII et achevé par son successeur Paul VI.

Participer en chrétienne à la vie de la société : pour une guide de France, cette préoccupation constante est inscrite en filigrane de son engagement. La foi ne doit pas être une vieille habitude ou une tradition familiale que l'on entretient lors de la messe dominicale, mais une manière de vivre qui oriente au quotidien ses choix et ses actions. Pas étonnant, donc, que le guidisme français ait choisi dès le départ de soutenir cette vaste « démocratisation » de l'Église qu'est Vatican II. Un mois avant l'ouverture du concile, en septembre 1962, cinq cents cadres du mouvement se rendent d'ailleurs à Rome pour un pèlerinage qui prouve leur adhésion à cette démarche nouvelle.

L'enthousiasme est d'autant plus grand que, bien souvent, les Guides de France – mais aussi les Scouts et d'autres mouvements de jeunesse – ont l'impression d'avoir anticipé les conclusions de Vatican II. Il serait bien sûr présomptueux d'affirmer que les pères conciliaires se sont inspirés de la vie spirituelle des petites guides… Mais certaines initiatives, prises par le scoutisme catholique bien avant la tenue du concile, à une époque où l'Église était encore figée dans ses traditions, ont été autant de signes avant-coureurs de cette vaste réforme.

Sur le plan liturgique, par exemple. Depuis le concile de Trente – au XVIe siècle ! –, l'ordonnancement des cérémonies a peu évolué : le prêtre célèbre la messe en tournant le dos à la masse des fidèles, et tant pis pour ceux qui n'entendent rien au latin. Les scouts et les guides, eux, ruent dans les brancards, avec leurs eucharisties célébrées en plein air, leurs actions de grâce qui peuvent être dansées, leurs pèlerinages grandioses… et cette volonté de participer activement à la vie de l'Église. « À l'époque, la responsabilité des laïcs était difficilement concevable », rappelle Jean Debruynne, qui deviendra aumônier général des Guides et des Scouts de France en 1970. « L'Église était très hiérarchisée : le peuple était là pour obéir. » On se souvient toutefois des positions avant-gardistes d'Albertine Duhamel, première chef guide, qui refusa toute mainmise ecclésiastique sur « son » mouvement…

Vatican II reconnaîtra ce nouveau mode d'expression et de témoignage de la foi : les fidèles forment le peuple de Dieu, membres à part entière de l'Église, et sont, comme les prêtres, chargés d'annoncer la Parole. Ils sont, selon la formule du concile, « tous missionnaires, tous responsables ». Mieux encore : l'Église doit s'ouvrir au monde, à ses problèmes politiques, économiques et culturels. C'est le sens du texte conciliaire *Gaudium et spes* (« Joie et espoir »), entièrement consacré aux grandes questions contemporaines : « L'Église a le devoir, à tout moment, de scruter les signes des temps et de les interpréter à la lumière de l'Évangile, de telle sorte qu'elle puisse répondre, d'une manière adaptée à chaque génération, aux questions éternelles des hommes sur le sens de la vie présente et future et sur leurs relations réciproques[27]. »

Pour les Guides de France, les conclusions du concile sont une véritable libération : enfin, elles vont pouvoir se sentir totalement à l'aise dans l'Église. Le père Debruynne l'affirme : « Vatican II a authentifié la démarche spirituelle scoute. » Et il ajoute : « Pour la première fois, il y a eu un vrai débat. Et ça, c'est une révolution ! L'Église a fait son Mai 1968 avant l'heure, en quelque sorte… »

---

27. Cité dans *Les grandes intuitions du concile Vatican II*, Dominique Morin, « Les carnets de Fêtes & Saisons », Paris, Le Cerf, 1996.

V

La grande époque des doutes (1965-1977)

1965. Nous sommes au beau milieu des « Trente Glorieuses », les années fastes de l'économie française. Qui n'a pas encore son automobile, son réfrigérateur ou sa télévision ? La génération du *baby-boom*, qui ne connaît la guerre que par les livres d'histoire, profite avec insouciance de la nouvelle société de consommation préparée par ses aînés. La jeunesse yé-yé se plonge chaque mois dans *Salut les copains* en écoutant Johnny Hallyday et Claude François... à qui on peut toutefois préférer les Beatles ou les Rolling Stones. À cette époque, Coco Chanel trouve la minijupe complètement ridicule, Antoine chante ses « Élucubrations » et Godard vient de réaliser *Pierrot le Fou*. James Dean, dix ans après sa mort, fait encore un malheur.

Dans un style plus rassurant, le général de Gaulle est de nouveau porté à la présidence de la République. À l'Éducation nationale, on peaufine la grande réforme de l'enseignement secondaire mise en place à la rentrée 1963. Les CES (collèges d'enseignement secondaire) viennent d'être créés : à eux la charge de la préadolescence, avant de passer le relais aux lycées qui, eux, s'occupent des plus de quatorze ans. La mixité se généralise. Les activités extrascolaires aussi :

l'école n'est plus le seul lieu d'éducation de la jeunesse. Et le scoutisme n'est plus la seule pédagogie proposée. Chez les Guides de France, on réfléchit depuis quelques années déjà aux moyens de faire face à la nouvelle concurrence. « Nous savons qu'un certain nombre de remises en question sont faites par rapport à notre mouvement, à son actualité, à sa réponse adéquate aux besoins des jeunes, constate la commissaire générale Marie-Thérèse Cheroutre. Notre époque appelle des formes plus souples de la participation et de la responsabilité. La notion de chef, d'autorité évolue. Elle n'a pas disparu, mais se situe sous des modes différents. [...] Nous savons très bien que les mots de liberté et d'indépendance chantent à cette génération autrement qu'il y a dix ou quinze ans, et qu'ils s'expriment dans des attitudes et des relations nouvelles [1]. »

C'est donc décidé : le mouvement va s'attaquer à une refonte en profondeur de ses trois tranches d'âge. Il ne s'agit plus seulement d'un changement de formulation, comme lors de la réforme de la loi guide en 1953, mais d'une réelle adaptation de toutes ses propositions, en accord avec les envies et les besoins de la génération montante. Les 7 et 8 mai 1966, lors de l'assemblée générale des Guides, l'équipe nationale peut enfin présenter les grands points de ce guidisme « nouvelle vague ».

La pédagogie des jeannettes reste fondée sur la symbolique de la forêt. À chacune des trois étapes – les sentiers –, la petite fille cueille une fleur, signe de sa progression : elle apprend à être propre, active, honnête et gaie. Elle sait aussi qu'elle peut choisir librement, qu'elle est responsable de ses

1. Assemblée générale des Guides de France, 7 et 8 mai 1966 (et citations suivantes).

actes et que, si elle dit « oui » à cette vie de jeannette, elle devra d'abord penser aux autres. À onze ans, à la veille de son adolescence, elle quitte alors la ronde pour rejoindre la deuxième branche, celle des guides.

Cette tranche d'âge-là a été scindée en deux : à treize ou seize ans, les désirs ne sont pas les mêmes. De douze à quatorze ans, la jeune fille garde donc le nom de guide ; au sein de la compagnie, elle vit une « aventure », une exploration du monde environnant qui lui permet de se découvrir elle-même. À quinze ans, elle devient « caravelle ». Avec son groupe, elle réalise une « entreprise » : accueil de jeunes étrangers, réalisation d'un journal, camp de ski... Le but étant d'apprendre, dans une relative autonomie, à se prendre en charge. « La démocratie prend ici un sens bien concret, à la dimension de filles de quinze-seize ans. C'est la convergence de tous les efforts pour réaliser le projet commun », explique-t-on à l'assemblée générale.

Restent les plus de dix-sept ans. Là, la nouvelle proposition est quasi révolutionnaire : le temps des héroïques demoiselles des patronages est bel et bien révolu, et il faut désormais faire avec ces « *beatniks* qui narguent la société en cheveux longs et treillis, [ces] jeunes Chinois criant “à bas l'impérialisme”, [ces] filles en minijupes qui se veulent émancipées : quels qu'ils soient, quelle que soit leur foi, c'est le même besoin de vivre, la même force, la même soif d'un monde tout autre qu'ils expriment[2] ». En 1966, les Guides de France s'apprêtent donc à faire le grand saut dans l'inconnu : réunir filles et garçons autour d'un même projet.

Car il faut bien voir les choses en face : comme le répète l'un des tubes de l'époque, « tous les garçons et les filles de

2. *Feux de France*, mars 1967.

mon âge savent bien ce qu'aimer veut dire»... Et les Guides de France préfèrent accompagner et encadrer ces moments inéluctables de collaboration mutuelle. L'entreprise sera menée de concert avec les Scouts de France : les deux mouvements décident la création d'une branche commune intitulée «Jeunes en marche», les JEM. Les équipes ne sont pas mixtes, mais s'engagent ensemble autour d'un même projet qui répond à leur devise : «Une terre fraternelle à bâtir».

Vatican II est passé par là : la nouvelle orientation de la branche aînée cadre tout à fait avec les grandes perspectives du concile. «Il ne s'agit pas de conquérir le monde, comme on pouvait le faire au temps des croisades, il s'agit d'être là pour servir le monde[3]», rappelle le père Perrot devant l'assemblée générale de mai 1966. C'est la nouvelle tâche du chrétien, c'est donc aussi celle du scout ou de la guide : être «un homme [ou une femme] qui participe à la construction de ce monde». «Il faut pour cela un homme qui soit présent aux réalités temporelles et qui se sente responsable, qui sache entrer en dialogue, qui sache comprendre, accueillir, et qui ait le sens de la participation», poursuit Daniel Perrot. En clair, il faut, selon la formule du concile, «stimuler chez tous la volonté de prendre part aux entreprises communes».

Quelques mois après l'assemblée générale, à la Toussaint 1966, plus de quatre mille cheftaines de toute la France se retrouvent, à Paris, au Parc des expositions de la porte de Versailles : elles ont trois jours pour prendre connaissance des nouvelles propositions du guidisme et réfléchir sur cette jeunesse dont elles ont la charge. Entre une visite éclair de la capitale et une grand-messe à la cathédrale Notre-Dame,

3. *Dans les perspectives du concile*, intervention de Daniel Perrot à l'assemblée générale des Guides de France, 7 et 8 mai 1966 (et citations suivantes).

elles prennent le temps d'écouter les exposés d'intervenants extérieurs, comme par exemple Raymond Labourie, animateur de La Vie nouvelle (un mouvement d'adultes chrétiens et citoyens) : « L'adolescence se perçoit comme une société, parce qu'elle a ses héros, son langage, ses clubs, sa presse ; elle se dit, elle se raconte à travers France Gall, à travers Sheila. [...] Elle prend conscience d'elle-même à travers cette expérience sociale comme une couche importante de la nation. [...] Vous faites certainement plus vite l'apprentissage de l'échange, du dialogue, du travail en commun. [...] [Mais] le groupe peut se fermer sur lui-même. Or les marchands de disques, les fabricants de journaux, à l'heure actuelle, par les rites qu'ils développent, par les symboles qu'ils exploitent, tendent à enfermer le groupe jeunesse de nos sociétés dans une sorte de cage dorée. [...] Et le risque, c'est de prolonger l'adolescence dans un nouvel infantilisme au lieu de la préparer à la vie adulte[4]. »

Le temps des dissidences

Ce passage de l'adolescence à l'âge adulte, d'autres mouvements de scoutisme – protestant, israélite ou non confessionnel – le préparent aussi bien, quoique avec une orientation spirituelle différente. D'ailleurs, ces associations vivent en bonne entente au sein du Scoutisme français, la seule fédération à être officiellement reconnue par les plus hautes instances du scoutisme mondial.

Mais c'est chez les catholiques que l'époque est à la sécession. Depuis 1958, des radicaux ont créé leur propre

4. Cité dans *Feux de France*, décembre 1966.

bannière qui, en 1963, prendra le nom d'« Association des guides et des scouts d'Europe ». Le but : retrouver ce qu'ils pensent être la pureté originelle du scoutisme de grand-papa, défini par lord Baden-Powell en 1907 et le père Sevin en 1920… Et, par la même occasion, œuvrer pour un retour de la chrétienté, valeur fondatrice de notre civilisation européenne. C'est du moins la conviction profonde du directoire religieux du nouveau mouvement : « L'unité de l'Europe s'est réalisée dans la chrétienté. […] Le fractionnement du continent en nationalités spirituellement fermées a été la conséquence des guerres de religion qui ont compartimenté les croyances d'après les royaumes. La FSE [Fédération du scoutisme européen] voit, dans le refus de Dieu par les nations, la tendance qui consistait à subordonner la foi à l'intérêt national, à la volonté générale ou à la raison d'État. […] La FSE agit pour l'unité de l'Europe et veut contribuer à lui rendre son âme en travaillant à faire naître une nouvelle fraternité des peuples dans le Christ[5]. » Foin de la laïcité ! Plus loin, on ajoute : « À l'heure où s'élabore, dans l'univers (*sic*), une conscience marxiste internationale, les chefs ont le devoir de travailler activement à refaire le réseau humain qui témoignera dans le monde de l'universalité de l'Église du Christ[6]. »

Le scoutisme, rempart contre la montée de la pensée communiste ? Car c'est bien de politique qu'il semble s'agir. Au-delà des questions de pédagogie, au-delà des débats sur le lever des couleurs ou le port de l'uniforme, les mouvements de jeunesse entendent préparer leurs adhérents à vivre en société, avec comme préoccupation majeure cette vaste ques-

5. Article 2 du directoire religieux de la Fédération du scoutisme européen, avant 1977.
6. Article 7, *ibid.*

tion : quels citoyens pour demain ? Alors qu'un peu partout la loi de référence et les programmes se modifient et se modernisent, les Scouts et les Guides d'Europe choisissent, eux, de conserver la toute première version – et ce n'est pas anodin : en filigrane, on trouve dans cette loi les réponses aux interrogations sur la liberté, l'obéissance, le libre arbitre ou le respect dû au chef... Serait-ce un refus d'admettre que, des décennies après l'invention du scoutisme, ces réponses soient devenues plus libérales ?

Quelques années plus tard, en 1971, d'autres scouts catholiques feront à nouveau le choix du divorce. Refusant la réforme pédagogique des Scouts de France qui, comme les Guides, ont scindé en deux leur branche adolescence (les rangers et les pionniers), plusieurs groupes de chefs s'unissent dans une nouvelle association, les Scouts unitaires de France, entraînant des filles dans leur sillon. Les divergences sont plutôt d'ordre pédagogique, mais cette dissidence n'en pose pas moins, pour les mouvements fondateurs, l'épineux problème de la concurrence : à partir des années soixante et soixante-dix, Scouts de France et Guides de France devront régulièrement faire face à des fuites de leurs effectifs vers ces autres associations.

Joli mois de mai...

La scène de ce 8 janvier 1968 a un petit air surréaliste. D'un côté, un jeune anarchiste, étudiant en sociologie de nationalité allemande : Daniel Cohn-Bendit. De l'autre, François Missoffe, le très respectable ministre de la Jeunesse et des Sports du gouvernement gaulliste. Ce dernier vient d'inaugurer une piscine sur le campus de Nanterre à peine achevé. Sa confrontation avec « Dany le rouge » va très rapidement faire le tour de l'université :

Cohn-Bendit : « J'ai lu votre Livre blanc [sur la jeunesse]. Six cents pages d'inepties. Vous ne parlez même pas des problèmes sexuels des jeunes. »

Le ministre : « Si vous avez des problèmes de cet ordre, vous feriez mieux de plonger trois fois dans la piscine. »

Cohn-Bendit : « C'est exactement le type de réponse qu'on obtient en régime fasciste. »

Quelques mois plus tard, les premiers pavés volent en direction d'un fourgon de police. Nous sommes le 3 mai 1968. Paris va connaître un mois de barricades et d'affrontements violents. Pêle-mêle, tout est remis en question : la société de consommation, la discipline imposée dans les cités universitaires, les études elles-mêmes, la mainmise paternaliste des gaullistes sur la France, l'ostracisme à l'égard des questions sexuelles…

De Gaulle avait pourtant bien prévenu le ministre Missoffe : « Regardez la jeunesse, cherchez, je ne veux pas vous influencer. Mais vous verrez, il y a quelque chose, un problème… » Effectivement. La génération montante a peut-être été élevée dans le respect de la famille, du pays et de l'Église, mais aujourd'hui elle demande des comptes à ses aînés et refuse un avenir rose, certes, mais tracé d'avance. Hors de question de se laisser enfermer dans des schémas préexistants… Il faut construire soi-même sa vie future !

Les cadres des Guides de France, en rapport constant avec les jeunes, ont bien ressenti, avant l'explosion de mai, les premiers signes contestataires. Les camps de Mélan, le petit village en chantier du Sud de la France, sont un excellent « baromètre de l'opinion » des plus de dix-sept ans, selon l'expression d'Odile Bonte. Chaque mois d'août, quelque deux cents filles et garçons de différentes nationalités s'y retrouvent pour vivre une expérience communautaire. Il ne s'agit pas de scoutisme à proprement parler, mais ces « villages-jeunes » fonctionnent sous la responsabilité directe des Guides. Répartis par quinzaine dans des « résidences », les jeunes apprennent à gérer les services quotidiens, découvrent un style de vie parfois un peu rude et débattent des grandes questions de l'époque, telles que le syndicalisme, l'amitié entre garçons et filles ou la musique concrète... En bref, « si tu décides d'accepter les règles d'une vie communautaire et d'y participer, d'approfondir tes connaissances dans un domaine qui t'intéresse, d'être heureux en plein air malgré les intempéries possibles, de respecter les autres, leur recherche et leurs convictions... Mélan t'attend[7] ».

« À la rentrée 1967, quand nous [l'équipe branche aînée] sommes revenues du village-jeunes, nous avons dit au centre national : "On ne sait pas ce qui va se passer l'année prochaine, mais la génération qui arrive est tout à fait nouvelle" », affirme Odile Bonte. Le courrier des participants en témoigne : appelés par les responsables à faire part de leurs points de vue, ils n'ont pas hésité à s'exprimer. François-Xavier, par exemple, leur écrit : « On a l'impression que tout est organisé et dirigé à partir du cabanon [le QG du village] par trois ou quatre personnes ; ce qui a fait dire que nous étions aussi à Mélan sous un régime gaulliste ! » Et le jeune homme de poursuivre : « Or ce n'est pas le but de Mélan que ce dirigisme plus ou moins déguisé. [...] En conclusion, on ne doit plus sentir la tutelle du cabanon sur toutes les activités du camp[8]. » L'appel est clair : les jeunes veulent prendre

7. Conditions de participation au village-jeunes de Mélan, rentrée 1965.
8. Lettres de participants, après le village-jeunes de Mélan d'août 1967 (et citations suivantes).

leur part de responsabilité dans la vie du village. Selon Jean-Yves, il faut par exemple « que les jeunes s'occupent aussi de toutes les questions de discipline, de morale, et essaient de vous aider à résoudre les grands problèmes qui se posent quand on met des filles et des garçons ensemble, ou des gens de races différentes. Je ne crois pas que les jeunes soient capables de les résoudre seuls, mais ils doivent en prendre conscience et les approfondir. »

Les aider à devenir responsables : c'est à peu près l'antienne de ce courrier cuvée 1967. « Je déplore un peu les discussions, souvent stériles, mais qui ne peuvent être évitées dans une si grande communauté », note une jeune fille. « Il ne faut pas se faire d'illusions sur les capacités d'initiative des jeunes en ce qui concerne des techniques auxquelles ils ne connaissent rien », renchérissent dans une lettre commune Maurice et Jean-François. « Ils ne demandent qu'à apprendre, et pour cela à être dirigés par des animateurs compétents. [...] En tous cas, ce ne sont pas les jeunes qui changeront : ils ne savent que critiquer... C'est la manière de les conduire qui leur donnera envie de revenir pour faire le village que nous souhaitons tous », concluent-ils.

Au mois de mai 1968, il ne se trouve pas grand-monde chez les Guides de France pour espérer l'avènement de la révolution. Che Guevara n'est pas l'idole des cadres du mouvement, et le fameux slogan « Jouissez sans entraves » n'est pas leur tasse de thé. Au centre national, installé rue de la Glacière, il y a bien quelques assemblées générales organisées par le personnel administratif, parfois quelques affiches sur les murs... Mais pour canaliser cet embryon de contestation, on encourage les meneuses à... repeindre les bureaux !

Si les Guides de France ne sont pas des *pasionarias* des barricades, elles ne veulent pas pour autant assister de manière passive aux événements. Pendant tout le mois, des cadres du mouvement, en compagnie d'autres dirigeants d'associations, vont occuper les locaux du FIAP (Foyer international d'accueil parisien), installé rue Cabanis, dans le XIVe arrondissement. Ce centre, dépendant du ministère de la Jeunesse et des Sports, permet aux adhérents des principaux mouvements de jeunesse de se loger à moindres frais lors de leurs déplacements dans la capitale. On y croise, durant ce mois d'occupation, la commissaire générale des Guides, Marie-Thérèse Cheroutre, mais aussi les dirigeants des Scouts de France et des Éclaireurs... et même Pierre Mauroy, futur Premier ministre, alors à la tête du groupe des jeunes socialistes Léo-Lagrange !

Le but de cette opération : élaborer, avec l'ensemble de ces associations, un grand projet d'éducation de la jeunesse – et, plus vaste encore, un projet d'éducation populaire qui permette à chacun d'accéder à la culture. « Il s'agissait de trouver le moyen d'une meilleure intégration des jeunes et des associations au sein de la société », explique Marie-Thérèse Cheroutre. En compagnie de douze de ses camarades, la commissaire générale préparera les revendications qui seront portées sur le bureau de Georges Pompidou... Mais le Premier ministre, qui tente alors de négocier la fin de la crise, n'y donnera pas suite.

Le reste des grands thèmes de Mai 1968, la chute du capitalisme ou la revendication d'une liberté totale, ne fait pas partie des préoccupations premières des Guides de France. Il est vrai que le mouvement avait déjà réglé – en interne – certaines grandes questions quelques années auparavant. Le concile Vatican II a été, pour tous les chrétiens en attente d'un changement, la réponse à leurs espoirs d'une modernisation de l'Église. Quant à la réforme des branches de 1966, elle a redéfini les notions d'autorité, de responsabilité et de participation.

Il reste, bien sûr, cette « libération de la parole » : Françoise Commissaire, à l'époque permanente à la branche jeannette, s'enthousiasme pour ces discussions impromptues avec des inconnus, dans les rues de la capitale paralysée par les grèves. On passe, comme elle dit joliment, « de la foule au groupe ». Le père Debruynne aussi se réjouit de « cette volonté de démocratie directe, avec ce qu'elle peut avoir d'enfantin et de naïf », qui est « le signe d'une expression perdue » qu'on doit retrouver... Le village-jeunes d'août 1968 à Mélan répercutera d'ailleurs l'écho du mois de mai : chaque matin, chaque soir, on y refait le monde, inlassablement. « Mais on passait aussi des heures à prier, à lire ensemble l'Évangile, avec ferveur, dehors, assis par terre », raconte Jean Debruynne. Odile Bonte en garde au bout du compte un très bon souvenir : « C'était épuisant... mais très intéressant ! »

Les récoltes d'après-Mai

Apaisement des syndicats avec la signature des accords de Grenelle, victoire des gaullistes aux élections législatives anticipées, formation d'un nouveau gouvernement... Les importants changements politiques de l'après-Mai 1968 sifflent la fin de la grande récréation. À la rentrée, les étudiants reprennent le chemin de l'université. Mais ils ont accaparé la parole et n'entendent pas la rendre de sitôt. Il s'agit désormais de transformer l'essai : la jeunesse veut prendre part à la construction de la société. « Depuis que la révolte étudiante, soulevant une profonde lame de fond, a remis en question et bousculé des structures et des modes de pensée, solides pourtant comme des forteresses, nous avons perçu comme un signe d'espoir ces expériences multiformes de participation, de responsabilité, de prise en charge, affirme Marie-Thérèse Cheroutre. Trouveront-elles un langage commun et des structures représentatives ? Échapperont-elles au risque de la confusion entre l'éducation, le syndicalisme et la politique ? Survivront-elles aux différents pouvoirs qui les revendiquent ou les exploitent ?» Autant de questions que les Guides de France ne veulent pas laisser sans réponse : «La même volonté d'attention à l'événement, d'analyse lucide, d'engagement dans l'action doit nous mobiliser, poursuit la commissaire générale. Si nous croyons que des réformes de notre société sont urgentes et qu'enfin la jeunesse peut y prendre sa part, ce n'est pas le moment de se mettre au ralenti[9]. »

Aux différents échelons du mouvement, les discussions vont bon train. Les aînées débattent ensemble de thèmes aussi variés que « guidisme et politique » ou « Église et révolution »... Chaque tradition, chaque rite du scoutisme est systématiquement remis en question : Faut-il continuer à porter l'uniforme ? L'autorité a-t-elle encore un sens ? La promesse n'est-elle pas trop ringarde ?

À cette époque, Béatrice Labey (née Bourcheix) vit cette effervescence avec pas mal de désinvolture. Elle a toujours aimé la simplicité des rapports directs. Dans les années cinquante, elle appréciait déjà, au sein de sa compagnie de Courbevoie, près de Paris, « cette ambiance très guidouille, quand on chaussait nos Pataugas pour aller jouer au trappeur dans les bois... ». En 1969, quand elle accepte de devenir

9. *Feux de France*, juin 1968.

cheftaine d'un groupe de caravelles du XVIIe arrondissement, elle ne s'offusque donc pas quand les filles la tutoient et l'appellent par son prénom. L'uniforme même n'est plus vraiment obligatoire. « Ça faisait un peu bande d'amies, mais quand même dans l'esprit du scoutisme ! » se défend-elle. Du seul camp qu'elle a vécu avec ses caravelles, elle garde un souvenir bien particulier : « C'était un camp à vélo, en Haute-Provence, avec un groupe de pionniers des Scouts de France. Moi, je roulais en Solex, parce que j'avais pas mal d'allées et venues à faire… Les filles m'ont fait pas mal marner, parce qu'elles auraient voulu rester seules avec les garçons… Il faut dire que les chefs étaient très mignons ! »

Car l'ouverture aux garçons devient de plus en plus évidente. Ne voit-on pas, en couverture de la revue *Feux de France* de juin 1968, une jeune fille en maillot de bain entraînée vers la mer par trois garçons fort bien bâtis ?… Même si les Scouts de France, à cette même époque, se sont retirés du projet des Jeunes en marche pour reformuler leur propre branche aînée, le principe d'équipes JEM ouvertes aux garçons a toujours la faveur des Guides de France. Gilbert, JEM à Boulogne-sur-Mer, raconte la création de son équipe dans la revue *PARI* (« Pour l'animation, la recherche et l'invention »… qui prendra la suite de *Feux de France* en janvier 1969) : « Tout est parti d'une attirance et d'une sympathie naturelles. […] Ça fait toujours plaisir à un garçon de voir le joli minois d'une fille, et une fille est sans doute attirée par l'assurance tranquille et la force d'un garçon. » Oui, mais voilà : « Le garçon, plus stable peut-être qu'une fille, encaisse plus facilement les choses un peu désagréables ; une fille est peut-être plus sensible, plus vite atteinte dans sa sensibilité. Et les garçons apprennent petit à petit à arrondir les angles, à ne pas trop tout jeter durement à la figure des autres ; les filles en revanche apprennent petit à petit à passer au-dessus de certaines paroles trop vite dites dans le feu d'une discussion. » L'échange, en conclusion, n'est pas sans danger : « Une fille rêve facilement, et telle ou telle parole gentille de la part d'un garçon la fait quelquefois bâtir de petits châteaux en Espagne. Et il faut faire effort pour garder toujours un climat d'équipe très sain. Encore que les garçons savent aussi rêver, quelquefois[10]... » Quand même !

Pourtant, alors que tout, dans la société post-soixante-huitarde, pousse à la mixité, les Guides de France réaffirment à contre-courant la nécessité d'un mouvement d'éducation spécifique pour les filles, afin de leur permettre de développer leur potentiel au sein d'une société qui les enferme encore trop souvent dans des modèles réducteurs. Féministes, les Guides de France ? À l'orée des années soixante-dix, le terme est furieusement *in* : le 26 août 1970, une dizaine de femmes tentent de déposer sous l'Arc de triomphe une gerbe de fleurs à la mémoire de la femme inconnue du soldat inconnu. C'est la naissance du Mouvement de libération des femmes (MLF). Un peu partout, des « pétroleuses » s'unissent dans des groupuscules plus ou moins éphémères et radicaux où les hommes sont carrément mis au ban. Mais les Guides n'accrochent pas à ces revendications extrêmes. « Le féminisme ? Mais il a été intégré dès les débuts du guidisme ! s'exclame Brigitte Beaumont. Dans un monde très machiste, les filles sont enfin éduquées en êtres autonomes : elles vivent en pleine nature, partent en camp, prennent la parole... Et même si, à cette époque-là, le mouvement avait la réputation de n'accueillir que des filles tarées, moches, qui

10. *PARI*, avril 1969.

avaient peur des garçons… C'est plutôt qu'on n'avait pas besoin d'eux ! »

Depuis 1965, Brigitte Beaumont est en charge du district de Montpellier. Pendant dix ans, la jeune femme va animer l'équipe locale de maîtrise – qui comptera, bon an mal an, une cinquantaine de cheftaines. Ensemble, elles cherchent des réponses. « Nous avions décidé de garder l'uniforme pour les cérémonies, raconte-t-elle, mais nous n'étions même pas sûres de nous : partout, tout poussait à lâcher du lest. La contrainte n'était pas à la mode. » Pour Brigitte, l'essentiel, c'est de retrouver la signification profonde des traditions. Son guidisme de petite fille l'avait déçue parce qu'« il était poussif et rempli de rites creux », comparé aux histoires passionnantes que lui racontait sa mère. Arrivée à un poste de responsable, elle sait désormais à quoi s'attaquer. La totémisation sera sa première tâche.

Elle-même avait fort mal vécu sa propre cérémonie d'intronisation… provoquant même un scandale en pleine nuit ! Car « Louve à l'affût » juge « débile ce bizutage cruel, ce plaisir à humilier ; ce n'est qu'une galéjade, une parodie de transformation de l'identité » qui n'a rien à voir avec ce qui se fait, par exemple, chez les Indiens d'Amérique. Responsable du district, elle cherche à en empêcher la pratique. On passe outre son interdiction. Alors elle planche sur le sujet avec ses cadres : elles réfléchissent à l'importance de la totémisation, s'appuient sur la Bible, travaillent les épreuves. « Et j'ai ainsi participé à des cérémonies enfin belles, dans le silence de la nuit, entourées du plus grand secret… »

Autre rituel d'importance : la promesse. Cet engagement devant témoins a beau être l'un des piliers de la pédagogie de Baden-Powell, il n'en est pas moins, lui aussi, remis en question. « Sur mon honneur et avec la grâce de Dieu, je m'engage à servir de mon mieux Dieu, l'Église et la patrie, à aider mon prochain en toutes circonstances et à observer la loi des guides… » Ces mots sont loin d'être inscrits dans le lexique du parfait petit soixante-huitard !

Mais il s'agit moins de contester l'existence de la promesse que de s'interroger, là encore, sur sa signification. Une cheftaine guide de Toulouse apporte sa réponse : « Le sens de la promesse ? Je crois que les filles veulent se lancer à fond dans la vie de la compagnie, et surtout de l'équipe, et qu'au fond l'engagement les tente parce que c'est une occasion pour elles de s'affirmer : décider qu'on fera de son mieux pour tenir une promesse, vouloir suivre la voie et l'exemple de ceux qu'elles admirent… Mais surtout, c'est au niveau du relais [la dernière année avant les caravelles], où les discussions naissent plus spontanément, qu'elles disent "se rendre compte" de leur engagement. Je crois qu'elles y découvrent alors une dimension plus profonde [11]. »

Pour Brigitte Beaumont, il faut personnaliser la cérémonie de la promesse. Non aux formules creuses apprises par cœur ! C'est aussi l'avis d'une responsable caravelle de Clermont-Ferrand : « C'est avant tout une question d'esprit. Pour faire sa promesse, Christilla a dû participer à la vie de l'équipe et prendre ses responsabilités au cours des différentes entreprises ; c'est l'ensemble de la caravelle qui, au cours d'une discussion, a décidé avec elle qu'elle ferait sa promesse, parce qu'elle le méritait. » Ce qui permet à cette cheftaine de dire : « Ce qui semble le plus important aux caravelles dans la promesse, c'est le fait de s'engager dans une équipe d'amies pour faire quelque chose ; quelque chose entre elles pour s'unir et se découvrir davantage, pour s'enrichir aussi et

11. *PARI*, mai 1969 (et citations suivantes).

s'aider, et quelque chose pour les autres. Je crois qu'elles sont moins sensibles à l'appartenance au mouvement… »

Mais si le sentiment de faire partie de la « grande fraternité guide » est moindre, les guides – du moins les aînées – ont en revanche les yeux tournés hors de France. La misère des pays du tiers-monde révolte les jeunesses occidentales ; ce que l'on appellera plus tard l'humanitaire commence à faire ses premiers pas. L'Europe, lentement mais sûrement, se construit. Avec un bémol toutefois : la CEE n'est pour le moment qu'un vaste marché économique, et l'unité politique n'est pas pour demain. Comment faire rêver les jeunes avec un tel projet ?

Strasbourg, carrefour de l'Europe scoute

En quelques années, Strasbourg a trouvé sa vocation : l'Europe. Depuis 1949, les fonctionnaires du Conseil de l'Europe ont installé leur quartier général en bordure des canaux de la capitale alsacienne, préparant le terrain pour les futurs parlementaires européens. C'est là que se retrouvent au mois d'août 1970 quelque mille deux cents jeunes âgés d'au moins dix-sept ans, venus de quinze pays différents pour participer à une sorte de vaste « congrès scout ».

L'opération a un nom : « Europe 70 ». Le projet fédère vingt associations de scoutisme et de guidisme catholique d'Europe occidentale : pour elles, il s'agit d'amener leurs adhérents à réfléchir sur un certain nombre de thèmes qui, de près ou de loin, touchent la jeunesse.

L'Europe des marchés qui se construit ne l'enthousiasme pas outre mesure. Plutôt que de politique agricole, les jeunes veulent entendre parler d'environnement, de culture… ou de la place de l'homme au cœur du système économique. Europe 70, un peu comme un « Mai 1968 scout », va leur donner la parole : pendant dix jours, avant le rassemblement final de Strasbourg, une dizaine de pistes de réflexion sont explorées dans plusieurs carrefours en Allemagne, en Belgique, en Suisse, en France et au Luxembourg. Les intitulés sont parfois sibyllins : à Munich, on traite du thème « Vingtième étage, couloir F, porte 235, immeuble B. Nouvelles possibilités pour l'homme au royaume de l'anonyme[12] »... ou les dangers de l'urbanisme dévoyé. À Offenburg – toujours en Allemagne –, on planche sur le sujet suivant : « Ah ! Vivre sur les bords du Rhin ! C'est le cœur de l'Europe... Bof ! Rive gauche ou *Rechtsseite*, ou la croissance économique d'une région internationale »... Tout un programme ! À Marseille, les jeunes réfléchissent au choc pays industrialisés / pays sous-développés ; à Avignon, le sujet est culturel ; à Luxembourg on parle du pacifisme...

Bien sûr, les thèmes sont éclectiques... Mais, pour les participants d'Europe 70, ils ont tous un rapport direct avec l'éducation de la jeunesse. Extrait de la déclaration finale : « Nous pensons que tout acte a un sens par rapport à l'organisation de la société. Tout est politique. En ce sens, nous croyons que tout acte posé concerne le tiers-monde. La solution au problème du sous-développement du tiers-monde et aux tares de nos sociétés occidentales passe en grande partie par l'éducation. Il s'agit de favoriser l'expression d'une pédagogie du développement. Nous croyons que le scoutisme a un rôle à jouer dans cette démarche. Nous voulons promouvoir à notre niveau d'aînés des activités dans la vie

12. *JEM*, décembre 1969 (et citations suivantes).

sociale, et permettre à tous les moyens d'une analyse des réalités, pour une prise de conscience politique[13]. »

Ouf ! Dans ce bouillonnement d'idées, quelques mesures concrètes sont quand même évoquées : les jeunes congressistes appellent à la création d'une « instance européenne de la jeunesse », prémices d'une politique commune de l'enseignement qui n'est pas près d'être engagée… et insistent sur l'importance de l'instruction civique, tant à l'école qu'au sein de leurs mouvements. Mais Europe 70 sera surtout marqué par cette effervescence qui agite la jeunesse depuis quelques années : remises en cause systématiques, désirs d'autonomie… Reste, au centre de tous les débats, la principale question, qui ne sera pas immédiatement résolue : au milieu de cette contestation, que deviennent les plus jeunes ? À dix-huit ou vingt ans, les aînés scouts et guides ont la responsabilité éducative d'enfants : quel cadre souhaitent-ils donner à leur mission ?

Scouts et Guides de France : les fiançailles

À l'orée des années soixante-dix, le constat semble assez simple : les Guides et les Scouts de France sont deux mouvements de scoutisme catholique qui, dans le fond, se ressemblent. Ils s'inscrivent pleinement dans la démarche de Vatican II et, tout au long de leur histoire, ils ont su moderniser leurs propositions pédagogiques. Pourquoi alors ne formeraient-ils pas une même entité ?

Les équipes nationales des Guides et des Scouts de France vont essayer d'apporter les premières réponses au cours des

13. *JEM*, octobre 1970.

années soixante-dix. Après quatre ans d'interruption, l'animation commune de la branche JEM reprend en 1972. Dans le même temps, les deux associations tentent un premier rapprochement au sein des « Clés », les « communautés locales éducatives » : au niveau local, chefs et cheftaines sont appelés à se concerter plus souvent, à échanger leurs points de vue sur leurs soucis d'animation. 1972, c'est aussi l'année de la création d'une revue commune, *ProGetS* : le G pour les guides, le S pour les scouts... Un titre dont l'orthographe un peu spéciale aurait valu, selon un professeur de français, quelques points en moins à l'examen du bac !

Le premier numéro de *ProGetS* s'ouvre sur un éditorial en forme d'objectif, « l'appel à l'espérance » : « Inventons un scoutisme qui soit un nouveau regard. Notre scoutisme ne peut pas s'accommoder d'un monde qui ne veut rien changer. Notre scoutisme ne peut se faire complice d'un monde qui enferme l'homme dans le mépris. Nous ne pouvons plus accepter que ce soient les objets qui choisissent notre avenir. [...] Inventons des lieux du scoutisme qui accueilleront comme au premier jour. Brisons les solitudes de la ville. Inventons des communautés si neuves et si fortes que chacune deviendra une Église tellement heureuse que l'invention en sera inépuisable et que l'autre, d'où qu'il vienne, se sentira reconnu et aimé pour lui-même. Posons entre nous des actes de communion qui fassent éclater les frontières. Donnons-nous des rendez-vous. Il est temps, déjà le jour se lève. Quelque chose est en train dans l'univers [14]. »

Les cadres des Guides et des Scouts le ressentent : il est temps de donner un souffle nouveau à leur mission commune d'éducateurs. Les temps ont bien changé. Le scoutisme

14. *ProGetS*, janvier 1972.

serait-il fatigué de ces débats interminables qui ont fait suite à Mai 1968 ? Au-delà de ces questions, les aînés des deux mouvements ont besoin de se trouver une cohésion nouvelle.

Et pour se retrouver face à soi-même, quoi de mieux qu'une petite retraite en plein désert ? La gageure est de taille : il s'agit de faire vivre, pendant trois jours, dix mille jeunes dans un lieu vide de tout, sans eau courante, dans la caillasse, en pleine chaleur de l'été... en pariant sur l'enthousiasme et la bonne humeur. Pas besoin de planter sa tente dans le sable du Sahara : les équipes nationales ont découvert leur petit coin de désert, en France, dans le département de l'Hérault, au lieudit « la Trivalle ». Autant dire au milieu de nulle part.

Woodstock à la Trivalle

Fin juillet 1973. Le décor est fantasmagorique. Sous un soleil de plomb, au milieu des cailloux, des centaines et des centaines de tentes ont été plantées. La silhouette des installations est simple, presque épurée. À pied, en carriole ou même en trottinette, des milliers de jeunes débarquent à la Trivalle. Les garçons, torse nu, mal rasés, ont les cheveux longs ; les filles ont parfois opté pour le maillot de bain. Lord Baden-Powell s'en offusquerait-il ? Ces jeunes-là sont scouts et guides.

À première vue, on parierait pour une réédition française de Woodstock – ce gigantesque rassemblement hippie qui, en 1969, avait réuni des centaines de milliers de personnes dans un coin perdu des États-Unis. Un peu partout on improvise des petits concerts de musique folk. Les chansons antimilitaristes de Maxime Le Forestier tiennent la vedette.

Toute la nuit, on joue de la guitare. Les tentes sont souvent mixtes – comment l'empêcher ?

N'en déplaise aux apparences, ce que ces jeunes-là – JEM, chefs ou cheftaines – s'apprêtent à faire est très sérieux. Les trois jours de cet immense forum en plein air doivent redonner un nouveau départ au scoutisme. Dépouillés du superflu, ces dix mille scouts et guides cherchent ensemble à retrouver l'essentiel : le sens de leur engagement auprès des plus jeunes. Lors des discussions, ils prennent des notes : leurs réflexions seront regroupées, à la rentrée, dans un numéro spécial de *ProGetS*, qui deviendra le *Livre de la Trivalle*.

Tous les sujets sont abordés avec une sincérité profonde : « scoutisme et politique », « scoutisme et marginaux », « engagement de chef », « relations pédagogiques », etc. « Le scoutisme est avec force reconnu comme une pédagogie de l'accueil, de l'ouverture aux autres permettant de s'accepter différents et riches de ces différences [15] », lit-on comme point de départ.

Car c'est bien le souci numéro un de ces scouts et guides : ils veulent en finir une fois pour toutes avec cette étiquette qui, quelles que soient les nouvelles initiatives, colle depuis toujours au scoutisme, mouvement « de type bourgeois, intellectuel, pour enfants sages et disciplinés, œuvre paroissiale ». Les chefs et les cheftaines le reconnaissent : pour la plupart, ils sont issus de ces milieux favorisés, mais ils souhaitent en sortir pour proposer leur pédagogie à ces « gosses des ZUP », prisonniers des grands ensembles de béton. Et, si nécessaire, adapter les méthodes : il faut « accepter les gosses

15. *Le livre de la Trivalle*, numéro spécial de *ProGetS*, septembre 1973 (et citations suivantes).

tels qu'ils sont et vivre avec eux du scoutisme avant de poser l'étiquette ».

Cette volonté d'implanter le scoutisme dans le monde ouvrier n'est pas si nouvelle. Dans le même ordre d'idées, pourquoi ne pas s'occuper des enfants de la campagne ? Sur le mode comique, *Le livre de la Trivalle* décrit la situation et lance une piste : « Il était plusieurs fois… dans les districts de nos régions, un pauvre petit chef de groupe qui pleurait, pleurait, pleurait (snif !), car ses petits scouts étaient loin les uns des autres. Oyez, oyez la complainte du pauvre petit chef de groupe ! Il habitait en milieu rural, et chaque année il arrivait péniblement à constituer sa maîtrise ; chaque année on ne prend pas les mêmes et on recommence malgré tout. […] La ville, avec ses universités, ses usines, les lui arr… achait (re-snif !). Oh ! Qu'il était malheureux ! Heureusement, il rencontra la cheftaine guide du coin qui avait les mêmes problèmes. […] Ils fondèrent un foyer et, comme l'union fait la force, ils devinrent les piliers de ce district. Mais tout n'allait pas encore au mieux. Les chefs des différents mouvements et branches ne se connaissaient pas… Pour aller contre cela, ils organisèrent des sortes de dîners-débats fastueux (purée-saucisses). »

Gamins des villes ou des campagnes… c'est l'une des grandes questions de la Trivalle : dans cette organisation globale de la société, le scoutisme a-t-il un rôle à jouer ? En un mot, le mouvement doit-il avoir une démarche politique ? Oui, si l'on s'en réfère au sens étymologique du terme : la pédagogie façonne la personnalité de jeunes appelés à devenir citoyens, à prendre part à la « vie de la cité ». Pour les participants de la Trivalle, les valeurs scoutes sont parfois même en contradiction avec certaines grandes options politiques : à la société de consommation, ils opposent le sens du service.

Plutôt que l'industrialisation forcenée et le mépris de l'environnement, ils proposent la vie dans la nature… « En ce sens, le scoutisme est contestataire. » Mais « le mouvement a surtout pour tâche d'être éveil, plus que doctrine, et lieu de la vérification de l'engagement ». Encore faut-il être capable de définir le type de citoyen à former, et pour quel type de société…

Au chapitre « vie religieuse », on peut reprendre la même question : quel type de chrétien forme le scoutisme ? Pour l'heure, beaucoup de jeunes aînés des deux mouvements s'interrogent : certains ne sont désormais plus si sûrs de leur foi et se sentent mal à l'aise face aux enfants dont ils ont la charge. Comment transmettre cette foi dont ils doutent eux-mêmes ? Faut-il faire semblant ? Ce sera l'un des plus beaux passages du *Livre de la Trivalle* : « Des chefs et des cheftaines se noient sous des questions mal posées qu'on les oblige à porter. Ils portent ce qu'ils appellent la foi comme une corvée. Ces pages sont un cri de détresse. Entendons-les d'abord comme cela. Cessons de parler de la foi, de pédagogie de la foi, de faire passer la foi… Ouvrons le temps de la révélation. Créons des temps et des lieux de révélation. […] Cela ne se fera qu'au prix de l'expérience où chacun de nous acceptera de se rendre les mains nues. C'est une conversion du cœur, une conversion de mentalité. La foi est toujours contagieuse. »

À la Trivalle, les questions se ramassent à la pelle… et les jeunes tentent, vaille que vaille, de définir quelques grandes orientations. Même si de nombreux points d'interrogation subsistent, l'essentiel est là : les hésitations, les doutes sont écoutés. Des réponses sont ébauchées. Le rassemblement marque la naissance d'un grand espoir qui, peut-être, se réalisera bientôt : les scouts et les guides, qui au fond ne semblent pas si différents, vont peut-être se regrouper dans un mouvement commun ! Pour résumer ces trois jours dans le désert, Brigitte Beaumont a du mal à choisir ses mots : « C'était... un souffle remarquable... Un premier jour... On a fait peau neuve... »

C'est pour un sondage...

La photo, réalisée par la SOFRES à la demande des Guides de France, a été prise entre le 13 février et le 12 mars 1976. Quelque sept mille jeannettes, guides, caravelles et JEM ont été scientifiquement sélectionnées pour former le fameux « échantillon représentatif » nécessaire à tout sondage. Ce sont leurs réponses qui vont permettre de brosser le portrait statistique de la grande famille guide.

Dans leur ensemble, les résultats ne constituent pas une énorme surprise. La quasi-totalité des filles interrogées se disent catholiques, pratiquantes pour la plupart. Pour 55 % d'entre elles, papa est cadre moyen ou supérieur. Issues à 70 % de familles d'au moins trois enfants, près de la moitié des guides fréquentent l'école privée. Pour finir, plus de 87 % déclarent habiter en ville.

L'idée de cette étude est officiellement lancée à l'assemblée générale du mouvement de juin 1975. À cette époque, les Guides de France comptent dans leurs rangs quarante-cinq mille filles entre huit et vingt-cinq ans. Depuis les bouleversements de mai 1968, les adhésions ont commencé à baisser, soit parce que l'éducation par le scoutisme ne semble plus dans l'air du temps, soit, *a contrario*, parce que les parents souhaitent une reprise en main plus ferme de leurs enfants, comme c'est le cas par exemple chez les Guides d'Europe.

Pour l'équipe nationale, il est nécessaire de connaître les motivations des jeunes adhérentes, mais aussi de mieux cerner leur contexte familial, éducatif et social.

Le sondage pointe ainsi, de manière statistique, ce dont on se doutait déjà : le guidisme français, essentiellement urbain, recrute principalement dans des familles bourgeoises catholiques soucieuses d'une complémentarité dans l'éducation de leurs enfants. Une faible minorité de guides (15 %) est issue de la catégorie « ouvriers, personnels de service, agents de maîtrise », et le monde agricole n'est pour ainsi dire pas touché. *Idem* pour les cheftaines : la plupart viennent d'un milieu aisé. Élèves au lycée ou étudiantes, beaucoup se tournent vers le secteur socio-éducatif ou se destinent à une carrière médicale ou paramédicale.

Les réponses aux « questions ouvertes » sont en revanche plus intéressantes : les cheftaines interrogées sont appelées à expliquer, en quelques lignes, les raisons de leur engagement. Quelques grandes tendances : le goût des enfants bien sûr, mais aussi l'envie de relever un défi ou le sentiment d'un devoir à accomplir. Beaucoup veulent se sentir utiles, occuper leur temps libre et faire « autre chose » à côté de leurs études. Surtout, ces cheftaines, pour la plupart anciennes guides, souhaitent transmettre aux plus jeunes ce qu'elles ont appris : « Ayant été autrefois jeannette, guide, caravelle, et ayant beaucoup reçu, je me faisais un devoir (qui ne m'a pas coûté) de donner à mon tour, écrit par exemple une jeune femme. Or, je me suis aperçue que, même en étant responsable, on reçoit plus qu'on ne donne[16]. »

Suivant le même principe des questions ouvertes, les

16. Résultats du sondage de la SOFRES sur les Guides de France, 1976 (et citations suivantes).

jeunes et leurs cheftaines doivent également tenter d'expliquer ce que leur apporte le mouvement dans leur foi personnelle. Bien sûr, les réponses sont disparates selon les âges : pour telle jeannette, la ronde apprend « à aimer les autres, à les aider, à aider ma maman, à aider mon papa »... Pour telle guide, « cela m'a démontré que l'on ne priait pas Dieu seulement à l'église, mais qu'il était présent au milieu de nous dans tous les actes de la vie ». « Oui, les messes en commun, ou plutôt les discussions au cœur de la célébration, me font découvrir Dieu d'une manière plus simple qu'à l'église », renchérit une caravelle. Pour les cheftaines, c'est plutôt « l'interpellation » permanente des filles dont elles sont responsables qui les fait progresser. L'une d'entre elles écrit : « La maîtrise et la ronde m'ont permis de mieux vivre ma foi chrétienne (accueil, communication). Les guides m'ont permis de rendre ma foi plus solide pour pouvoir aider des enfants à tenir leurs promesses ; cela m'aide à comprendre l'importance d'un engagement chrétien. »

Pour les Guides de France, toutes ces réactions sont bien encourageantes... mais trop parcellaires. À côté des chiffres et de ces quelques lignes d'expression libre, il leur faut des témoignages supplémentaires qui leur permettront de compléter le tableau de quelques touches impressionnistes. Un micro trottoir, en quelque sorte... Cette nouvelle étude, plus qualitative que quantitative, sera menée par Monique Buisson tout au long de l'année 1976 : cinquante-huit personnes, membres ou anciennes des Guides, mais aussi hommes et femmes lambda n'ayant rien à voir avec le guidisme, vont être interrogées sur leur perception du mouvement.

Les résultats sont parfois un peu cruels, et les clichés ont encore de beaux jours devant eux : quand on leur parle du guidisme, la plupart des personnes étrangères au sujet hésitent entre ignorance et indifférence. Au mieux, elles se réfèrent à l'image du gentil *boy scout* en culottes courtes qui aide les mémés à traverser; au pire, elles évoquent un ersatz de l'armée, avec ses chefs et ses uniformes. En faisant un effort, elles finissent par gratifier la pédagogie scoute d'un vague « c'est bien », et bredouillent que « ça apprend aux enfants à se débrouiller, et à... euh... ». Rien de bien convaincant, en somme !

Pourquoi tant d'incompréhension ? Monique Buisson avance deux raisons : la première, c'est que les guides elles-mêmes ne sont pas forcément les meilleures attachées de presse du mouvement. « Je n'aime pas dire que je suis scout (*sic*), avoue l'une. J'en parle, quand on me pose des questions, à celles qui ne trouvent pas ça complètement idiot[17]. » « J'en parle peu car les filles se fichent de moi », dit une autre. « On nous regarde d'un drôle d'air en disant : "T'as bien fait ta garde cette semaine ?" » La seconde raison, c'est cet « esprit scout » ou guide, cette espèce de corporatisme qui peut immédiatement lier deux personnes, même si elles viennent de se rencontrer, ce qui semble si mystérieux à toute personne étrangère au scoutisme.

À l'intérieur même du mouvement, certaines traditions sont mises à mal. En premier lieu, on retrouve évidemment les sempiternelles interrogations sur le port de l'uniforme. Bien sûr, il s'agit d'un signe de reconnaissance, qui a donc son utilité durant les sorties... mais on peut aussi bien suivre le dicton « L'habit ne fait pas le moine » et arguer que ce n'est pas la meilleure manière de marquer son appartenance aux Guides. Dans les unités, chacune s'arrange : certaines

17. *La perception externe et interne du mouvement des Guides de France*, Monique Buisson, 1976 (et citations suivantes).

choisissent de porter l'uniforme, d'autres non ; ou alors on opte simplement pour le foulard, ou encore pour un tee-shirt identique pour toutes. Une cheftaine s'explique : « Il y a quelques aspects un peu archaïques. J'avoue que s'entendre dire qu'il faut mettre son uniforme parce que c'est la sortie du district… Quand il fait trente degrés à l'ombre, on est aussi bien en petite robe ! […] Pour moi qui n'ai jamais fait de guidisme étant petite, qu'on salue de telle façon, qu'on ait tel uniforme… je me demande si ça apporte quelque chose aux jeunes. On ne vit plus dans un monde où ça a de l'importance et de l'intérêt ; ça a un petit peu un caractère militaire, je trouve que ça pourrait disparaître. » Surtout pas ! rétorque une autre : « On est guide ou on ne l'est pas, je ne vois pas pourquoi on ne porterait pas l'uniforme. »

Monique Buisson note encore que, si la loi semble prendre une moindre part dans la vie des guides, la promesse en revanche garde encore toute son importance. Liée au sentiment d'appartenance à un groupe, elle est le symbole de son engagement et de sa responsabilité vis-à-vis de lui.

Reste la question des relations avec les autorités hiérarchiques. Bien sûr, les rapports des cheftaines avec leurs équipes locales d'animation peuvent être très bons, mais souvent le rôle des différentes responsables n'est pas bien compris. Mais c'est surtout le travail du secrétariat national qui prête le flanc à la critique. Paris, cela semble souvent bien loin : « Ce sont les gens qui s'occupent des paperasses et des relations avec les autres pays. C'est important, bien sûr. » Il n'empêche : « C'est quelque chose d'administratif. On en entend parler, mais on ne les sent pas derrière. » Le pire, pour ces cheftaines « de base », ce sont les directives qui tombent parfois d'en haut. L'une d'elles est très sévère : « J'ai horreur des gens qui ont du culot et qui viennent un peu foutre la pagaille… Je n'aime pas tellement que ce soit elles qui viennent de Paris et qui disent : le scoutisme, ce sera plutôt comme ceci. Vous faites ceci et ce n'est pas dans le scoutisme, vous ne faites pas cela et c'est dans le scoutisme. »

Fin d'une époque

Nous sommes le 31 mars 1977. Jour de deuil chez les Guides de France. Marie-Thérèse de Kerraoul vient de s'éteindre à Nancy, sa région d'origine, à l'âge de quatre-vingt-huit ans. L'ancienne chef guide ne présidait plus aux destinées de l'association depuis bien longtemps – Antoinette Reille lui avait succédé en 1954. Mais ses vingt ans passés à la tête du mouvement en ont fait sans conteste l'une des grandes dames du guidisme français. Même si sa forte personnalité ne faisait pas toujours l'unanimité, elle incarnait, aux yeux de toutes les petites guides qui ont pu l'approcher, l'image du « vrai chef » dont il faut s'efforcer de suivre la voie. N'avait-elle pas été totémisée « Arche d'alliance » ?

Avec la mort de Marie-Thérèse de Kerraoul, c'est toute une page de l'histoire des Guides de France qui se tourne. Le mouvement, qui souffle cette année-là ses cinquante-quatre bougies, a su passer avec succès l'épreuve d'une guerre mondiale, puis s'est accommodé de toute l'effervescence soixante-huitarde… Mais les années quatre-vingt approchent, et avec elles tout un lot de questions nouvelles.

VI

DE LA MIXITÉ À LA MONDIALISATION (1977-1998)

On se souvient que, lors du rassemblement de la Trivalle de 1973, l'idée d'un véritable rapprochement entre les deux mouvements Guides et Scouts de France avait suscité un engouement enthousiaste. À l'époque, les fiançailles n'étaient pas encore tout à fait officielles, mais nombre de guides et de scouts avaient l'espoir de connaître bientôt une expérience de vie commune, parfois déjà engagée au niveau local. Quelques années plus tard, le projet est enfin sérieusement mis à l'étude. Va pour le mariage, mais il faut d'abord établir un contrat formel, définir les modalités et les objectifs communs… et surtout se laisser le temps de la réflexion et de l'analyse. « Dans cette époque de reconnaissance du changement radical de la situation des femmes et de leur nécessaire promotion, ce que nous souhaitions ensemble, rappelle Marie-Thérèse Cheroutre, c'était aussi une évolution de l'éducation des garçons, encore trop enfermés dans un modèle "viril", pourtant en train d'éclater avec le refus d'une vie enfermée dans le travail, la découverte des valeurs familiales par les hommes, leur droit à exprimer la tendresse… Les garçons aussi avaient à se convertir. »

Scouts et Guides de France : le mariage

Au mois de décembre 1976, un groupe de travail commun aux deux mouvements se met en place. L'« équipe de coordination scouts/guides » – c'est son nom officiel – compte une douzaine de membres chargés de faire avancer, en guise de première étape, trois principaux dossiers : l'« interéducation », l'animation des unités au niveau local et la création d'une branche aînée vraiment commune. Une question leur est surtout posée : pour parvenir à ce mariage, quels grands signes de leur souveraineté les Scouts et les Guides sont-ils prêts à abandonner ?

Les Guides de France, par exemple, verraient d'un bon œil la création d'une confédération Scouts de France / Guides de France : les grands problèmes relatifs à l'éducation y seraient étudiés dans une perspective commune, mais leur spécificité féminine y serait quand même largement prise en compte et reconnue. Leur grande crainte en effet, c'est une fusion mal contrôlée des deux mouvements qui entraînerait une disparition de leur identité au profit des Scouts de France... Un risque qui, après des décennies de bras de fer pour sortir les femmes du modèle « épouse-mère au foyer », est pour elles viscéralement inacceptable. Les guides veulent rester des guides, et non des scouts mis au féminin...

Chez les Scouts de France, l'inquiétude est moins importante. Supérieurs en termes d'effectifs, ils ont en eux, selon l'expression d'un ancien, un rien de « triomphalisme » et probablement de machisme qui les rend beaucoup plus sûrs d'eux. S'ils sont largement d'accord avec l'idée d'un rapprochement, ils ne comprennent en revanche pas toujours les réserves des Guides. Michel Seyrat a participé à ces premières années de discussions en tant que commissaire général adjoint : « Pour les Scouts de France, l'avenir du scoutisme, c'était la création d'un grand mouvement ouvert à tous, garçons et filles, catholiques, protestants ou athées... Pour réaliser cette idée, il fallait donc avancer. Coûte que coûte... »

Pas à pas, l'équipe de coordination avance. Et propose d'abord la signature d'un « contrat d'association » entre les deux mouvements qui serait la première étape d'une véritable coopération institutionnelle.

Ce contrat de mariage, plutôt prudent, est officiellement accepté à une large majorité par les deux assemblées générales au début de juin 1979. Trois objectifs prioritaires, reprenant le travail de l'équipe de coordination, sont définis : « Créer aux échelons locaux des deux mouvements la "communauté locale éducative" [quelques expériences de "Clés" avaient déjà été menées] ; rechercher et mettre en place les moyens d'une interéducation des garçons et des filles ; stimuler l'essor des JEM et des compagnons [la branche aînée des scouts] à travers une animation concertée et vers une proposition conjointe[1]. »

De ces trois objectifs, c'est le chapitre « interéducation » qui pourrait le mieux résumer la philosophie du contrat d'association. Il ne s'agit pas d'une éducation identique pour les garçons et les filles, mais d'une « éducation concertée » : « On ne peut éduquer aujourd'hui un garçon sans avoir également un projet cohérent sur la fille, et vice versa, lit-on dans le contrat. Nous pensons que nous devons faire aujourd'hui notre proposition éducative aux garçons et aux filles d'une manière à la fois commune et différenciée. »

1. Contrat d'association entre les Guides de France et les Scouts de France, juin 1979 (et citations suivantes).

Concrètement, le scoutisme et le guidisme veulent chacun apporter leur contribution à l'un des grands débats du début des années quatre-vingt, hérité des revendications féministes de la décennie précédente : certes, la femme est désormais reconnue comme l'égale de l'homme – mais ils n'en sont pas moins différents. De grandes interrogations plutôt compliquées restent en suspens : comment garantir, dans les faits, cette égalité des sexes, tout en préservant l'identité féminine ? Dans notre société, quelle place donner à la femme, qui ne la cantonne pas aux responsabilités traditionnelles du foyer, mais qui ne la masculinise pas pour autant ? Qu'apporte-t-elle de plus et de différent par rapport à l'homme en participant à la vie économique, sociale et politique du pays ?

Les Guides et les Scouts, conscients de leurs limites, n'ont pas la prétention de résoudre ces très vastes questions. Mais en formant les enfants et les adolescents confiés à leurs soins, ils espèrent aider, même modestement, à l'évolution des mentalités : « L'expérience récente a montré que le rôle des mouvements éducatifs pour "transformer le monde" était original et limité. Les rapports sociaux entre hommes et femmes ne seront pas plus complètement transformés par l'action interéducative de nos mouvements que le monde n'a été bouleversé par l'apparition du scoutisme. [Mais] l'interéducation se donne comme buts de favoriser les prises de conscience individuelles, le développement des jeunes, garçons et filles, de façon que, plus tard, ils jouent leur rôle de citoyennes et citoyens adultes, pour de meilleures relations entre les hommes et les femmes, parce qu'ils y auront été préparés dans nos mouvements[2]. »

2. *Les dossiers de Demain*, « un projet d'interéducation », 1981.

Comment pratiquer, sur le terrain, l'interéducation ? Pour les équipes nationales, il faut absolument mettre l'accent sur la communauté locale éducative, « lieu d'accueil, de relation, de formation quotidienne pour tous les responsables locaux du scoutisme et du guidisme, lieu de ressourcement et d'appel où ils puissent expérimenter l'appartenance à une communauté d'Église, lieu d'écoute et de promotion mutuelle[3] », selon la définition officielle. Quelques pistes pédagogiques sont lancées : il faudrait par exemple insister, dans les rondes de jeannettes, sur les constructions ou le sport. *A contrario*, on peut faire pratiquer des activités dites « domestiques » aux petits louveteaux, telles que la cuisine, la vaisselle et, pourquoi pas, un peu de couture... Histoire de leur faire comprendre que la tenue d'un foyer n'est pas seulement l'affaire des femmes !

Plusieurs secteurs se regroupent dans ces Clés dès le mois de juin 1979. À Reims, par exemple : la paroisse Saint-Vincent compte une vingtaine d'animateurs en charge d'une petite centaine de jeunes des deux mouvements. Sous la houlette des responsables, Marie-Thérèse et Christian, la Clé se réunit régulièrement pour organiser des activités communes : les guides et les scouts ont ainsi animé ensemble une fête dans la ville, les jeannettes et les louveteaux ont préparé la veillée de Noël... Les cadres « veulent une Clé tendant vers une fusion administrative et fonctionnelle, et ayant un projet éducatif commun respectant les spécificités propres à chaque âge et à chaque sexe[4] », note une animatrice. Bien sûr, les adultes sont obligés de reconnaître certaines difficultés de communication entre les filles et les garçons, principalement

3. Contrat d'association, *op. cit.*
4. *Les dossiers de Demain*, « La communauté locale éducative », mars 1980.

à l'adolescence. Mais l'équipe croit dur comme fer à son projet et entend le mener à bien.

Au sein des équipes nationales, l'enthousiasme n'est pas aussi flagrant. Le contrat d'association de 1979 prévoyait une évaluation des résultats deux ans après sa signature : en 1981, on ne peut que constater son demi-échec, ou sa demi-réussite, selon les tempéraments. Une chose est certaine : il n'y a vraiment pas lieu de se réjouir. La commission chargée de réfléchir à une nouvelle pédagogie pour une branche aînée commune a pourtant bien avancé. Mais la coopération entre les deux mouvements au niveau local est encore bien timide, et les Clés sont trop peu nombreuses. En clair, sur le terrain, peu de choses ont évolué.

Chacun en tire des conclusions différentes. Les Guides de France, voulant éviter la rupture, récusent « le constat de faillite "malgré tous les efforts de coordination", car nous estimons qu'il n'y a pas encore eu de manière générale cet élan de collaboration fraternelle dans le partenariat, qui est le levain nécessaire de ce contrat d'association[5] ». Les Scouts de France, eux, se montrent beaucoup moins confiants pour l'avenir : « Nous en tirons la conclusion que le contrat d'association n'a pas permis de lancer une dynamique nouvelle. Peut-être au contraire a-t-il figé chacune des deux associations dans une attitude d'affirmation de son identité propre. »

La rupture est proche. Les 6 et 7 juin 1981, à Jambville, les assemblées générales des deux mouvements se tiennent en parallèle. Les projets qui y sont présentés sont radicalement différents. Les Scouts de France veulent la fusion et rien d'autre : « Nous sommes convaincus que, dans le cadre de

---

5. *Demain*, « La coopération scoute-guide définie par les deux assemblées générales », 6 et 7 juin 1981 (et citations suivantes).

deux associations autonomes, il est impossible de répondre valablement aux besoins actuels et d'assurer l'avenir du scoutisme et du guidisme catholiques en France, arguent-ils, parce que seul le projet d'un grand mouvement unifié des scouts et guides de France est de nature à entraîner l'enthousiasme et à décupler les énergies. » Les Guides rétorquent : « La fusion ne nous apparaît pas comme un "épouvantail" mais comme une "erreur de tir", parce que réductrice de ce qui fait la personnalité et le dynamisme des deux mouvements. [...] Ces approches différentes qui font que des hommes et des femmes sont plus à l'aise dans l'un ou l'autre mouvement sont complémentaires et peuvent s'enrichir mutuellement. Qu'il y ait des tensions, nous ne le nions pas, mais nous pensons qu'elles peuvent êtres salutaires et source de progrès. »

Pas de surprise, donc, lors du vote des deux propositions. Chaque assemblée rejette la motion de l'autre et finit par accepter une solution mi-figue, mi-raisin : en attendant mieux, des accords entre guides et scouts pourront être passés au niveau local, laissés à l'appréciation des responsables départementaux et régionaux. Mais personne ne peut être vraiment dupe de leurs chances de réussite. Car les Scouts de France ont prévenu par avance : en cas de refus de la fusion, ils « ne seraient plus liés par le contrat d'association et assumeraient, dans le cadre de leur association, là où la nécessité l'impose, la responsabilité de propositions éducatives faites aussi bien aux filles qu'aux garçons ».

Scouts et Guides de France : le divorce

Le mariage, loin d'être idyllique, n'aura finalement tenu que deux ans. Et le divorce ne se fera pas à l'amiable, loin s'en faut. Un an après la rupture, en 1982, les Scouts de France ouvrent officiellement leurs rangs aux filles. Il reste à définir les modalités de leur accueil : les équipes doivent-elles être complètement mixtes, ou doit-on seulement organiser des rencontres fréquentes entre garçons et filles ? Quelle que soit la formule choisie, elle n'obtiendra pas, de toute façon, la bénédiction des Guides de France. Le mouvement féminin, comme les autres associations de scoutisme, doit déjà faire face, depuis les années soixante-dix, à une érosion de ses effectifs, et l'équipe nationale voit évidemment d'un mauvais œil l'émergence de cette concurrence dont elle n'a franchement pas besoin. Certains parents trouveront probablement beaucoup plus pratique d'inscrire leur fille aux Scouts de France, parce que le fiston y est déjà… Par ailleurs, les Guides persistent à croire que l'éducation des filles, en dehors du système scolaire désormais largement mixte, nécessite de longs moments où elles ne se retrouvent qu'entre elles.

Malgré l'ambiance plutôt tendue qui règne donc au sein du scoutisme catholique, quelques accords locaux sont signés, comme en Haute-Normandie ou dans le Puy-de-Dôme. Le département des Hauts-de-Seine va suivre la marche en juin 1983 : « Dans certaines communes très urbanisées, où le taux de divorce était important, beaucoup de gamines grandissaient sans leur père, raconte Odile Laumaille, la commissaire départementale de l'époque. Nous avions donc engagé des chefs pour ces unités, afin de donner aux filles une image de l'homme à laquelle se référer. » Pour autant, les équipes ne sont absolument pas mixtes. L'interéducation, pour ce groupe de responsables, c'est, dans un premier temps, « favoriser, au niveau des chefs, la connaissance de la branche équivalente et de la pédagogie de l'autre mouvement – en particulier au cours des stages de formation – et, au niveau des unités, la réalisation d'activités ponctuelles en commun[6] ».

Au même moment, les Scouts de France affinent, au niveau national, leurs directives d'application de la coéducation : la mixité complète n'est pas établie, sauf éventuellement au sein de la branche aînée. La priorité, c'est la constitution d'unités homogènes qui se rencontrent régulièrement pour des activités communes. Cela dit, parfois, quand l'encadrement est particulièrement solide, des unités mixtes peuvent être formées, mais les équipes doivent, elles, rester homogènes. Mais aucune pédagogie vraiment adaptée aux filles n'est proposée : le vocabulaire est simplement mis au féminin et, sur le modèle des garçons, les fillettes deviennent « louvettes », « scoutes » ou « pionnières ».

Officiellement, Guides et Scouts de France affichent ensemble leur désir d'une cohabitation harmonieuse. Les deux mouvements ont pris acte des positions adverses et, si chacun entend bien mettre en pratique sa nouvelle politique, on jure que l'on ne marchera pas délibérément sur les plates-bandes de l'autre. Sur le terrain, la réalité est bien différente : dès 1984, quelques responsables locales guides commencent à déplorer un certain nombre de « détournements » (pour ne pas dire vols) au profit des scouts. Telle tente achetée en

6. Accord-cadre entre les Guides de France et les Scouts de France des Hauts-de-Seine, juin 1983.

commun devient un beau jour la propriété de l'unité scoute ; tel compte bancaire est soudainement vidé par un chef de groupe, qui en profite pour s'approprier le local qu'il partageait jusque-là avec les guides… Sans parler de certaines techniques de recrutement qui sont loin d'être toutes orthodoxes. « À Saint-Malo, un chef de groupe scout de France centralisait depuis plusieurs années les cotisations des enfants. C'est lui qui inscrivait les filles aux guides et les garçons aux scouts, se souvient Odile Laumaille. Une année, annonçant aux filles qu'elles étaient toujours guides, il a adressé leurs cotisations aux scouts. Ce n'est qu'à la réception des revues que les enfants se sont posé des questions… et leurs parents aussi ! » Des petites histoires de cet acabit, Odile en connaît d'autres. En Lorraine, par exemple : « Une mère de famille a un jour téléphoné aux Scouts de France pour leur demander l'adresse des Guides, car elle voulait inscrire ses filles aux jeannettes. Le chef de groupe lui a répondu qu'il n'y avait plus de Guides, mais que ses enfants pouvaient devenir louvettes… Elle a continué à chercher et a quand même pu inscrire ses filles aux Guides. »

Le conseil national des Scouts de France rappelle ses troupes à l'ordre et, chez les Guides, on veut croire que la coopération est encore possible. Dans les régions où la tension n'est pas trop exacerbée, les responsables appellent à reprendre le travail en commun. Le 30 mai 1985, au nom de son équipe départementale, Odile Laumaille adresse une lettre aux instances nationales des deux mouvements : « Depuis dix ans environ, dans les Hauts-de-Seine, Scouts de France et Guides de France sont partenaires. […] Ça n'a pas toujours été facile. C'est vrai, il a fallu parfois s'imposer d'attendre l'autre, de modifier les décisions d'une équipe, de vivre des réunions lentes par manque d'habitude du travail en commun. Mais nous avons toujours considéré cet effort comme indispensable : les enfants présents dans nos deux mouvements sont frères et sœurs, nous avons des buts communs et des manières de faire très proches, et surtout, quelle richesse ! [...] Évidemment, il y a eu quelques loupés. C'est inévitable. Mais la vie fraternelle comporte aussi des engueulades et des paires de claques. Ça n'empêche pas qu'on s'aime et qu'on soit loyal vis-à-vis des autres membres de la famille. Alors, sommes-nous donc si bizarres ? Pourquoi ce que nous croyons si important ne serait-il pas le lot de tous les scouts de France et de toutes les guides de France ? »

Mais la coopération ne reprendra jamais totalement. En 1989, pour calmer les tensions persistantes, les deux mouvements décident quand même de faire appel à quelques personnalités indépendantes du conflit qui, avec du recul, pourront démêler l'écheveau et tenter de faire de nouvelles propositions pour l'avenir. Au mois de décembre, les six membres du « comité de recherche et de proposition » s'attellent à la tâche. Mijo Beccaria, directrice du département de la presse jeunes chez Bayard, fait partie de ce « comité des sages » : « La situation était très conflictuelle. Le mouvement masculin avait une certaine tendance à la domination et à l'omnipotence : pour eux, la mixité allait dans le sens de l'histoire, et ils se sentaient tout à fait capables de répondre aux besoins des garçons et des filles. Mais les Guides de France n'avaient pas du tout apprécié leur décision de s'ouvrir aux filles, qu'elles trouvaient unilatérale. »

Durant ces quelques mois de travail, le comité semble avoir plutôt suivi cette position : ces dernières années, les Scouts de France ont en quelque sorte « fait leur marché » dans les propositions des Guides qui, à juste titre, se sont senties lésées. Par ailleurs, aux yeux des six membres du comité des sages, l'existence d'un mouvement d'éducation des filles géré principalement par des femmes est capitale. « Le guidisme permet de faire l'apprentissage de l'initiative et de la responsabilité, explique Mijo Beccaria. Les femmes responsables du mouvement ont dû apprendre la gestion financière, la représentation politique, la communication auprès du grand public… », domaines qui ont longtemps été l'apanage des hommes. « Dans un mouvement où les responsabilités sont partagées, il y a un risque d'aboutir à un partage des tâches plus traditionnel. »

Les Guides de France se réjouissent donc des conclusions que rend le comité au mois de juin 1990. Les sages proposent en effet un moratoire qui permettrait la reprise progressive de la coopération… mais les Scouts de France opposent immédiatement leur veto. Non, c'est non. Leur position ne changera plus. Et les Guides vont finir par renoncer.

En 1992, elles explicitent leurs nouvelles orientations dans un document, *Notre projet*. « Parfaitement à l'aise dans la société contemporaine qui fait de la mixité une norme et qui a redessiné les rôles traditionnels des garçons et des filles, les Guides de France souhaitent approfondir les valeurs positives des uns et des autres. Leur projet s'appuie sur une nouvelle alliance entre hommes et femmes. Une forme d'éducation réciproque qui ne veut pas gommer les différences mais les transformer en atouts. Et qui répond au désir des jeunes eux-mêmes de vivre des temps communs et des temps séparés. Les Guides de France offrent donc aux filles des lieux où vivre des activités et prendre des responsabilités, sans esprit de compétition ni d'imitation. Mais elles accueillent aussi des garçons dans leurs structures d'encadrement et dans certains programmes spécifiques [à destination des banlieues, par exemple] où une présence masculine est souhaitable, et même nécessaire. »

Beaucoup d'anciennes regrettent cependant profondément que l'élan donné lors de la Trivalle en 1973 ait ainsi été stoppé. Ces quelque vingt années de discussions, parfois pleines d'espoir, parfois âpres, ont laissé les familles tentées par le scoutisme et le guidisme assez dubitatives, et ont probablement permis aux mouvements catholiques dissidents d'augmenter sensiblement leurs effectifs.

Guides des cités

Saint-Quentin, département de l'Aisne, dans les années soixante-dix. De nombreux ouvriers se sont installés dans la ville picarde. Beaucoup sont Portugais. D'autres sont Maghrébins, Sénégalais ou bien Français de souche. Ils travaillent en usine ou sur l'un des chantiers de ce qui deviendra bientôt une zone résidentielle de luxe. Ils logent avec leurs familles dans ce qu'on appelle à l'époque les « cités PSR » (programme social de relogement). Appartements délabrés. Humidité à tous les étages. Dehors, une route et un parking. Pas de trottoirs. Quand il pleut, les enfants jouent dans la boue.

Baden-Powell avait inventé le scoutisme d'abord pour les gamins des faubourgs défavorisés de Londres. Claudette Lemire veut – en toute modestie – suivre son exemple. Cette femme, douce mais très volontaire, est depuis 1955 impliquée dans le guidisme d'une manière un peu particulière : c'est elle qui, la première, a permis à de jeunes handicapées mentales d'intégrer le mouvement. Ses voisins savaient qu'elle était responsable guide. Un jour, ils lui ont demandé d'accueillir leur fille Danielle. La leucémie dont elle avait souffert à l'âge de trois ans lui avait laissé des séquelles irrémédiables. Plus tard, Danielle a été rejointe par Odile. Puis par d'autres, qui vivent dans des institutions spécialisées. Quand Claudette prend la tête du service Extension en 1969, elle donne le souffle à une nouvelle politique : les handicapées mentales, comme toutes les autres grandes malades, doivent sortir des institutions où elles sont enfermées et être intégrées à la société.

C'est dire si Claudette Lemire connaît bien le problème de l'exclusion. Voisine de la cité PSR de Saint-Quentin, elle sait bien que ces enfants-là n'ont pas grand-chose à faire après l'école. L'idée de faire découvrir le guidisme aux petites filles commence à germer en février 1974. Avec deux responsables guides (l'une est institutrice à l'école du quartier, l'autre est infirmière), elle va partir à leur rencontre.

Dans un premier temps, il n'est évidemment pas question de leur parler de l'uniforme, de la promesse ou des camps d'été... Plus simplement, Claudette et ses deux compagnes proposent aux fillettes d'organiser des jeux toutes ensemble, le mercredi après-midi. Si les enfants sont partantes, il faut avant tout convaincre leurs parents : alors elles font du porte-à-porte, prennent le temps d'expliquer patiemment qui elles sont, ce qu'elles font, les écoutent parler de leur pays... Pour ne pas tomber dans l'assistanat, elles fixent le prix de chaque réunion à cinquante centimes.

Dès les premières semaines, elles sont une petite quinzaine à se retrouver dans une salle de la paroisse voisine pour vivre un guidisme adapté à leur peu de moyens. Les jeux sont autant d'occasions de découverte mutuelle : l'une apporte une spécialité culinaire du Maroc, l'autre chante une chanson du Portugal... Elles apprennent aussi quelques recettes françaises, crêpes et mousse au chocolat. Les premières sorties en forêt les ébahissent : pour ces petites filles qui vivent au milieu du béton, le simple fait de cueillir des fleurs est formidable et étonnant.

L'essentiel de ce guidisme-là tient en quelques mots : « Tout d'un coup, ces enfants-là sont devenus acteurs de leur vie, raconte Claudette Lemire. Les fillettes sont devenues fières d'elles-mêmes, elles ont appris à se connaître, à partager, à être responsables. »

Des actions similaires sont menées à la même époque dans des cités HLM de Brest et de Nice. Dans la ville bretonne, une responsable guide a fondé une mini-ronde de jeannettes avec des fillettes originaires d'Algérie, du Portugal et du Bénin. Le groupe ne dispose pas de local, mais se réunit régulièrement dans la salle de séjour de l'une des familles ! À Nice, des cheftaines engagées dans le soutien scolaire ont également l'idée de proposer le guidisme à des petites Maghrébines.

À Paris, l'équipe nationale des Guides de France se montre très intéressée par ces expériences nouvelles. À partir de 1975, d'autres équipes vont se constituer en région parisienne, dans le nord de la France et dans le Midi. Elles prendront le nom d'« unités Soleil », « parce que beaucoup de ces enfants viennent des pays du soleil... mais aussi parce qu'elles ont de la chaleur à faire partager », explique Claudette. Assez vite, les grandes sœurs de ces jeannettes demandent elles aussi à participer. Pour les responsables locales des Guides, c'est bien souvent l'occasion de s'informer sur leur manière de vivre : « Nous avons découvert qu'elles surprotégeaient les petits. Très souvent même, elles élevaient leurs petits frères et petites sœurs. [...] Il était donc indispensable de les faire passer du rôle de "surprotectrices" à celui d'"éducatrices".

Un premier pas pour cette formation était de les associer à la préparation des réunions et à la réflexion, leur faire découvrir et mettre en œuvre le mécanisme du “pourquoi et comment”[7].» Apprendre à responsabiliser les plus grandes, pousser les parents à permettre à leurs enfants de sortir de la cité, donner à tous de nouveaux horizons : tels sont les objectifs des unités Soleil.

Le moins que l'on puisse dire, vingt ans après la première expérience de Saint-Quentin, c'est qu'une nouvelle fois les Guides de France s'insèrent dans l'un des grands débats de notre société. Culture plurielle, respect des différences et intégration en sont les maîtres mots. Pour les responsables des unités Soleil, il s'agit de faire découvrir à leurs guides et jeannettes leurs origines diverses – qui sont autant de richesses – pour mieux les accepter par la suite : le racisme, c'est une évidence, naît de l'ignorance et de la peur de l'autre. Depuis quelques années, le débat a pris une autre tournure : on l'appelle désormais « mal des banlieues », « violences urbaines », intégrisme. Les Guides de France ne sont pas naïves : le scoutisme ne changera jamais le monde. Mais il est une école de la débrouillardise, de la responsabilité et de la découverte qui, dans ce cas précis, a son utilité, aussi petite soit-elle.

Aujourd'hui, les Guides de France n'ont pourtant pas encore vraiment investi le terrain des « quartiers difficiles ». Les unités Soleil ne sont présentes que dans une petite vingtaine de sites, souvent en région parisienne, mais aussi à la périphérie de villes moyennes comme Rennes, Toulouse ou Strasbourg.

---

7. *Contenu, méthodes et pratiques d'une éducation pluriculturelle dans les unités Soleil*, Claudette Lemire, juillet 1987.

La cité des Gibjoncs de Bourges n'est pas le Bronx de New York. Mais, comme dans d'autres banlieues, on y connaît la pauvreté, le chômage et la peur de l'avenir. Quelques actes de violence aussi, parfois. Les quartiers nord de la préfecture du Cher comptent trente mille habitants. Beaucoup sont d'origine étrangère : Marocains, Asiatiques, Berbères, Turcs, Kurdes... Solange Baudet, petite sœur de l'Assomption, dresse le tableau : « Les parents refusent pour leurs filles tout ce qui est loisirs ou sports dans un cadre où se rencontrent garçons et filles. Résultat : les garçons disposent de terrains de foot ou d'autres sports. Les filles, rien. Pour elles, c'est l'école ou le collège, et la maison. Or, en parlant avec plusieurs de ces familles, j'ai constaté qu'en fait elles accepteraient [...] un lieu de loisirs et de formation pour leurs filles, sur la cité[8]. »

À la rentrée 1996, la religieuse, appréciée par les familles du quartier, a donc proposé aux petites filles de se regrouper au sein d'une unité Soleil. Tous les mercredis, un petit groupe de jeannettes de sept à dix ans se retrouve autour de la cheftaine Nathalie. Une association de soutien scolaire leur prête une pièce de son local. Ce 17 juin 1998, Asma'a, Thi Cam Tu, Hatice, Alexandra, Gamzé, Emine et Nathalie s'affairent à la préparation d'un spectacle qui sera présenté aux habitants du quartier pour les feux de la Saint-Jean. Elles répètent des chansonnettes, fabriquent des masques, papotent entre elles. Ou plutôt braillent : ces gamines, pas timides pour deux sous, ont toutes une sacrée gouaille. « Vous avez envie de faire une sortie dimanche prochain ? » leur demande la cheftaine. « Ouiiii ! » strident et collectif...

Asma'a, huit ans, résume d'un trait leurs principales acti-

8. Cité dans *Demain*, octobre 1996.

vités : « On vient aux jeannettes parce qu'on s'amuse bien, parfois on monte sur des échasses, on fait des petits jeux et des spectacles, on nous donne des gâteaux après le spectacle, on s'amuse bien et après on repart… » Voilà qui est clair ! Pour la première fois, elles vont surtout pouvoir partir en camp : une semaine, au mois de juillet, non loin de Bourges. Mais il reste encore des parents à convaincre. Thi Cam Tu s'inquiète : « Maman dit qu'on peut tomber malade si on dort dehors. » La petite fille espère pourtant : « La nuit, sous la tente, on se raconte des histoires qui font peur… »

Dans la pièce d'à côté, trois adolescentes en âge d'être guides sont assises autour d'une table. Sous la houlette de Luce Favière-Calvet, l'adulte responsable du groupe, elles font le point sur leurs activités de l'année. En novembre 1997, l'unité Soleil a fêté avec un peu d'avance les soixante-quinze ans des Guides de France : un événement qui leur a permis de rencontrer les filles du centre-ville, rassemblées dans une minuscule compagnie (trois guides) et une petite ronde (douze jeannettes). Elles ont aussi participé à un grand jeu de piste qui leur a permis de mieux connaître Bourges. Beaucoup en effet ne connaissaient que la cité des Gibjoncs…

Que représente pour elles leur unité Soleil ? Julie, douze ans : « Vivre ensemble, entre copines. On s'amuse. Au moins, on ne reste pas à rien faire. » Lætitia, treize ans : « C'est bien. On ne s'ennuie pas… » Guerline, bientôt quinze ans : « J'aime bien venir, mais quand j'ai quelque chose à faire, ça me bloque… Mes copines dehors me disent : "Pourquoi t'y vas ? Reste avec nous !" Elles disent que les trucs de scouts, c'est nul… » Le problème en effet, c'est d'arriver à motiver suffisamment les filles pour qu'elles puissent faire face au regard des autres. Parfois, Guerline préférerait rester dehors, « avec des copines, des garçons ; on parle, on ne fait rien du tout », et alors ?

Selon Luce, la première étape de cette unité Soleil a été franchie : il fallait créer un petit groupe assez solide, apprendre aux filles à mieux se connaître et à vivre ensemble. À découvrir les origines des unes et des autres, également. Ce n'est pas toujours évident. Petit dialogue pris sur le vif :

Luce (parlant de certaines jeannettes) : « Elles sont d'origine kurde. »

Julie : « C'est quoi, kurde ? »

Lætitia : « C'est comme les Turcs, mais c'est pas pareil... »

Inlassablement, il faut donc toujours expliquer. Accepter de raconter sa foi, également, que l'on soit chrétienne, musulmane, bouddhiste ou sans référence religieuse. « Ma foi ne ressemble pas à une chemise pleine de naphtaline mise dans un tiroir et que l'on met le dimanche, témoigne une jeune responsable catholique d'une unité Soleil. Elle se vit dans ma relation aux autres[9]. » Une jeune musulmane lui fait écho : « Ma foi a un peu changé. On a appris à respecter les autres. Sans les unités Soleil, je crois que je n'aurais pas été vers les autres. J'ai appris la tolérance... De toute façon, le Coran et la Bible nous demandent la même chose : le respect, aider son voisin, ne pas abîmer (*sic*) les copines... » « Il ne faut défendre ni le catholicisme ni la religion musulmane, résume une dernière cheftaine, mais défendre l'homme et témoigner pourquoi nous nous battons pour l'homme. Notre foi est là : dans le pourquoi. »

9. *La vie, la foi, la recherche des guides Soleil*, enquête Guides de France, 1996 (et citations suivantes).

Guides des champs

À l'écoute de tous les compliments que lui font ses camarades, Sarah n'en finit plus de se tortiller de plaisir. Ses mains qui se nouent et se dénouent trahissent sa grande timidité, tandis qu'elle bredouille une quantité de petits « merci » absolument ravis. La fillette a onze ans. Depuis ce samedi 13 juin 1998, elle fait officiellement partie de l'équipe Galaxie du village de Corrèze, dans le département du même nom. Elle sait que le foulard bleu et jaune qu'on vient de lui remettre marque son entrée dans la « grande fraternité guide ». Et elle en est visiblement très émue !

La commune de Corrèze, à une vingtaine de kilomètres de Tulle, compte environ mille cinq cents habitants et, depuis mai 1997, sept guides de France. Emmenées par Nadège, la jeune cheftaine, et par Nathalie Virsolvy, l'« antenne locale » qui a la responsabilité officielle du groupe, ces filles de huit à treize ans se retrouvent régulièrement dans leur petit local pour vivre, vaille que vaille, un guidisme un peu particulier. Comme d'autres enfants dans le Finistère, dans la Sarthe ou dans le Maine-et-Loire, Sarah et ses copines expérimentent la pédagogie « Galaxie ».

L'idée est partie d'un constat très simple : à la campagne, il n'est jamais évident de réunir une vingtaine de fillettes d'une même commune pour former une ronde ou une compagnie dignes de ce nom. Résultat : elles sont en quelque sorte privées de guidisme. Et pourtant, ce n'est pas faute de le vouloir… Pour l'équipe nationale des Guides, il s'agit donc de rectifier le tir : à l'orée des années quatre-vingt-dix, le monde rural ne doit pas être délaissé.

Ce dossier a atterri en février 1991 entre les mains de

Françoise Commissaire. Ancienne permanente pour la branche jeannette pendant une dizaine d'années, elle connaît aussi les difficultés du guidisme en milieu rural : elle a vécu toutes ses expériences de jeune guide au Mans dans les années cinquante, à une époque où il n'y avait pas toujours assez d'enfants pour constituer de véritables unités. Elle a même participé à la création d'« équipes libres » autour de la ville sarthoise. Des années plus tard, Françoise va s'inspirer de ce schéma pour proposer à l'équipe nationale une nouvelle pédagogie.

La solution, selon Françoise Commissaire, repose sur deux maîtres mots : responsabilité et autonomie. Il faut faire confiance aux enfants. Si aucune cheftaine n'est susceptible d'encadrer le groupe, ce sont les filles elles-mêmes qui doivent apprendre à se prendre en main : sous la responsabilité de leur chef d'équipe, elles aménagent leur local, organisent leurs activités, partent à la découverte de leur village... Le tout, bien sûr, sous le regard vigilant de l'antenne locale, un « adulte de référence » connu de la paroisse ou de la mairie, dont le rôle est de les aiguiller. Les activités sont peut-être plus limitées qu'en ville, mais ces enfants, un peu moins encadrées, font plus vite l'apprentissage de la débrouillardise.

L'autre aspect important de cette pédagogie, c'est le mélange des âges : les filles tentées par le guidisme dans une même commune sont parfois trop peu nombreuses pour pouvoir respecter les tranches d'âge officielles. Tant pis : des jeannettes peuvent très bien faire équipe avec des guides. D'ailleurs, dans ce nouveau système, les noms mêmes sont modifiés : les filles ont bien le label « Guides de France », mais elles partent en équipe « Galaxie », s'embarquent dans des « fusées » qui marquent leur progression (jaune pour l'âge jeannette, bleue pour l'âge guide) et ont à explorer huit « planètes » qui leur font découvrir des domaines particuliers : la religion, la nature, la création artistique, la communication… Dans le fond, l'essentiel de la pédagogie de Baden-Powell est respecté : quel que soit le cadre, l'important, c'est de faire l'apprentissage de la responsabilité au sein d'un groupe.

Et ça marche plutôt bien. Bien sûr, il n'existe aujourd'hui qu'une quarantaine d'équipes Galaxie. Certaines meurent très vite, quand les enfants sont trop grands ou que l'adulte de référence déménage… Mais d'autres, en revanche, constituent la première étape de la création d'unités plus importantes.

À Corrèze, en dépit de leur différence d'âge, les sept gamines forment vraiment une équipe soudée. Léa, la plus jeune, n'a que huit ans et demi mais, avec cet immense sourire qu'elle arbore constamment, elle semble plutôt bien apprécier sa vie au milieu des plus grandes. Meiggie et Laure, elles, auront bientôt treize ans. Au seuil de leur adolescence, elles portent déjà plus d'attention à leur coiffure et à leurs chaussures, plutôt « mode », mais quand il s'agit de chahuter en plein air avec leurs copines Noémie, Laura ou Mathilde… elles ne sont pas les dernières !

Même un peu isolées, ces petites Corréziennes se sentent en tout cas guides de France à part entière. Le jour où Sarah a reçu son foulard, elle en a profité pour faire sa promesse, en compagnie de Léa et Meiggie. Décor bucolique : la chapelle minuscule de Notre-Dame-du-Pont-du-Salut est au beau milieu de la verdure. Ambiance solennelle : les parents sont venus assister à la cérémonie, petit sourire en coin et regard un peu ému. Les flashes des appareils crépitent. L'aumônier est absent ; c'est Florence Tellier, la commissaire départementale, qui reçoit les promesses. Et quand elle prononce ces paroles si importantes : « Tu fais désormais partie de la grande fraternité guide »… le sourire de chaque enfant monte jusqu'aux oreilles !

La « grande fraternité guide »

L'expression n'est pas une formule creuse : elles sont aujourd'hui dix millions à travers le monde à faire partie d'un mouvement de scoutisme féminin, qu'elles soient guides ou éclaireuses, catholiques, protestantes, musulmanes, bouddhistes ou athées… Dix millions de filles à vivre une grande fraternité, avec peu ou prou la même loi, la même promesse, et surtout le même esprit et un idéal commun. C'est bien le sens de l'article 4 de la loi des Guides de France : « La guide, sœur de toute autre guide, est présente à tous. »

Cent trente-six pays sont à l'heure actuelle membres de l'Association mondiale des guides et des éclaireuses. Depuis les années trente, l'AMGE apporte un soutien – souvent logistique – aux différentes initiatives nationales qui se développent çà et là. C'est aussi l'Association qui trace les grandes lignes de ce que doit être un mouvement de scoutisme féminin s'il veut se réclamer officiellement de lord Baden-Powell : même si les lois et les promesses peuvent être formulées différemment suivant les pays, même si la pédagogie proposée n'est pas uniforme, on doit y retrouver cet « esprit scout » cher à Baden-Powell.

Les Guides de France sont évidemment membres de l'AMGE depuis sa fondation. À travers l'Association, elles entretiennent un certain nombre de partenariats avec différentes régions du monde, là où le guidisme n'existe pas ou demande à être relancé. C'est le cas de l'Europe de l'Est, par exemple : avec la Pologne, la Roumanie, la Slovaquie, mais aussi l'Ukraine, la Biélorussie ou encore la Hongrie, les échanges sont fructueux. Des cadres viennent parfois se former en France et, régulièrement, des unités françaises partent dans ces pays. Un peu plus loin, le travail est beaucoup plus difficile : récemment, les Guides de France ont décidé, en accord avec l'AMGE, de créer de toutes pièces un mouvement guide en Azerbaïdjan. Le scoutisme féminin est encore inexistant là-bas, mais quelques stages de formation ont déjà été organisés. Histoire commune oblige, l'Afrique francophone est aussi un terrain privilégié de l'action des guides. Des cadres tchadiennes, camerounaises ou zaïroises viennent se former en France, et des cheftaines ou des aînées françaises partent camper là-bas. On pourrait aussi citer les partenariats établis avec le Burkina Faso, le Cambodge, l'Argentine, la Bolivie, etc.

Depuis 1994, il est un autre pays qui mobilise toute l'attention du commissariat international des Guides de France : le Rwanda. Les terribles massacres, les déplacements en masse des populations, la survie dans les camps de réfugiés ont évidemment traumatisé violemment toute la jeunesse – forcée, souvent, de participer elle-même aux exactions. Hutus et Tutsis semblent aujourd'hui très difficilement réconciliables.

Comme tous les autres jeunes du pays, les guides du Rwanda ont subi de plein fouet ces événements dramatiques. Depuis la création de leur association en 1980, elles s'efforçaient de former leurs adhérentes à l'esprit de fraternité du scoutisme… « Après les massacres et le génocide qui ont endeuillé le Rwanda en 1994, plusieurs associations de jeunes et autres ONG [organisations non gouvernementales] luttant pour le respect des droits de l'homme ont dû faire un constat amer de leur travail, raconte une guide rwandaise, Alphonsine Kabagabo. En effet, beaucoup se demandaient à quoi avaient servi leurs différents programmes d'éducation à la paix et à la fraternité, alors que de nombreux jeunes avaient participé aux massacres[10]. »

Pourtant, au milieu de la tragédie, au-delà des haines entre les ethnies, des guides ont tenté vaille que vaille d'aller au bout de leur mission. « Je suis convaincue que cela est dû au fait que plusieurs responsables ayant pratiqué le guidisme étant jeunes ont intériorisé et traduit dans leur vie quotidienne [sa] loi et [ses] vertus, poursuit Alphonsine. Cela ne veut pas dire que tout était rose ou parfait, mais une chose est sûre : si l'équipe est restée soudée, c'est parce que ce qui comptait, c'était le travail, l'efficacité, le service à la communauté et non l'appartenance ethnique ou régionale. »

Aujourd'hui, les responsables de ce qui reste du mouvement s'organisent pour s'occuper du plus urgent : les enfants, souvent perdus aux quatre coins du pays, mais aussi les jeunes filles et les femmes victimes de viols ou d'autres traumatismes. À Kigali, la capitale, un atelier de fabrication de poupées et de cartes postales a été ouvert sous l'égide des guides rwandaises avec un double objectif : permettre à ces femmes de survivre grâce à ce travail, et surtout leur donner l'occasion de se retrouver entre elles, dans un climat plus serein, afin d'envisager de nouveau leur avenir.

Les Guides de France ont décidé dès le départ de s'associer à ce projet baptisé « Umuhoza ». Collectes organisées par les unités, envoi de colis destinés aux enfants… au-delà de ces réponses à des besoins urgents, l'encadrement natio-

10. Citée dans *Umuhoza, projet Rwanda*, Guides de France, avril 1997 (et citations suivantes).

nal entend faire du Rwanda un exemple concret de « fraternité guide ». Et même plus : « Nous nous engageons […] à travailler à la justice, au quotidien et dans nos unités, et à nous sentir concernées par la démarche de réconciliation entreprise par les guides du Rwanda. C'est notre foi en Dieu et en l'homme qui nous rend bâtisseurs de paix et, à travers notre engagement, nous met en marche avec les guides du monde entier pour construire une terre d'avenir, plus juste, humaine, plus fraternelle… » !

Conclusion : le guidisme aujourd'hui

Amitié. Rencontre. Découverte. Solidarité. Enthousiasme. Responsabilité. Débrouillardise. Partage... Voilà, en vrac, ce qu'ont appris quelques jeunes femmes d'hier et d'aujourd'hui de leurs années guides. Souvent, elles ne se sont rendu compte des bienfaits du guidisme qu'après avoir quitté ses rangs – lors de leur entrée dans la vie active, par exemple. Une chose est sûre : qu'elles en gardent un bon ou un mauvais souvenir, elles avouent toutes avoir été marquées par leur expérience.

Claire de Tarlé (née Mollard) a vingt-neuf ans. Elle a vécu son enfance et son adolescence au sein de la ronde, puis de la compagnie de la paroisse Saint-Ambroise, dans le XIe arrondissement de Paris. Des années plus tard, elle garde une image très joyeuse de ses camps : monter la tente, construire toutes les installations, assister aux messes en plein air, participer aux concours sportifs... Ses souvenirs ne sont pas tous très orthodoxes, et on peut parier que certains feraient frémir d'inquiétude n'importe quelle cheftaine... « C'était lors d'un camp de guides. Nous étions parties en exploration par équipe : une quarantaine de kilomètres à faire en deux jours, toutes seules. Chaque soir, les cheftaines nous retrouvaient à un endroit donné pour s'assurer qu'on avait bien un toit où passer la nuit. Nous, nous avons fait du stop ! C'était bien sûr interdit… En plus, nous avions rencontré des garçons… qui nous avaient invitées à dormir chez eux ! Aux cheftaines, nous avons fait croire que nous dormions au presbytère… Et le lendemain, grasse matinée chez les garçons ! »

Avec le recul, Claire se dit aujourd'hui qu'elle a eu de la chance dans cette affaire-là – mais les bêtises sont souvent formatrices. Son amie Fleur Boudignon (née Morterol), vingt-sept ans, ne dit pas autre chose : c'est dans sa compagnie de guides à Angoulême qu'elle a fait ses plus belles crises d'adolescence. « On y fait ses dents, c'est normal : c'est la vie en communauté », dit-elle. Plus tard, à vingt ans, Fleur est devenue cheftaine de caravelles dans le XVe arrondissement de Paris. Et elle s'est rendu compte… « Le camp a été difficile : les filles avaient dix-sept ans, il n'y avait pas beaucoup d'écart entre nous. J'avais le rôle de la bonne copine, et en même temps celui de l'autorité… C'était assez dur à gérer. Elles se posaient beaucoup de questions. L'une d'elles, par exemple, passait son temps à se mirer dans les rétroviseurs des voitures… Et ça énervait les autres ! » « Il y a plus d'individualisme au sein d'un groupe de caravelles, confirme Marianne Brault, une jeune "ancienne" de vingt-sept ans. Les personnalités sont plus affirmées, c'est difficile de se mettre d'accord. »

À vingt-sept ans, Virginie Voulfow (née Félix) porte, elle, un jugement assez sévère sur sa seule année passée sous la bannière des Guides de France. À onze ans, elle intègre la ronde d'un lycée privé catholique de Grenoble, l'année même de son entrée en sixième dans un collège public. « Ma mère avait gardé un super souvenir de sa longue expérience guide : c'était pour elle un moyen de s'ouvrir, de sortir de son carcan bourgeois. Moi, je bénéficiais déjà d'une éducation ouverte : les jeannettes marquaient alors une régression, c'était conservateur et puritain. » Elle garde un assez mauvais souvenir des réunions du samedi après-midi : « J'étais en uniforme, alors que mes copains allaient traîner dans les cafés du centre-ville… J'étais obligée de me cacher pour ne pas les croiser dans le bus ! » Probablement assez précoce, Virginie avoue même que cette année-là elle a vécu sa toute première amourette… « J'étais, en quelque sorte, coincée entre la lecture de *Podium* et les jeannettes ! »

Marguerite Bureau se situerait plutôt à l'opposé de Virginie : les Guides de France, elle adore. Depuis son entrée à la ronde d'Eaubonne, au nord de Paris, à l'âge de neuf ans, jusqu'à aujourd'hui : elle est désormais, à vingt-trois ans, assistante de la branche jeannette dans le département du Val-d'Oise. Le poste est assez prenant, mais il lui laisse quand même un peu de temps pour accomplir une mission un peu spéciale quand on a son âge : Marguerite est en effet conseillère municipale de la ville d'Eaubonne. « Il y a quelques années, je suis partie avec mon équipe JEM faire un séjour semi-humanitaire en Roumanie : j'étais chargée des relations avec la mairie pour toutes les questions de subventions, etc. En 1995, un adjoint m'a proposé d'intégrer la liste RPR-UDF et non-inscrits [ce qui sera son cas] pour les élections municipales. J'ai mis un peu de temps à accepter… » La jeune femme est plutôt d'une nature réservée, et la vie politique ne la tente pas trop : elle est encore trop peu sûre de ses idées… Au soir des élections, la voilà soulagée : elle est en vingt-huitième position sur la liste, et seuls les vingt-sept premiers sont élus ! Mais un an plus tard, en février 1996, elle doit occuper le siège laissé vacant par un conseiller démissionnaire…

« Je n'aime pas me présenter comme conseillère municipale, avoue Marguerite. Ce n'est pas le plus important dans ma vie. » Bien sûr, elle est d'accord pour vivre le mieux possible sa citoyenneté : « Être élue, c'est avoir une responsabilité de surveillance. » D'autant plus que le guidisme prépare les jeunes, entre autres, à la vie civique, « grâce à ces menus services rendus durant les camps : aménager une aire de jeux, présenter une pièce de théâtre dans une maison de retraite, dépierrer une plage… ». Elle se dit cependant un peu déçue par les débats municipaux : « En vérité, on ne fait pas grand-chose : on a l'impression que tout est déjà décidé à l'avance ! » Parfois un peu désabusée, Marguerite est bien consciente d'une chose : si aujourd'hui elle fait partie d'un conseil municipal, c'est parce que son profil est, en quelque sorte, « porteur ». « Je suis jeune, je suis femme, et… je suis guide de France ! »

Être guide, c'est « respecter la vie, la vivre à 200 % », selon les termes d'une adolescente membre du mouvement. « Ne pas subir les événements, ne pas rester passif devant les injustices, préférer mettre son grain de sel dans l'histoire du monde plutôt que se taire[1]. » Une autre raconte : « Moi, je suis venue aux Guides parce que ma vie n'était composée que de cours, de lit et de nourriture. Il me fallait quelque chose de plus, quelque chose qui mette en moi la joie de vivre. Et par une amie, comme ça se fait le plus souvent, j'ai découvert le guidisme, cette ambiance, cet esprit. À partir de ce jour, je me suis découverte : mon côté caché. Comment aurais-je pu savoir que monter une tente, organiser des veillées, et surtout prier, me plaisait autant ? »

1. « Paroles de guides », rassemblement de Richelieu, juillet 1994 (et citations suivantes).

Pour beaucoup, le camp est le point d'orgue de leur vie de guides : « Les camps sont des lieux extraordinaires de vie communautaire dans lesquels les symboles de la nature occupent une place très importante[2] », explique Hélène Chevrier-Breurec, trente ans, ancienne responsable nationale de la branche guide. « Je pense au feu, par exemple. Allumer un feu, c'est un geste banal. Il s'agit de faire brûler du bois qui dégage de la chaleur et de la lumière. Qu'est-ce que ce feu produit chez ceux qui l'entourent ? Il rassemble après une journée ; sa lumière perce la nuit, éclaire les yeux et les visages, mais aussi les vies ; sa chaleur réchauffe les cœurs froids et ravive l'amitié. On parle bien du "feu sacré" pour dire l'intensité de vie, de chaleur de quelqu'un ! »

2. *Prier*, juillet-août 1998.

Index des personnes rencontrées

ARABEYRE Clélia : née en 1976. Découvre le guidisme à seize ans en devenant cheftaine d'une compagnie de Viroflay (Yvelines). Trois ans d'études dans le secteur paramédical. En novembre 1998, part pour un tour de France à vélo d'une année.

BEAUMONT Brigitte : née en 1940. Entre en 1948 dans la ronde de jeannettes de Tananarive (Madagascar). De retour en France, continue le guidisme jusqu'à son mariage en 1962. De 1965 à 1975, responsable du district de Montpellier. Anime aujourd'hui des ateliers d'écriture et exerce le métier de conteuse. Totem : Louve à l'affût.

BELIN Régine (née VARREON) : née en 1930. Entre aux guides à 12 ans en 1942 à la 2e Bourg-en-Bresse. Promesse le 16 mai 1943. Continue à être guide pendant la guerre jusqu'en 1945. Assure des camps d'été en tant qu'intendante en 1947. Puis se marie. Totem : Épagneul appliqué.

BIRONNE Germaine (née GOGNY) : née en 1920. Est guide de 1930 à 1947. Entre à la 51e Paris. En devient la cheftaine, puis devient cheftaine de mesnie (jeannettes, guides et guides aînées) pendant la guerre.

BLASSELLE Armande (née FERNANDEZ) : née en 1928. Vit en Algérie jusqu'à l'indépendance. Découvre le guidisme en 1940 dans un petit village de l'Oranie. Entre en 1953 dans l'équipe régionale, qui mène un travail d'adaptation du guidisme à l'Algérie. Avocate à Alger puis à Paris. S'installe en France en 1962. Huit ans au conseil d'administration des Guides de France.

BLIN Michelle (née BARTHES) : née en 1928. Découvre le guidisme pendant l'Occupation allemande dans une compagnie de Versailles. S'installe au Sénégal de 1946 à 1947. Crée une compagnie pour les jeunes Noires. De retour à Paris, travaille avec l'équipe nationale chargée de l'Outre-Mer. Prend la tête du service en 1954. A travaillé comme avocate. Présidente du conseil d'administration des Guides de France pendant quatre ans.

BONEL Marie-Louise, dite Milou (née LAUNAY) : née en 1921. Entre à la 1re Lille en 1934. Promesse faite le 10 mars 1935. Part en évacuation pendant la guerre à Luçon, en Vendée, puis revient à Lille. Tout en étant guide aînée (depuis 1941), devient la cheftaine de la 1re Lille, et participe aux équipes nationales féminines de Lille créées par Francine Cockenpot en 1943. Fait de la formation de cheftaines et devient commissaire régionale puis de district jusqu'en 1948. A travaillé comme assistante sociale avant de se marier.

BONTE Odile : née en 1930. Découvre les jeannettes à… quatre ans et demi, à Hazebrouck (Pas-de-Calais). En 1946, guide aînée à Paris. Devient commissaire nationale chargée de la branche aînée en 1959. Lance en 1960 le projet de Mélan. Présidente du comité mondial de l'AMGE de 1987 à 1990.

BOUDIGNON Fleur (née MORTEROL) : née en 1971. Découvre le guidisme à onze ans à Angoulême. Quitte les guides de France dix ans plus tard, après une année passée comme cheftaine de caravelles à la paroisse Saint-Lambert, à Paris.

BRAULT Marianne : née en 1971. Entre chez les guides à onze ans à Paris, à la paroisse Saint-Léon. Cheftaine de compagnie à Saint-Thomas-d'Aquin. Quitte les Guides de France à vingt ans.

BUREAU Marguerite : née en 1975. Entre chez les jeannettes en 1984 dans la ronde d'Eaubonne (Val-d'Oise). En 1996, devient assistante de la branche jeannette pour le département. Conseillère municipale d'Eaubonne depuis 1996. Fait partie de la commission chargée de l'urbanisme.

CALVINO Simone (née TAULE) : née en 1908. Apprend l'existence des guides à Nice en 1927, à l'âge de 19 ans. Écrit à Albertine Duhamel, la chef guide, qui lui conseille, à sa grande déception, de devenir directement cheftaine. Se lance dans la fondation de la 1re Nice, après avoir fait des camps de formation. Promesse le 17 juillet 1927. Démarrage d'autres compagnies à partir de 1929, comme la 2e Nice, 1re Cagnes, 1re Cannes… ainsi que des rondes de jeannettes. Professeur de dessin et de reliure. Passe son diplôme d'infirmière pour les guides. Obligée de quitter Nice en 1932 pour la Normandie. Là, elle travaille comme commissaire adjointe de la chef Marie Diemer à la formation des cheftaines à Argeronne et anime parallèlement une compagnie d'isolées éparpillées dans les diocèses de Sées et de Bayeux. Arrête le guidisme pour se marier en septembre 1936.

CHEROUTRE Marie-Thérèse : née en 1924. Entre chez les guides en 1940 dans une compagnie de Sète. Responsable de la branche guide au moment de la réforme de la loi, en 1953. Commissaire générale de 1953 à 1979. Vice-présidente du Conseil national de la vie associative de 1983 à 1990. Membre du Conseil économique et social de 1984 à 1993. Totem : Panthère idéaliste. Mène une thèse en cours sur les Guides de France.

COMMISSAIRE Françoise : née en 1941. Entre chez les guides en 1953 dans une compagnie du Mans. Permanente chargée de la branche jeannette au secrétariat national entre 1966 et 1972, puis responsable de la région du Mans. Travaille comme assistante sociale. Quitte les Guides de France en 1976, mais revient en 1991 pour lancer les équipes Galaxie.

CROSNIER Darie : née en 1928. Entre chez les guides à quatorze ans dans une compagnie de Rouen. Devient permanente pour la branche aînée en 1962, chargée de la gestion du village de Mélan. Quitte les Guides de France en 1987.

DELACOMMUNE Christine : née en 1908. Après son bac, fait une année de secrétariat d'avocat à mi-temps. Donne parallèlement des cours de mathématiques aux apprenties, après la loi Astier de 1922, rue de la Sourdière à Paris. Y rencontre Anne-Marie de Demandolx, qui lui demande de devenir cheftaine adjointe de la 4e Paris, en 1927, à 19 ans. Promesse en 1928. Cheftaine de la 14e Paris de 1928 à 1932. Devient inspectrice du travail. Reprend ses études pour faire une licence de droit en 1938-1939. Travaille pendant la guerre comme assistante d'usine d'armement jusqu'en 1942. Nommée alors pour organiser le service social des usines textiles dans toute la France de 1942 à 1946. Travaille ensuite pendant vingt-quatre ans à la Caisse d'allocations familiales de la rue Viala, à Paris, où elle est conseillère du Travail. Coupe avec le guidisme jusqu'en 1950, date à laquelle elle retrouve régulièrement ses anciennes connaissances guides.

FABRE Nicole (née SIBERT) : née en 1927. Entre en 1938 à la 8e ronde de jeannettes à Strasbourg, à l'âge de 11 ans. Passe son premier camp à l'été 1939. Part en évacuation en septembre à Thann, près de Colmar. Obligée de refaire la classe de 6e sous l'occupation allemande. Obligée de porter un prénom moins français. Va deux fois, en 1942 et en 1943, à l'équivalent du STO pour les filles : le *Bunddeutschemädler*, ou BDM. Travaille en usine textile dans le cadre du BDM en septembre-octobre 1944. Assiste à la libération de Strasbourg. A travaillé comme professeur d'histoire.

GILLIG Alice (née DAUL) : née en 1916. Entre en octobre 1929, à 13 ans, à la 2e compagnie de Strasbourg. Promesse le 19 avril 1935. Chef d'équipe des Pinsons. Participe à 18 ans à la création de la 9e Strasbourg avec Lucienne Welschinger. En devient cheftaine en 1939, à l'âge de 23 ans, tout en étant guide aînée. Diplôme d'infirmière. Mobilisée à l'hôpital de la Croix-Rouge au mont Saint-Odile jusqu'au 1er novembre 1940. Reprend le guidisme. Se joint à l'équipe de résistance des Pur-Sang, créée sous l'impulsion de Lucienne Welschinger. Participe activement, avec sa sœur Marie-Louise, à l'évasion de nombreux prisonniers de guerre et d'Alsaciens fuyant le nazisme. Arrêtée le 21 mars 1942. Emprisonnée à la prison de Kehl, puis transférée au camp de Schirmeck. Jugée le 26 janvier 1943 à Strasbourg par la Haute Cour de justice allemande (*Volksgerichtshof*), présidée par le docteur Freiss. Condamnée à huit ans de réclusion et à dix ans d'indignité nationale. Envoyée en Allemagne à la forteresse de Ziegenheim, près de Cassel dans le centre de l'Allemagne. S'en évade le 5 février 1945. Arrive, après un long périple à travers l'Allemagne, saine et sauve à Strasbourg, le 18 mars 1945. Devient commissaire régionale à la Libération (jusqu'en 1947) à Strasbourg. Se marie en 1946.

JOUAN Marie-Paule (née LE RESTIF) : née en 1927. Entre chez les jeannettes en 1937 dans une ronde de Rennes. Continue clandestinement le guidisme pendant l'Occupation allemande à Quimper. De retour à Rennes à la fin de la guerre, devient guide aînée au feu « Agnès de Nanteuil ». Quitte les Guides de France en 1947 pour se consacrer à la médecine. Totem : Tourterelle timide.

LABEY Béatrice (née BOURCHEIX) : née en 1945. Entre chez les guides de Courbevoie (Hauts-de-Seine) à douze ans. Quitte la compagnie à seize ans. Devient cheftaine de louveteaux de 1967 à 1969, puis cheftaine de caravelles à Paris. Quitte les Guides de France au moment de ses fiançailles, en 1970. Est aujourd'hui professeur de philosophie.

LAUMAILLE Odile : née en 1952. Documentaliste, a été commissaire départementale des Hauts-de-Seine de 1979 à 1985 puis membre de l'équipe nationale jusqu'en 1996.

LE BAS Annick : née en 1922. Devient directement cheftaine de feu en 1944 à Bobigny. Commissaire internationale en 1948. Présidente du mouvement pendant dix ans. Totem : Stream, because the still water runs deep.

LEMIRE Claudette : née en 1931. Entre chez les guides en 1946 dans une compagnie de Saint-Quentin (Aisne). Devient responsable de district. En 1955, ouvre le guidisme aux handicapées mentales. En 1969, prend la tête du service Extension. En 1974, propose la pédagogie guide aux petites filles d'origine immigrée de son quartier, et donne naissance aux unités Soleil.

LEZER Marie-Bernadette : née en 1937. Guide de France à Paris, à la paroisse de l'Assomption de Passy, entre 1952 et 1964. Est institutrice pendant un court moment à Asnières et Gennevilliers. Puis devient petite sœur du père de Foucauld et se tourne vers les pays d'Europe centrale et de l'Est.

MOORE Béatrice (née DELAFON) : née en 1922. Entre à 12 ans, en 1934, à la 22e Paris, troupe de son pensionnat des Oiseaux. Fait sa promesse en 1935. Arrête le guidisme en 1939, à l'âge de 17 ans. A participé pendant la guerre aux équipes sociales : donne des cours de langues à des jeunes filles. A travaillé pendant environ trois ans pour le secrétariat d'un architecte, puis pour celui d'un avocat avant de se marier.

PEYREFITTE Monique (née LUTON) : née en 1926. Entre à la 6e Clermont-Ferrand de 1946, à 20 ans. Est devenue guide aînée pendant un an, puis cheftaine. Arrête en 1949 lorsqu'elle se marie à Alain Peyrefitte. Totem : Biche lettrée.

REILLE Antoinette : née en 1907. S'occupe d'un patronage à Charonne en 1924. Se marie en 1928 et suit son époux en Algérie pendant un an. Entre aux guides déjà mariée et mère de famille en 1939. Entre dans l'armée féminine des Alpes, dont elle prend la tête à la demande du colonel Jean Valette d'Osia. Après la guerre, répond à la demande de Marie-Thérèse de Kerraoul pour venir travailler au secrétariat des Guides de France, à Paris. Prend la suite de Marie-Thérèse de Kerraoul à Pâques 1954 en tant que chef guide et présidente des Guides de France. A participé à la rénovation de la loi des Guides de France.

RICOUX Jeannine (née DALLA BETTA) : née en 1926. Devient guide aînée en 1945 au feu de Bobigny. Puis devient cheftaine d'une compagnie de guides. Quitte les Guides de France au moment de son mariage, en 1953. A travaillé comme couturière. Totem : Bison vif et constant.

ROGEZ Ginette (née FAUCHILLE) : née en 1918. Entre aux jeannettes où elle passe deux ans avant de rentrer à la 1re Lille à la fin de 1928, à l'âge de 10 ans. Promesse de jeannette en 1930. Entre aux guides en 1931 à 13 ans. Y fait sa promesse peu de temps après. Devient cheftaine de la 3e Lille en 1937 (jusqu'en 1939) et entre un an après au feu de Notre-Dame-de-Toute-Joie. Pendant la guerre, part un an à Granville avec sa famille puis arrive à Roanne où elle entre à la 1re Roanne. Elle fonde les 2e et 3e Roanne. A travaillé dans de nombreux mouvements ecclésiaux et des associations, dont « Culture et promotion » pendant deux ans.

SIMOUNET Françoise (née BECHT) : née en 1925. Découvre le guidisme avec Marie Diemer à Strasbourg. Arrive en Algérie en 1942. Crée une compagnie à Annaba, puis devient responsable de la province du Constantinois. Prend la tête de l'équipe régionale en 1951. Quitte l'Algérie en 1962.

DE TARLÉ Claire (née MOLLARD) : née en 1969. Entre à huit ans dans la ronde de jeannettes de la paroisse Saint-Ambroise, à Paris, puis devient guide jusqu'à quinze ans. A travaillé comme commerciale jusqu'à la naissance de son premier enfant.

VERCOUSTRE Marguerite-Marie, dite Mimi : née en 1915. Entre en 1929 aux guides à Laon, puis part en 1930 à Reims où elle continue le guidisme. Promesse faite fin mai 1930. Devient guide aînée et cheftaine en 1933 jusqu'en 1939 à Reims. Est mobilisée en mai 1940 en tant qu'infirmière. Démobilisée, part à Limoges où elle entre au feu de la 1re Limoges et fonde la 2e Limoges, dont elle est la cheftaine. Commissaire de district pendant la guerre. Appelée au niveau national en 1945, s'occupe de la branche guide, puis de celle des jeannettes. En 1950, part en Algérie où elle est commissaire.

VERZY-MENAGER Marie : née en 1917. Entre à la 23e Lyon en octobre 1932. Promesse en mars 1934. Travaille très jeune, ce qui ne l'empêche pas de devenir guide aînée et de faire sa promesse en juin 1941. Devient cheftaine de guides en 1939 à 21 ans jusqu'en 1949. Reprend du service aux Guides de France de 1962 à 1971 en tant que cheftaine de mesnie (jeannettes, guides et guides aînées) à Lyon. Totem : Lac vert.

VOULFOW Virginie (née FÉLIX) : née en 1971. À onze ans, court passage chez les Guides de France dans une ronde de jeannettes de Grenoble. Travaille comme journaliste.

WELKER Lucie : née en 1919. Entre aux guides à 14 ans. Promesse en 1924. Devient assistante cheftaine à Strasbourg. Entre à l'âge de 20 ans dans le réseau de résistance des Pur-Sang, créé par Lucienne Welschinger. Participe à l'évasion de nombreux prisonniers français et d'Alsaciens. Se fait arrêter par les Allemands au retour d'un voyage à Vichy. La Gestapo trouve des notes chez elle, comportant des noms des membres du réseau. Emprisonnée à la prison de Kehl, puis transférée au camp de Schirmeck. Jugée le 26 janvier 1943 à Strasbourg par la Haute Cour de justice allemande (*Volksgerichtshof*), présidée par le docteur Freiss. Condamnée à quinze ans de réclusion et à dix ans d'indignité nationale. Envoyée en Allemagne à la forteresse de Ziegenheim, près de Cassel dans le centre de l'Allemagne. Libérée le 16 mai 1945 par les alliés. A travaillé comme économe dans un centre anticancéreux à Strasbourg.

WELSCHINGER Lucienne : née à Belfort le 18 octobre 1911. Entre aux guides à Mulhouse à 14 ans. Nommé cheftaine de guides à la 9e Strasbourg en 1933. Fonde des compagnies de guides, ainsi que les Âmes vaillantes à Strasbourg. Crée le réseau de résistance formée de guides : les Pur-Sang, dont elle prend naturellement la tête. Arrêtée avec son frère André le 12 mars 1942. Mise au secret pendant six mois à la prison de Kehl, puis transférée au camp de Schirmeck. Jugée le 26 janvier 1943 à Strasbourg par la Haute Cour de justice allemande (*Volksgerichtshof*), présidée par le docteur Freiss. Condamnée à mort pour haute trahison. Emprisonnée en février 1943 à la prison de Bad-Canstatt, près de Stuttgart dans le Wurtemberg. Y attend pendant 262 jours son exécution. Transférée en wagon cellulaire le 20 octobre 1943, via Francfort, pour la forteresse de Ziegenheim. À nouveau transférée à Aisbach, en Bavière. Y reste quatorze mois dans une maison de réclusion. Attrape la tuberculose pendant ces années de détention. Libérée à l'été 1945. Part six mois au sanatorium de Salem. Continue ses activités au sein des Guides jusqu'en 1950. Elle aura alors passé trente-cinq ans au sein du mouvement.

TABLE DES MATIÈRES

II
Le temps des conquêtes (années 30)

III
Prêtes à servir (1939-1945)

IV

Vers de nouveaux horizons (1945-1965)

V

La grande époque des doutes (1965-1977)

Achevé d'imprimer en novembre 1998
dans les ateliers de Normandie Roto Impression s.a.
61250 Lonrai

N° d'imprimeur : 982685
Dépôt légal : novembre 1998

Imprimé en France